btb

Wir alle sind mit Leid konfrontiert: Trauer, Verlust, Angst, Versagen, Einsamkeit. Aber wir haben es selbst in der Hand, ob wir angesichts von Trauma und Problemen den Mut verlieren oder versuchen, jeden Moment als ein Geschenk des Lebens zu verstehen.

Dr. Edith Eva Eger, Holocaust-Überlebende, erfolgreiche Therapeutin und gefeierte internationale Bestsellerautorin, gibt uns mit ihrem neuen Buch DAS GESCHENK einen Leitfaden in die Hand, wie wir das Gefängnis unserer Gedanken und unser destruktives Verhalten überwinden können. In 14 Kapiteln – die Taschenbuchausgabe wurde um zwei von der der Autorin neu geschriebene Kapitel und wunderbare Familien-Rezepte ergänzt –, zeigt sie uns anhand ihrer Lebensgeschichte, anhand von Beispielen aus ihrer therapeutischen Praxis und ganz konkret, wie wir lernen können, aus unseren dunkelsten und schwierigsten Momenten gestärkt hervorzugehen.

Dr. Edith Eva Eger ist Psychologin und Therapeutin mit einer Praxis in La Jolla, Kalifornien. Der Fokus ihrer Arbeit liegt auf posttraumatischen Belastungsstörungen. Eger unterrichtet an der University of California, San Diego und ist national und international eine gefragte Rednerin. Sie ist Mutter, Großmutter und Urgroßmutter und lebt in La Jolla.

Dr. Edith Eva Eger
mit Esmé Schwall Weigand

Das Geschenk

14 Lektionen für ein
besseres Leben

*Aus dem Englischen
von Liselotte Prugger*

btb

Die Originalausgabe erschien 2020
unter dem Titel »The Gift« bei Scribner,
An Imprint Simon & Schuster, Inc., New York.

MIX
Papier | Fördert gute Waldnutzung
FSC® C014496

Penguin Random House Verlagsgruppe FSC® N001967

3. Auflage
Genehmigte Lizenzausgabe August 2023
btb Verlag in der Penguin Random House Verlagsgruppe GmbH,
Neumarkter Straße 28, 81673 München
produktsicherheit@penguinrandomhouse.de
(Vorstehende Angaben sind zugleich Pflichtinformationen nach GPSR)

Covergestaltung: semper smile, München
Covermotiv: © iStock/blackred; © Shutterstock/Mona Monash;
© Illustration von Two Associates
Druck und Einband: GGP Media GmbH, Pößneck
MK · Herstellung: sc
Printed in Germany
ISBN 978-3-442-77030-4

www.btb-verlag.de
www.facebook.com/penguinbuecher

Für meine Patienten.
Sie sind meine Lehrer. Sie gaben mir den Mut,
nach Auschwitz zurückzukehren und meine Reise
in Richtung Vergebung und Freiheit zu beginnen.
Mit Ihrer Ehrlichkeit und Ihrem Mut
inspirieren Sie mich immer wieder aufs Neue.

INHALT

Einführung
UNSERE MENTALEN GEFÄNGNISSE AUFSCHLIESSEN
Ich habe gelernt, in einem Todeslager zu leben 9

Kapitel 1
WAS JETZT?
Das Gefängnis der Opferrolle 23

Kapitel 2
KEINE ANTIDEPRESSIVA IN AUSCHWITZ
Das Gefängnis des Vermeidens 47

Kapitel 3
ALLE ANDEREN BEZIEHUNGEN WERDEN ENDEN
Das Gefängnis der Selbstvernachlässigung 75

Kapitel 4
EIN HINTERN, ZWEI STÜHLE
Das Gefängnis der Geheimnisse 101

Kapitel 5
NIEMAND WEIST SIE ZURÜCK, AUSSER SIE SELBST
Das Gefängnis von Schuld und Scham 113

Kapitel 6
WAS NICHT GESCHEHEN IST
Das Gefängnis der unbewältigten Trauer 127

Kapitel 7
NICHTS ZU BEWEISEN
Das Gefängnis der Starrheit 147

Kapitel 8
MÖCHTEN SIE MIT SICH VERHEIRATET SEIN?
Das Gefängnis der Ressentiments 163

Kapitel 9
ENTWICKELN SIE SICH WEITER ODER DREHEN SIE SICH IM KREIS?
Das Gefängnis der lähmenden Angst 179

Kapitel 10
DER NAZI IN UNS
Das Gefängnis der Wertungen 199

Kapitel 11
WENN ICH HEUTE ÜBERLEBE, WERDE ICH MORGEN FREI SEIN
Das Gefängnis der Hoffnungslosigkeit 217

Kapitel 12
OHNE WUT GIBT ES KEINE VERGEBUNG
Das Gefängnis, nicht verzeihen zu können 235

Kapitel 13
DAS GESCHENK UNSERER ZEIT 249

Kapitel 14
DAS GESCHENK DES ESSENS 261

Zum Schluss
DAS GESCHENK 309

Danksagung 313

Einführung

UNSERE MENTALEN GEFÄNGNISSE AUFSCHLIESSEN

Ich habe gelernt, in einem Todeslager zu leben

Im Frühling 1944 war ich sechzehn Jahre alt und lebte mit meinen Eltern und zwei älteren Schwestern in Kassa, Ungarn. Um uns herum gab es überall Spuren von Krieg und Vorurteilen: die gelben Sterne, die wir an unsere Mäntel geheftet trugen. Die *nyilas*, die ungarischen Nazis, die sich unserer früheren Wohnung bemächtigt hatten. Die Zeitungsberichte über das Frontgeschehen und die deutsche Besatzung, die sich über ganz Europa ausbreitete. Die besorgten Blicke, die meine Eltern am Tisch austauschten. Der schreckliche Tag, an dem ich aus der olympischen Mannschaft der Kunstturner flog, weil ich Jüdin war. Aber meine Gedanken drehten sich vorwiegend um die üblichen Befindlichkeiten im Leben eines Teenagers. Ich war verliebt in Eric, meinen ersten Freund, den hochgewachsenen, intelligenten Jungen, den ich im Buchclub kennengelernt hatte. Immer wieder ließ ich unseren ersten Kuss Revue passieren und war hingerissen von meinem neuen blauen Seidenkleid, das mein Vater für mich geschneidert hatte. Ich registrierte meine Fortschritte im Ballett- und Gymnastikstudio und alberte mit Magda herum, meiner schönen ältesten Schwester, und mit Klara , die in einem Konservatorium in Budapest Geige studierte.

Und dann änderte sich alles.

An einem kalten Morgen im April wurden die Juden von Kassa zusammengetrieben und in einer alten Ziegelei am Stadtrand interniert. Ein paar Wochen später pferchte man Magda, meine Eltern und mich in einen Viehwaggon nach Auschwitz. Meine Eltern wurden am Tag unserer Ankunft in den Gaskammern ermordet.

In meiner ersten Nacht in Auschwitz wurde ich gezwungen, für SS-Obersturmführer Josef Mengele zu tanzen, den Todesengel, den Mann, der die Neuankömmlinge in der Selektionsschlange inspiziert hatte, durch die wir an jenem Tag geschleust worden waren, und der meine Mutter in den Tod schickte. »Tanz für mich!«, befahl er, und starr vor Angst stellte ich mich auf den kalten Betonfußboden der Baracke. Draußen begann das Lagerorchester einen Walzer zu spielen: »An der schönen blauen Donau.« Ich dachte an den Rat meiner Mutter – *Niemand kann dir das wegnehmen, was du in deinen Kopf hineingetan hast* –, schloss die Augen und zog mich in eine innere Welt zurück. Dort war ich nicht mehr in einem Todeslager eingesperrt, mir war nicht mehr kalt, ich war nicht mehr hungrig und von Verlust zerbrochen. Ich war auf der Bühne der Budapester Oper und tanzte die Rolle der Julia im Ballett von Tschaikowsky. Aus diesem persönlichen Zufluchtsort heraus zwang ich meine Arme, sich zu heben, und meine Beine, herumzuwirbeln. Ich bot meine ganze Kraft dafür auf, um mein Leben zu tanzen.

Jeder Augenblick in Auschwitz war die Hölle auf Erden. Auschwitz war auch meine beste Schule. Verlust, Folter, Hunger und ständiger Todesgefahr ausgesetzt, entdeckte ich die Instrumente, die ich für mein Überleben und für die Freiheit brauchte und die ich auch jetzt noch Tag für Tag in meiner Tätigkeit als klinische Psychologin und in meinem eigenen Leben anwende.

Im Herbst 2019, als ich diese Einführung schreibe, bin ich zweiundneunzig Jahre alt. 1978 erlangte ich meinen Doktorgrad in klinischer Psychologie und behandle nun seit über zweiundvierzig Jahren Patienten in einem therapeutischen Umfeld. Ich habe mit Kriegsveteranen und Missbrauchsopfern gearbeitet, mit Studenten, Kommunalpolitikern und CEOs; mit Menschen, die gegen ihre Drogensucht kämpfen, und anderen, die sich mit Ängsten und Depressionen herumschlagen; mit Paaren, die gegen Ressentiments kämpfen, und anderen, die ihre einstige Nähe und Intimität wiederfinden wollen; mit Eltern und Kindern, die lernen, wie sie zusammenleben, und anderen, die gerade entdecken, wie sie getrennt leben können. Als Psychologin, als Mutter, Großmutter und Urgroßmutter, als Beobachterin meines eigenen Verhaltens und des Verhaltens anderer und als Auschwitz-Überlebende sage ich Ihnen hier und jetzt, dass das schlimmste Gefängnis nicht das ist, in das mich die Nazis geworfen haben. Das schlimmste Gefängnis ist das, welches ich für mich selbst gebaut habe.

Auch wenn Ihr Leben und das meine wahrscheinlich sehr unterschiedlich verlaufen sind, wissen Sie vielleicht, was ich meine. Viele von uns haben das Gefühl, im eigenen Kopf gefangen zu sein. Unsere Gedanken und Überzeugungen bestimmen und begrenzen oft, wie wir uns fühlen, was wir tun und was wir für möglich halten. Auch wenn unsere Überzeugungen, die uns gefangen halten, auf individuelle Weise auftreten und ablaufen, habe ich im Laufe meiner Arbeit entdeckt, dass es doch einige gemeinsame mentale Gefängnisse gibt, die zum Leid beitragen. Dieses Buch ist ein praktischer Leitfaden, der uns helfen soll, unsere mentalen Gefängnisse zu identifizieren und die notwendigen Instrumente zu entwickeln, uns daraus zu befreien.

Das Fundament der Freiheit ist die Fähigkeit, frei zu wählen. In den letzten Kriegsjahren hatte ich sehr wenige Wahlmöglichkeiten und keine Chance zu entkommen. Ungarische Juden waren in Europa unter den letzten, die in Todeslager deportiert wurden, und nach acht Monaten in Auschwitz, kurz bevor die russische Armee Deutschland besiegte, wurden meine Schwester und ich sowie hundert weitere Gefangene aus Auschwitz evakuiert und auf den langen Marsch von Polen über Deutschland nach Österreich gezwungen. Unterwegs verrichteten wir Sklavenarbeit in Fabriken und saßen auf den Dächern von Zügen, die deutsche Munition transportierten. Unsere Körper wurden als Schutzschilde benutzt, um die Ladung vor britischen Bomben zu schützen. (Die Briten bombardierten die Züge trotzdem.)

Als meine Schwester und ich im Mai 1945, knapp über

ein Jahr nach unserer Gefangennahme, aus Gunskirchen – einem Konzentrationslager in Österreich – befreit wurden, waren meine Eltern und fast alle Menschen, die ich gekannt hatte, tot. Mein Rücken war von der ständigen körperlichen Misshandlung gebrochen. Ich war am Verhungern, von Wunden übersät und schaffte es kaum, mich von dem Leichenstapel herunterzubewegen, auf dem ich lag; von Menschen, die krank waren, die am Verhungern waren wie ich und deren Körper kapituliert hatten. Was man mir angetan hatte, konnte ich nicht ungeschehen machen. Ich konnte nicht beeinflussen, wie viele Menschen die Nazis in die Viehwaggons oder die Krematorien getrieben hatten, als sie versuchten, so viele Juden und »unerwünschte Elemente« wie möglich auszurotten, bevor der Krieg zu Ende war. Ich konnte die systematische Entmenschlichung und das Abschlachten der über sechs Millionen Unschuldigen, die in den Lagern starben, nicht ändern. Alles, was ich tun konnte, war, mich zu entscheiden, wie ich auf Terror und Hoffnungslosigkeit reagierte. Irgendwie entdeckte ich es in mir selbst, dass ich mich für Hoffnung entschied.

Doch Auschwitz zu überleben war nur die erste Etappe meiner Reise in die Freiheit. Viele Jahrzehnte lang blieb ich eine Gefangene der Vergangenheit. Oberflächlich gesehen ging es mir gut, ich ließ mein Trauma hinter mir und schaute nach vorn. Ich heiratete Béla, den Sohn einer prominenten Familie aus Prešov, der im Krieg Partisan gewesen war und in den Bergwäldern der Slowakei gegen die Nazis gekämpft hatte. Ich wurde Mutter, floh vor den Kommunisten in der Tschechoslowakei, immigrierte nach Amerika, lebte von der Hand in den Mund, überwand die

Armut, ging mit über vierzig aufs College, wurde Lehrerin an der Highschool und kehrte dann an die Uni zurück, um meinen Master in pädagogischer Psychologie und einen Doktortitel in klinischer Psychologie zu erlangen. Auch gegen Ende meiner Ausbildung, als ich mich der Aufgabe verschrieb, anderen auf ihrem Weg der Heilung zu helfen, und mir während meiner klinischen Praktika die kniffligsten Fälle anvertraut wurden, spielte ich noch immer Verstecken: Ich lief vor der Vergangenheit davon, verleugnete meine Trauer und mein Trauma, verstellte mich, bagatellisierte, wollte allen gefallen und alles perfekt erledigen, gab Béla die Schuld für meine chronische Verbitterung und Enttäuschung und jagte Erfolgen nach, als könnte ich damit alles wettmachen, was ich verloren hatte.

Eines Tages kam ich im William Beaumont Army Medical Center in Fort Bliss, Texas, an, wo ich ein anspruchsvolles klinisches Praktikum absolvierte, und schlüpfte in meinen weißen Mantel mit dem Namensschild: Dr. Eger, Abteilung für Psychiatrie. Doch einen Sekundenbruchteil lang verschwammen die Wörter, und ich meinte zu lesen: Dr. Eger, Hochstaplerin. Da wusste ich, dass ich andere erst dann bei ihrer Heilung würde unterstützen können, wenn ich mich selbst heilte.

Mein therapeutischer Ansatz ist umfassend und intuitiv, eine Mischung aus kognitiv orientierten Theorien und Techniken und auf Einsicht abzielenden Praktiken. Ich nenne das Auswahltherapie, da es bei Freiheit fundamental um Wahlmöglichkeit geht. Während Leid unausweichlich und universell ist, können wir immer wählen, wie wir reagieren, und ich trachte danach, die Wahlfreiheit meiner

Patienten herauszustellen und es ihnen zu ermöglichen, diese zu nutzen, um eine positive Veränderung in ihrem Leben zu bewirken.

Meine Arbeit fußt auf vier psychologischen Kernprinzipien:

Erstens auf Martin Seligman und der positiven Psychologie, dem Konzept der »erlernten Hilflosigkeit«, dass wir am meisten leiden, wenn wir glauben, dass wir in unserem Leben keine Wirksamkeit haben, dass nichts von dem, was wir tun, das Ergebnis verbessern kann. Wir sind erfolgreich, wenn wir uns den »gelernten Optimismus« zunutze machen, die Stärke, die Belastbarkeit und die Fähigkeit, den Sinn und die Richtung unseres Lebens hervorzubringen.

Zweitens auf der kognitiven Verhaltenstherapie und dem Verständnis, dass es unsere Gedanken sind, die unsere Gefühle und unser Verhalten hervorbringen. Um schädliche, dysfunktionale oder selbstzerstörerische Verhaltensweisen zu ändern, verändern wir unsere Gedanken. Wir ersetzen unsere negativen Überzeugungen durch solche, die unserem Wachstum dienen und es unterstützen.

Drittens auf Carl Rogers, einem meiner einflussreichsten Mentoren, und der Bedeutung bedingungsloser positiver Selbstachtung. Ein Großteil unseres Leidens basiert auf unserer Fehleinschätzung, dass wir nicht gleichzeitig geliebt werden *und* authentisch sein können – dass wir, wenn wir die Anerkennung und Zustimmung anderer gewinnen wollen, unser wahres Selbst verleugnen oder verbergen müssen. In meiner Arbeit strebe ich danach, meinen Patienten bedingungslose Zuneigung entgegenzubringen und sie entdecken zu lassen, dass wir frei werden, wenn wir unsere Masken ablegen, wenn wir aufhören, die Rollen und Erwartungen zu erfüllen, die andere uns auferlegen, und wenn wir beginnen, uns selbst bedingungslos zu lieben.

Und schließlich arbeite ich, ausgehend von dem Verständnis, das ich mit meinem hochverehrten Mentor, Freund und Mitüberlebenden von Auschwitz Viktor Frankl teile, daran, dass unsere schlimmsten Erfahrungen unsere besten Lehrer sein können, die unvorhergesehene Entdeckungen katalysieren und uns neue Möglichkeiten und Perspektiven eröffnen. Heilung, Erfüllung und Freiheit ergeben sich aus unserer Fähigkeit, allem, was wir erfahren – insbesondere unserem Leiden –, einen Sinn zu geben und daraus einen Zweck abzuleiten.

Freiheit ist eine lebenslange Übung – eine Entscheidung, die wir jeden Tag aufs Neue treffen müssen. Letztendlich braucht Freiheit Hoffnung, die ich auf zwei Arten definiere: das Bewusstsein, dass Leiden, wie schrecklich es auch sein mag, temporär ist, und dann die Neugier herauszufinden, *was als Nächstes geschieht*. Hoffnung gibt uns die Möglichkeit, in der Gegenwart zu leben statt in der Vergangenheit und die Türen unseres mentalen Gefängnisses aufzuschließen.

Ein Dreivierteljahrhundert nach der Befreiung habe ich noch immer Albträume. Ich leide unter Flashbacks. Bis zum Tag, an dem ich sterbe, werde ich den Verlust meiner Eltern betrauern, die nicht die Möglichkeit hatten, vier Generationen aus der Asche ihres Todes aufsteigen zu sehen. Das Grauen ist immer noch bei mir. Es gibt keine

Freiheit, die das Geschehene bagatellisieren oder vergessen kann.

Doch Erinnern und Ehren sind etwas ganz anderes, als in Schuldgefühlen, Scham, Wut, Verbitterung oder Furcht über die Vergangenheit stecken zu bleiben. Ich kann mich der Realität des Geschehenen stellen und mich darauf besinnen, dass ich, obwohl ich Verluste erlitten habe, nie aufgehört habe, Liebe und Hoffnung zu wählen. Das wahre Geschenk, das ich aus meiner Zeit in Auschwitz auch inmitten von so viel Leid und Ohnmacht mitgenommen habe, ist die Fähigkeit, zu wählen.

Es mag sich falsch anhören, irgendetwas, was aus den Todeslagern gekommen ist, als Geschenk zu bezeichnen. Wie konnte aus der Hölle jemals etwas Gutes kommen? Da war die ständige Angst, ich könnte jeden Augenblick aus der Selektionsreihe oder der Baracke geholt und in die Gaskammer geschickt werden, von deren Kaminen der dunkle Rauch als allgegenwärtige Erinnerung all dessen aufstieg, was ich verloren hatte und womöglich noch verlieren könnte. Ich hatte keine Kontrolle über die sinnlosen, quälenden Umstände. Aber ich konnte mich auf das konzentrieren, was ich in meinem Kopf bewahrte. Ich konnte eine Antwort geben, statt zu reagieren. Auschwitz gab mir die Gelegenheit, meine innere Stärke zu entdecken, und die Macht, eine Wahl zu treffen. Ich lernte, auf Dinge in mir zu bauen, von denen ich sonst nicht einmal gewusst hätte, dass es sie gab.

Wir alle haben diese Fähigkeit, zu wählen. Wenn von außen nichts Hilfreiches oder Bereicherndes kommt, ist genau das der Augenblick, in dem wir die Chance haben herauszufinden, wer wir wirklich sind. Am wichtigsten ist nicht das, was uns zustößt, sondern das, was wir mit unseren Erfahrungen machen.

Wenn wir aus unseren mentalen Gefängnissen ausbrechen, befreien wir uns nicht nur *von* dem, was uns zurückgehalten hat, sondern wir werden auch frei, unseren eigenen freien Willen auszuüben. Zum ersten Mal wurde mir der Unterschied zwischen negativer und positiver Freiheit am Tag der Befreiung in Gunskirchen im Mai 1945 bewusst, als ich siebzehn Jahre alt war. Ich lag auf dem aufgeweichten Boden auf einem Stapel von Toten und Sterbenden, als die Einundsiebzigste Infanterie anrollte und das Lager befreite. Ich erinnere mich an den Schock in den Augen der Soldaten, an die Tücher, die sie sich vors Gesicht gebunden hatten, um den Verwesungsgestank zu lindern. In jenen ersten Stunden der Freiheit beobachtete ich meine ehemaligen Mitgefangenen – diejenigen, die noch laufen konnten –, die durch die Gefängnistore hinausgingen. Augenblicke später kamen sie wieder zurück und setzten sich apathisch ins feuchte Gras oder auf den nackten Fußboden der Baracke. Sie konnten nicht mehr weitergehen. Viktor Frankl beobachtete das gleiche Phänomen, als Auschwitz von sowjetischen Truppen befreit wurde. Wir waren nicht mehr im Gefängnis, doch viele von uns waren physisch oder mental noch nicht so weit, dass wir unsere Freiheit begreifen konnten. Wir waren von Krankheit, Hunger und Trauma so ausgehöhlt, dass wir nicht in der Lage waren, Verantwortung für unser Leben zu übernehmen. Wir konnten uns ja kaum noch daran erinnern, wie es ist, wir selbst zu sein.

Wir waren endlich *von* den Nazis befreit worden. Aber wir waren noch nicht frei.

Heute weiß ich, dass sich das schädlichste Gefängnis in unserem Kopf befindet und der Schlüssel dazu in unserer Tasche steckt. Egal, wie groß unser Leiden ist oder wie stabil die Gitterstäbe sind: Es ist möglich, sich von allem zu befreien, was uns zurückhält.

Es ist nicht einfach. Aber es lohnt sich so sehr.

In meinem Buch *Ich bin hier, und alles ist jetzt* erzählte ich die Geschichte meiner Reise von der Gefangenschaft zur Befreiung und weiter zur wahren Freiheit. Ich war verblüfft und tief berührt vom weltweiten Zuspruch und auch von all den Lesern, die mich an ihren Geschichten teilhaben ließen, in denen sie sich ihrer persönlichen Vergangenheit gestellt und alles darangesetzt haben, ihren Kummer zu heilen. Manchmal konnten wir uns persönlich, manchmal über E-Mail, soziale Netzwerke oder Videotelefonate austauschen, und viele der Geschichten, die ich gehört habe, sind in diesem Buch enthalten. (Namen und andere personenbezogene Einzelheiten habe ich verändert, um die Anonymität zu wahren.)

Wie ich schon in meinem Buch *Ich bin hier, und alles ist jetzt* geschrieben habe, möchte ich nicht, dass man meine Geschichte liest und denkt: »Meine eigene Leidensgeschichte ist doch überhaupt nicht mit der ihren zu vergleichen.« Ich möchte vielmehr, dass man meine Geschichte hört und denkt: »Wenn sie das schafft, dann schaffe ich es auch!« Viele haben mich um eine praktische Anleitung dazu gebeten, wie mir die Heilung in meinem eigenen

Leben und im Leben meiner Patienten in meiner klinischen Arbeit gelungen ist. *Das Geschenk. 12 Lektionen für ein besseres Leben* ist dieses Buch.

In jedem Kapitel erforsche ich ein alltägliches Gefängnis in unserem Kopf, veranschauliche dessen Auswirkungen und Herausforderungen mit Geschichten aus meinem Leben und aus meiner klinischen Arbeit und beende die Kapitel mit Lösungsansätzen, sogenannten Schlüsseln, um uns aus diesem mentalen Gefängnis zu befreien. Bei einigen dieser Schlüssel handelt es sich um Fragen, die Sie als Erinnerungshilfen oder im Gespräch mit einem guten Freund oder einem Therapeuten nutzen können; andere sind gut umsetzbare Schritte, die Sie jetzt sofort ausführen können, um Ihr Leben und Ihre Beziehungen zu verbessern. Auch wenn die Heilung kein linearer Prozess ist, habe ich die Kapitel absichtlich so angeordnet, dass sie den Bogen meiner eigenen Reise in die Freiheit wiedergeben. Natürlich können die Kapitel auch für sich alleine stehen oder in jeder beliebigen Reihenfolge gelesen werden. Sie sind Ihr eigener Reiseleiter. Ich lade Sie ein, das Buch so zu benutzen, wie es Ihnen am besten dient.

WIR VERÄNDERN UNS ERST, WENN WIR BEREIT SIND.

Und zum Start auf Ihrem Weg in die Freiheit stelle ich Ihnen drei erste Wegweiser zur Verfügung.

Wir verändern uns erst, wenn wir bereit sind. Manchmal sind es schwierige Umstände – vielleicht eine Scheidung, ein Unfall, eine Krankheit oder der Tod –, die uns zwingen, uns dem zu stellen, was nicht funktioniert, und etwas anderes zu versuchen.

Manchmal wird unser innerer Schmerz oder unsere unerfüllte Sehnsucht so laut und beharrlich, dass wir keinen Augenblick länger darüber hinwegsehen können. Aber die Bereitschaft dazu kommt nicht von außen, und sie kann nicht überstürzt oder erzwungen werden. Sie sind bereit, wenn Sie bereit sind, wenn sich etwas in Ihnen verlagert und Sie beschließen: *Bis jetzt habe ich das gemacht. Nun werde ich etwas anderes tun.* Veränderung heißt, die Gewohnheiten und Muster zu durchbrechen, die uns nicht mehr dienlich sind. Wenn Sie Ihr Leben auf sinnvolle Weise verändern wollen, legen Sie nicht einfach nur eine untaugliche Gewohnheit oder Überzeugung ab; Sie tauschen sie vielmehr gegen eine aus, die für Sie zuträglich ist. Sie wählen, welche Richtung Sie einschlagen. Sie finden einen Wegweiser und folgen ihm.

Veränderung heißt, die Gewohnheiten und Muster zu durchbrechen, die uns nicht mehr dienlich sind. Wenn Sie Ihre Reise beginnen, ist es wichtig, nicht nur darüber nachzudenken, *wovon* Sie sich befreien wollen, sondern auch darüber, weshalb Sie frei sein wollen, *um* etwas zu tun oder zu werden.

VERÄNDERUNG HEISST, DIE GEWOHNHEITEN UND MUSTER ZU DURCHBRECHEN, DIE UNS NICHT MEHR DIENLICH SIND.

Und schließlich: Wenn Sie Ihr Leben ändern, geht es nicht darum, Ihr *neues* Selbst zu werden. Es geht darum, Ihr *wahres* Selbst zu werden – dieser einzigartige Diamant, den es nur einmal gibt und der durch nichts ersetzt werden kann.

Alles, was Ihnen widerfahren ist – all die Entscheidungen, die Sie bislang getroffen haben, alles, was Sie versucht haben, um damit zurechtzukommen: All das ist wichtig, all das ist nützlich. Sie brauchen nicht alles wegzuwerfen und ganz von vorn anzufangen. Das, was immer Sie gemacht haben, hat Sie dorthin gebracht, wo Sie jetzt in diesem Augenblick sind.

WENN SIE IHR LEBEN ÄNDERN, GEHT ES DARUM, IHR *WAHRES* SELBST ZU WERDEN.

Der ultimative Schlüssel zur Freiheit ist, die Person zu werden, die Sie wirklich sind.

Kapitel 1

WAS JETZT?

Das Gefängnis der Opferrolle

Meiner Erfahrung nach fragen Opfer: »Warum ich?« Kämpfernaturen fragen: »Was jetzt?«

Leiden ist universell. Aber die Opferrolle ist optional. Es gibt keine Möglichkeit, Menschen oder Umständen zu entkommen, die uns verletzen oder unterdrücken. Die einzige Garantie besteht darin, dass wir, egal, wie freundlich wir sind oder wie schwer wir arbeiten, Schmerz empfinden werden. Wir werden von Umwelt- oder genetischen Faktoren beeinflusst werden, über die wir wenig oder gar keine Kontrolle haben. Aber wir alle haben die Wahl, ob wir in der Opferrolle bleiben oder nicht. Wir können nicht auswählen, was uns widerfährt, aber wir können sehr wohl wählen, wie wir mit unserer Erfahrung umgehen.

Viele von uns bleiben in dem Gefängnis der Opferrolle, weil wir es unbewusst für sicherer halten. Wir fragen immer wieder »Warum?« und glauben, dass der Schmerz nachlassen wird, wenn wir nur den Grund dafür finden.

Warum habe ich Krebs bekommen? Warum habe ich meinen Job verloren? Warum hatte mein Partner eine Affäre? Wir suchen nach Antworten, wollen verstehen, als gäbe es eine logische Erklärung dafür, warum es so und nicht anders gelaufen ist. Doch wenn wir nach dem Warum fragen, verbeißen wir uns in die Suche nach jemandem oder nach etwas, dem wir die Schuld zuschieben können – einschließlich uns selbst.

Warum ist das ausgerechnet mir zugestoßen?

Nun, warum *nicht* Ihnen?

Vielleicht bin ich ja nach Auschwitz gekommen und habe überlebt, damit ich jetzt mit Ihnen sprechen und ein lebendes Beispiel einer Kämpfernatur und nicht eines Opfers sein kann. Wenn ich frage: »Was jetzt?« statt »Warum ich?«, konzentriere ich mich nicht mehr darauf, warum diese schlimme Sache passiert ist oder noch passiert, sondern fange an, mich damit zu befassen, was ich mit meiner Erfahrung anstellen kann. Ich suche weder nach einem Heiland noch nach einem Sündenbock. Stattdessen sehe ich mich nach Wahlmöglichkeiten und Chancen um.

Meine Eltern hatten keine Wahl, wie ihr Leben endete. Aber ich habe viele Optionen. Ich kann mich schuldig fühlen, dass ich überlebt habe, während so viele Millionen, auch meine Mutter und mein Vater, umgekommen sind. Oder ich habe die Wahl zu leben, zu arbeiten und Heilung dadurch zu finden, dass ich mich aus dem Griff der Vergangenheit befreie. Ich kann mich über meine Stärke und meine Freiheit freuen.

Ein Opfer zu sein, ist gleichbedeutend mit einer Totenstarre des Geistes. Sich als Opfer zu fühlen bedeutet, sich in der Vergangenheit zu verbeißen, sich im Schmerz zu verbeißen und in den Verlusten und Defiziten dessen, *was ich nicht tun kann* und *was ich nicht habe.*

Dies ist mein erstes Instrument, mit dem Sie aus Ihrer Opferrolle herauskommen können: Begegnen Sie allem, was geschieht, mit sanftem Wohlwollen. Das heißt nicht, dass Sie mögen müssen, was geschieht. Aber wenn Sie aufhören zu kämpfen und sich zu wehren, haben Sie mehr Energie und Kreativität zur Verfügung, um herauszufinden: »Was jetzt?« Um sich nach vorn zu orientieren, statt nirgendwohin. Um zu entdecken, was Sie in diesem Augenblick wollen und brauchen und wohin Sie sich von hier aus orientieren wollen.

Jedes Verhalten befriedigt ein Bedürfnis. Viele von uns beschließen, in der Opferrolle zu verharren, denn das gibt uns den Freibrief, überhaupt nichts für uns selbst zu tun. Freiheit hat einen Preis. Wir sind aufgerufen, Rechenschaft für unser Verhalten abzulegen und Verantwortung sogar für Situationen zu übernehmen, die wir weder verursacht noch selbst gewählt haben.

Das Leben ist voller Überraschungen.

Ein paar Wochen vor Weihnachten setzte sich Emily, fünfundvierzig, Mutter zweier Kinder, seit elf Jahren glücklich verheiratet, mit ihrem Mann zusammen, nachdem die Kinder im Bett waren. Sie wollte gerade vorschlagen, noch einen Film anzugucken, als er sie ansah und ruhig die Worte sprach, die ihr Leben auf den Kopf stellen sollten.

»Ich habe jemanden kennengelernt«, sagte er. »Wir lieben uns. Ich glaube nicht, dass wir beide unsere Ehe weiterführen sollten.«

Emily war am Boden zerstört. Sie wusste nicht, wie es weitergehen sollte. Dann kam der nächste Schock. Sie hatte Brustkrebs, einen großen Tumor, der augenblicklich eine aggressive Chemotherapie notwendig machte. In den ersten Wochen der Behandlung war sie wie gelähmt. Ihr Mann vertagte die Auseinandersetzungen über den Zustand ihrer Ehe und stand ihr während ihrer monatelangen Chemotherapie zur Seite, doch Emily lebte wie im Nebel.

»Ich glaubte, dass mein ganzes Leben vorüber wäre«, sagte sie. »Ich glaubte, dass ich dem Tod geweiht war.«

Aber als ich acht Monate nach ihrer Diagnose mit ihr sprach, war sie gerade operiert worden und erfuhr weitere, überraschende Neuigkeiten: Die Ärzte hatten eine vollkommene Remission festgestellt.

»Die Ärzte hatten das nie auf dem Schirm gehabt«, sagte sie. »Es ist wirklich ein Wunder.«

Ihr Krebs ist verschwunden. Aber ihr Ehemann ebenfalls. Nachdem die Chemotherapie abgesetzt worden war, sagte er, dass er seine Entscheidung getroffen habe. Er hatte eine Wohnung gemietet. Er wollte die Scheidung.

»Ich hatte solche Angst zu sterben«, erzählte mir Emily. »Nun muss ich lernen zu leben.«

Sie wird so sehr verzehrt von der Sorge um ihre Kinder, vom Schmerz, dass sie betrogen wurde, von finanziellen Ängsten und von Einsamkeit, dass sie das Gefühl hat, als sei sie in ein tiefes Loch gestürzt.

»Es fällt mir noch immer so schwer, mein Leben anzunehmen«, erzählte sie.

Die Scheidung hatte ihre schlimmsten Befürchtungen wahr gemacht, tiefsitzende Verlassensängste, die sie seit ihrem vierten Lebensjahr plagten, als ihre Mutter an einer Depression erkrankte. Ihr Vater verstummte, wenn es um die Krankheit ihrer Mutter ging, flüchtete sich in die Arbeit und überließ es Emily, damit fertigzuwerden. Als ihre Mutter später Selbstmord beging, war das die Bestätigung der Realität, die sie kannte, die sie aber dennoch vermeiden wollte, dass nämlich die Menschen, die man liebt, verschwinden.

»Seit ich fünfzehn war, hatte ich immer eine Beziehung«, sagte sie. »Ich habe nie gelernt, allein glücklich zu sein, mit mir glücklich zu sein, mich zu lieben.« Ihre Stimme bricht, als sie die Worte ausspricht: *mich zu lieben.*

Ich sage oft, dass wir unseren Kindern Wurzeln und Flügel verleihen müssen. Dasselbe müssen wir für uns tun. Der einzige Mensch, den Sie haben, sind Sie selbst. Sie kommen allein auf die Welt. Sie sterben allein. Fangen Sie also morgens damit an, dass Sie aufstehen und sich vor den Spiegel stellen. Schauen Sie sich in die Augen und sagen Sie: »Ich liebe dich.« Sagen Sie: »Ich werde dich nie verlassen.« Umarmen Sie sich. Geben Sie sich einen Kuss. Versuchen Sie es!

Und dann wiederholen Sie das jeden Tag, alle Tage, nur für sich allein.

»Aber wie soll ich mit meinem Mann umgehen?«, fragte Emily. »Wenn wir uns treffen, macht er einen vollkommen ruhigen und entspannten Eindruck. Er ist glücklich mit seiner Entscheidung. Aber bei mir kochen alle Emotionen hoch. Ich fange zu weinen an. Ich kann mich einfach nicht beherrschen, wenn ich ihn sehe.«

»Wenn Sie es wollen, schaffen Sie es«, sagte ich zu ihr. »Aber Sie müssen es wollen, und dazu kann ich Sie nicht bringen. Diese Macht habe ich nicht. Das können nur Sie. Treffen Sie eine Entscheidung. Vielleicht ist Ihnen eher nach Schreien und Weinen zumute. Aber tun Sie das nicht, wenn es nicht in Ihrem ureigensten Interesse ist.«

Manchmal genügt ein einziger Satz, um den Weg aus der Opferrolle zu finden: *Ist es gut für mich?*

Ist es gut für mich, mit einem verheirateten Mann zu schlafen? Ist es gut für mich, ein Stück Schokoladenkuchen zu essen? Ist es gut für mich, meinem Mann, der mich betrügt, mit Fäusten auf die Brust zu schlagen? Ist es gut für mich, tanzen zu gehen? Einem Freund zu helfen? Laugt es mich aus oder stärkt es mich?

Ein weiteres Instrument, sich aus der Opferrolle zu verabschieden, ist zu lernen, mit der Einsamkeit zurechtzukommen. Davor fürchten sich die meisten von uns mehr als vor allem anderen. Aber wenn Sie sich selbst lieben, dann ist allein sein nicht gleichbedeutend mit einsam sein.

»Sich selbst zu lieben, ist auch gut für Ihre Kinder«, sagte ich zu Emily. »Wenn Sie ihnen zeigen, dass Sie sich nie verlieren werden, dann zeigen Sie Ihren Kindern, dass sie Sie ebenfalls nie verlieren werden. Dass Sie jetzt hier sind. Dann können Sie Ihr Leben leben, statt dass Sie sich um Ihre Kinder und Ihre Kinder sich um Sie Sorgen machen und alle sich ständig umeinander Sorgen machen. Ihren Kindern und sich selbst sagen Sie: ›Ich bin hier. Ich bin für euch da.‹ Sie geben ihnen und sich selbst das, was Sie nie hatten: eine gesunde Mutter.«

Wenn wir beginnen, uns selbst zu lieben, beginnen wir,

die Löcher in unserem Herzen zu flicken, die klaffenden Wunden, die scheinbar nie gefüllt werden können. Und wir beginnen, Entdeckungen zu machen. »Aha!«, lernen wir zu sagen: »So habe ich das noch nie gesehen.« Ich fragte Emily, welche Entdeckungen sie in den vergangenen acht Monaten des Umbruchs gemacht hatte. Ihre Augen leuchteten auf.

»Ich habe entdeckt, wie viele wunderbare Menschen ich um mich herum habe. Meine Familie, Freunde, Leute, die ich vorher noch nicht gekannt hatte, die während meiner Therapie zu Freunden geworden sind. Als der Arzt mir eröffnete, dass ich Krebs habe, dachte ich, mein Leben wäre vorbei. Und jetzt habe ich so viele Leute kennengelernt. Ich habe gelernt, dass ich kämpfen kann, dass ich leistungsfähig bin. Es hat fünfundvierzig Jahre gebraucht, bis ich das gelernt habe, aber zum Glück weiß ich es jetzt. Mein neues Leben hat schon angefangen.«

Wir alle können Stärke und Freiheit selbst in schrecklichen Lebenssituationen finden. Darling, Sie sind für sich selbst verantwortlich, also übernehmen Sie Verantwortung. Spielen Sie nicht das Aschenputtel, das in der Küche hockt und auf einen Kerl mit einem Fußfetisch wartet. Prinzen oder Prinzessinnen gibt es nicht. Die ganze Liebe und die Leistungskraft, die Sie brauchen, tragen Sie in sich. Schreiben Sie also auf, was Sie erreichen wollen, welches Leben Sie führen wollen, was für einen Partner Sie haben wollen. Wenn Sie ausgehen, machen Sie sich schick. Schließen Sie sich einer Gruppe von Leuten an, die ähnliche Kämpfe ausfechten, einer Gruppe, in der sich alle umeinander kümmern und sich gemeinsam für etwas Größeres engagieren, als der eigene Horizont hergibt. Und werden Sie neugierig. Was kommt als Nächstes? Wie wird es sich entwickeln?

Unser Geist wartet mit einer Menge brillanter Methoden auf, um uns zu schützen. Die Opferrolle ist ein verführerischer Schild, denn sie macht uns glauben, dass unser Kummer weniger schmerzt, wenn wir uns schuldlos machen. Solange Emily sich als Opfer definierte, konnte sie alle Schuld und Verantwortung für ihr Wohlbefinden auf ihren Ex-Mann schieben. Die Opferrolle gibt uns eine falsche Verschnaufpause, denn sie verzögert und vertagt das Wachstum. Je länger wir in ihr verharren, umso schwieriger wird es, sie zu verlassen.

»Sie sind kein Opfer«, sagte ich zu Emily. »Es geht nicht darum, wer Sie sind, sondern darum, was Ihnen angetan worden ist.«

Wir können verwundet sein *und* verantwortlich. Haftbar *und* unschuldig. Wir können die sekundären Vorteile der Opferrolle zugunsten der primären Vorteile des Wachsens und Gesundens aufgeben und nach vorn schauen.

Der einzige Grund, aus der Opferrolle auszusteigen, ist der, dass wir in unser restliches Leben einsteigen können. Diesen Dreh- und Angelpunkt versuchte Barbara in die Tat umzusetzen, als sie mich ein Jahr nach dem Tod ihrer Mutter kontaktierte. Für ihre vierundsechzig Jahre wirkte sie jung: glatte Haut, Strähnchen in den langen blonden Haaren. Doch offenbar lastete eine schwere Bürde auf ihr, und aus ihren großen blauen Augen sprach tiefe Trauer.

Barbaras Verhältnis zu ihrer Mutter war kompliziert gewesen, und so war auch ihre Trauer kompliziert. Anspruchsvoll und dominant, wie ihre Mutter gewesen war, hatte sie Barbaras Opferrolle manchmal explizit verstärkt, sich auf Probleme wie schlechte Zensuren und gescheiterte Beziehungen fixiert und so Barbaras Überzeugung geschürt, fehlerbehaftet und hilflos zu sein und es nie zu etwas bringen zu können. In gewisser Weise war es eine Erleichterung gewesen, nun von der verzerrten und kritischen Perspektive ihrer Mutter befreit zu sein. Aber sie fühlte sich auch ruhelos und unsicher. Wegen einer Rückenverletzung, die sie sich erst kürzlich zugezogen hatte, konnte sie ihrem geliebten Job in dem kleinen Café nicht nachgehen, und nachts konnte sie nicht einschlafen, da sie sich ständig mit Problemen herumschlug: *Ist meine Zeit bald abgelaufen? Wobei habe ich versagt? Was habe ich getan, woran man sich erinnern wird? Was ist das Fazit meines Lebens?*

DER EINZIGE GRUND, AUS DER OPFERROLLE AUSZUSTEIGEN, IST DER, DASS WIR IN UNSER RESTLICHES LEBEN EINSTEIGEN KÖNNEN.

»Ich bin traurig, ängstlich und unsicher«, sagte sie. »Ich kann einfach keinen Frieden finden.«

Das erlebe ich oft bei Frauen mittleren Alters, die ihre Mutter verloren haben. Die unbewältigte emotionale Beziehungsgeschichte lebt weiter – und der Tod macht es scheinbar unmöglich, jemals damit abzuschließen.

»Haben Sie Ihre Mutter aus der Vergangenheit entlassen?«, fragte ich.

Barbara schüttelte mit Tränen in den Augen den Kopf.

Tränen sind gut. Sie bedeuten, dass eine wichtige emotionale Wahrheit zu uns durchgedrungen ist. Wenn ich eine Frage stelle, die einen Patienten zum Weinen bringt, bin ich quasi auf eine Goldader gestoßen. Wir haben etwas Entscheidendes gefunden. Doch der Moment, in dem die Schleusen geöffnet werden, ist so vulnerabel wie tiefgreifend. Ich war ganz Ohr, ganz konzentriert auf den Augenblick.

Barbara wischte sich übers Gesicht und tat einen tiefen, rasselnden Atemzug. »Ich möchte Sie etwas fragen«, sagte sie. »Mir geht ständig eine Kindheitserinnerung im Kopf herum.«

Ich bat sie, die Augen zu schließen und mir den Vorfall in der Gegenwartsform zu erzählen, so, als würde sie ihn gerade jetzt erleben.

»Ich bin drei«, begann sie. »Wir sind alle in der Küche. Mein Dad sitzt am Frühstückstisch. Meine Mom steht vor mir und meinem älteren Bruder. Sie ist wütend. Sie stellt uns nebeneinander hin und fragt: ›Wen mögt ihr am liebsten? Mich oder euren Vater?‹ Mein Dad beobachtet, was sie macht, und er beginnt zu weinen. Er sagt: ›Tu das nicht. Tu das den Kindern nicht an.‹ Ich will sagen, dass ich meinen Vater am liebsten mag; ich will zu ihm gehen, mich auf seinen Schoß setzen und ihn umarmen. Aber das kann ich nicht machen. Ich kann nicht sagen, dass ich ihn liebhabe, weil ich sonst meine Mutter wütend mache. Dann gibt's Ärger. Also sage ich, dass ich meine Mom am liebsten mag. Und jetzt …« Ihre Stimme brach, und Tränen rollten über ihre Wangen. »Jetzt wünsche ich mir, dass ich es zurücknehmen könnte.«

»Sie waren eine gute Kämpferin«, sagte ich zu ihr. »Ein schlaues Köpfchen. Sie haben das getan, was notwendig war, um zu überleben.«

»Warum tut es dann so weh?«, fragte sie. »Warum kann ich es einfach nicht loslassen?«

»Weil dieses kleine Mädchen nicht weiß, dass es jetzt in Sicherheit ist. Nehmen Sie mich mit zu ihr in die Küche«, sagte ich. »Sagen Sie mir, was Sie sehen.«

Sie beschrieb das Fenster, das zum Garten hinausging, die gelben Blumen auf den Griffen der Schranktüren und dass die Schaltknöpfe am Herd genau auf Augenhöhe waren.

»Sprechen Sie mit dem kleinen Mädchen. Wie geht es ihm jetzt?«

»Ich liebe meinen Dad. Aber ich darf das nicht sagen.«

»Sie sind hilflos.«

Tränen tropften von den Wangen auf ihr Kinn. Sie wischte sie weg und barg dann ihr Gesicht in den Händen.

»Damals waren Sie ein Kind«, sagte ich. »Jetzt sind Sie erwachsen. Gehen Sie zu dem liebenswerten, einzigartigen kleinen Mädchen hinüber. Seien Sie jetzt seine Mutter. Nehmen Sie es an der Hand und sagen Sie zu ihm: ›Ich hole dich jetzt hier heraus.‹«

Barbaras Augen waren noch immer geschlossen. Sie wiegte sich hin und her.

»Halten Sie sie an der Hand«, fuhr ich fort. »Gehen Sie mit ihr zur Tür, die Eingangstreppe hinunter und hinaus auf den Gehweg. Gehen Sie mit ihr den Block entlang. Biegen Sie um die Ecke. Sagen Sie dem kleinen Mädchen: ›Du steckst nicht mehr dort fest.‹«

Das Gefängnis der Opferrolle wird oft in der Kindheit

angelegt, und selbst wenn wir erwachsen sind, können wir uns immer noch so hilflos fühlen wie damals, als wir jung waren. Wir können uns aus der Opferrolle befreien, indem wir jenem inneren Kind helfen, sich sicher zu fühlen, und es die Welt mit der Autonomie eines Erwachsenen erfahren lassen.

Ich leitete Barbara an, die Hand des verwundeten Kindes weiterhin zu halten. Mit ihm spazieren zu gehen. Ihm die Blumen im Park zu zeigen. Es zu verwöhnen und zu knuddeln. Ihm ein Eis oder einen kuscheligen Teddy zu kaufen, den es drücken konnte – was immer es wollte, um sich sicher zu fühlen. »Und dann gehen Sie mit ihm zum Strand hinunter«, sagte ich. »Zeigen Sie ihm, wie man den Sand mit den Füßen aufwirbelt. Sagen Sie zu ihm: ›Ich bin hier, und wir werden jetzt richtig wütend.‹ Wirbeln Sie gemeinsam mit dem Kind den Sand mit den Füßen auf. Brüllen und schreien Sie. Und dann begleiten Sie es wieder nach Hause. Nicht in die Küche, sondern dorthin, wo Sie jetzt wohnen. An den Ort, an dem Sie immer wieder auftauchen werden, um nach ihm zu sehen.«

Barbaras Augen waren noch immer geschlossen, Mund und Wangen entspannter. Aber zwischen den Augen gab es immer noch eine Falte, die auf Anspannung hindeutete.

»Das kleine Mädchen saß in der Küche fest, und es brauchte Sie, um es da herauszubringen«, sagte ich. »Sie haben es gerettet.«

Sie nickte langsam, aber die Spannung in ihrem Gesicht hatte sich immer noch nicht gelöst.

Ihre Arbeit in der Küche war noch nicht getan. Da waren noch andere, die gerettet werden mussten.

»Ihre Mutter braucht Sie auch«, sagte ich. »Sie steht noch immer in dieser Küche. Öffnen Sie ihr die Tür. Sagen Sie ihr, dass es für Sie beide an der Zeit ist, frei zu sein.«

In ihrer Vorstellung ging Barbara zuerst zu ihrem Vater an den Frühstückstisch, an dem er immer noch still und mit tränennassen Wangen saß. Sie gab ihm einen Kuss auf die Stirn und sagte die Worte der Zuneigung, die sie als Kind hatte verbergen müssen. Dann ging sie zu ihrer Mutter. Sie legte ihr eine Hand auf die Schulter, schaute in ihre kummervollen Augen und deutete mit dem Kinn zur offenen Tür, hinter der sie von ihrem Standort aus den grünen Fleck Rasen sehen konnten. Als Barbara die Augen aufschlug, war es, als löste sich etwas von der Spannung in Gesicht und Schultern.

»Danke«, sagte sie.

Uns aus der Opferrolle zu entlassen, bedeutet auch, dass wir andere aus den Rollen entlassen, die wir ihnen zugewiesen haben.

Ein paar Monate zuvor hatte ich selbst Gelegenheit, dieses Instrument einzusetzen, als ich eine Vortragsreise nach Europa plante und meine Tochter Audrey einlud, mich zu begleiten. In der Mittelschule und der Highschool, wo sie als olympische Schwimmerin in der Juniorenmannschaft trainiert hatte, musste sie immer um fünf Uhr früh aufstehen und bekam vom ständigen Kontakt mit dem chlorierten Wasser allmählich grüne Haare. Damals war es üblicherweise ihr Vater gewesen, der sie zu Schwimmveranstaltungen in ganz Texas und im Südwesten chauffierte. Auf diese Weise hatten Béla und ich die Anforderungen unserer Karrieren und unserer drei Kinder unter einen Hut gebracht: Wir hatten als Partner agiert und die Verantwortlichkeiten aufgeteilt. Aber das hatte zur Folge, dass jeder von uns bestimmte Dinge verpasste. Jetzt mit Audrey auf Reisen zu gehen, konnte die Zeit nicht ersetzen, die wir verloren hatten, als sie jünger war. Doch für mich bot sich eine willkommene Gelegenheit, unsere Beziehung aufzufrischen. Abgesehen davon war diesmal ich diejenige, die eine Begleiterin brauchte!

Wir reisten in die Niederlande und dann weiter in die Schweiz, wo wir unsere Zähne in Mille-feuille-Süßigkeiten versenkten, so üppig und süß wie die Leckereien, die mein Vater immer spätabends für mich nach Hause geschmuggelt hatte, wenn er vom Billardspielen kam. Ich war nach dem Krieg mehrmals in Europa gewesen, aber es war unglaublich heilsam für mich, gemeinsam mit meiner wunderbaren Tochter dort zu sein, so nahe an meiner Kindheit und meinem Trauma, zu schweigen, zu plaudern und von ihren Plänen einer zweiten Karriere als Trauerbegleiterin und Coach für Führungskräfte zu hören. An einem Abend, nachdem ich in Lausanne einen Vortrag an einer Business School in einem mit Führungskräften aus aller Welt vollbesetzten Saal gehalten hatte, überraschte mich jemand mit der Frage: »Wie ist es so, mit Audrey zu reisen?«

Ich suchte nach Worten, die adäquat vermitteln konnten, wie außerordentlich wichtig diese Zeit für mich war. Ich sprach darüber, dass die mittleren Kinder einer Familie oft zu kurz kämen. So war Audrey großenteils von ihrer älteren Schwester Marianne aufgezogen worden, während ich ihren kleinen Bruder John kreuz und quer durch

El Paso und sogar bis hinauf nach Baltimore kutschierte, um Therapiemöglichkeiten für eine bis dahin nicht diagnostizierte, besorgniserregende Entwicklungsverzögerung zu finden. Danach machte John seinen Abschluss an der University of Texas als einer der zehn besten Studenten in seinem Semester. Inzwischen ist er ein anerkannter Kommunalpolitiker und Verfechter von Anliegen behinderter Menschen. Ich bin unendlich dankbar dafür, dass er die richtige Behandlung und die notwendige Unterstützung bekommen hat. Aber ich habe mich immer schuldig gefühlt, dass Johns spezielle Bedürfnisse mich so sehr in Anspruch nahmen und Audreys Kindheit unterbrachen; dass Marianne und Audrey sechs Jahre auseinander sind; dass mein Trauma eine Belastung für meine Kinder geworden ist. Das alles unvorbereitet öffentlich auszusprechen, war eine Katharsis für mich. Es tat gut, das zu erkennen, mich zu entschuldigen.

Doch am Flughafen am folgenden Morgen stellte Audrey mich zur Rede.

»Mom«, sagte sie. »Wir müssen die Geschichte darüber, wer ich bin, unbedingt ändern. Ich sehe mich nicht als Opfer. Mir ist es wichtig, dass du mich nicht mehr so siehst.«

Als ich mich impulsiv verteidigen wollte, zog sich meine Brust vor Unbehagen zusammen. Ich hatte gedacht, ich hätte sie als Kämpferin beschrieben und nicht als Opfer. Aber sie hatte vollkommen recht. Dadurch, dass ich mein eigenes Schuldgefühl loswerden wollte, hatte ich sie mit der Rolle des vernachlässigten Kindes besetzt. Ich hatte uns allen Rollen zugewiesen: Ich war die Täterin, Audrey das Opfer und Marianne die Retterin. (Oder in einer anderen Version der gleichen Geschichte hatte ich die Rollen folgendermaßen besetzt: John war das Opfer, ich die Retterin und Béla, auf den ich in jenen Jahren so wütend gewesen war, der Täter.) Die Rolle des Opfers wird innerhalb von Beziehungen und Familien oft herumgereicht. Aber ohne Täter gibt es kein Opfer. Wenn wir ein Opfer bleiben oder diese Rolle jemand anderem zuweisen, vergrößern wir den Schaden und lassen ihn andauern. Indem ich mich auf das konzentrierte, was Audrey alles *nicht gehabt* hatte, als sie aufwuchs, untergrub ich ihre Stärke als Kämpferin: ihre Fähigkeit, jede Erfahrung als Chance für Wachstum zu sehen. Und ich selbst warf mich in ein Gefängnis der Schuld.

Als mir zum ersten Mal die Macht dieses Perspektivwechsels von Opfer zu Kämpfer ganz deutlich vor Augen geführt wurde, absolvierte ich gerade Mitte der 1970er-Jahre mein klinisches Praktikum im William Beaumont Army Medical Center. Eines Tages wurden mir zwei neue Patienten zugeteilt, beide Vietnam-Veteranen, beide aufgrund von Verletzungen des unteren Rückenmarks querschnittsgelähmt, beide voraussichtlich nie mehr in der Lage zu gehen. Sie hatten die gleiche Diagnose, die gleiche Prognose. Der eine von ihnen lag stundenlang in Embryonalstellung auf seinem Bett, war wütend und verfluchte Gott und sein Vaterland. Der andere setzte sich lieber in den Rollstuhl, statt im Bett zu liegen. »Ich sehe das alles inzwischen mit anderen Augen«, sagte er zu mir. »Meine Kinder haben mich gestern besucht, und jetzt, wo ich im Rollstuhl sitze, bin ich ihren Augen so viel näher.« Er freute sich gewiss nicht darüber, behindert zu sein, unter eingeschränkten Sexualfunktionen zu leiden und nicht zu wissen, ob er jemals wieder mit seiner Tochter um die Wette rennen oder auf der Hochzeit seines Sohnes würde tanzen können. Aber er erkannte, dass seine Verletzung ihm eine neue Perspektive eröffnete. Und er konnte entscheiden, ob er seine Verletzung als Einschränkung und Entmündigung oder aber als neue Quelle für Wachstum sehen wollte.

Über vierzig Jahre später, im Frühling 2018, sah ich meine Tochter Marianne vor eine ähnliche Wahl gestellt. Auf einer Reise in Italien mit ihrem Mann Rob stolperte sie auf einer Steintreppe, schlug mit dem Kopf auf und erlitt ein Schädel-Hirn-Trauma. Zwei Wochen lang wussten wir nicht, ob sie überleben würde. Und wenn ja, wer sie dann sein würde. Würde sie sprechen können? Würde sie ihre Kinder, ihre drei wunderbaren Enkel wiedererkennen oder Rob, ihre Geschwister, mich? In diesen schier unerträglichen Tagen, als Mariannes Leben an einem seidenen Faden hing, tastete ich immer wieder nach dem Armband, das Béla mir zu ihrer Geburt geschenkt hatte, eine dicke Schnur aus drei unterschiedlichen Goldlegierungen. Bei unserer Flucht 1949 aus der Tschechoslowakei hatte ich es in Mariannes Windel hinausgeschmuggelt. Seit damals trage ich es jeden Tag als Talisman für das Leben und für die Liebe, die selbst aus Zerstörung und Tod entstehen können, und als Mahnung, dass es selbst entgegen jeglicher Erwartung so etwas wie ein Überleben gibt.

Für mich gibt es kein schwierigeres Gefühl als Angst, gepaart mit Machtlosigkeit. Mariannes Leiden hatte mich ausgebrannt, ich hatte schreckliche Angst, dass wir sie verlieren könnten, und es gab nichts, was wir konkret hätten *tun* können, um sie zu heilen, um das Schlimmste zu verhindern. Als die Angst noch größer wurde, sprach ich ihren Kosenamen Silbe für Silbe wie eine Art Gebet: »Marchuka, Marchuka.« Mir wurde bewusst, dass ich genau dasselbe getan hatte, als ich für Josef Mengele tanzte. Ich hatte mich nach innen gekehrt. Hatte eine Zuflucht in mir selbst geschaffen, einen Ort, an dem ich meinen Geist vor den Wirren von Bedrohung und Ungewissheit schützen konnte.

Wie durch ein Wunder hat Marianne überlebt. An die ersten Wochen nach dem Sturz erinnert sie sich nicht. Vielleicht hat sie sich ebenfalls nach innen gewandt. Ob es die hervorragende medizinische Betreuung war, die unermüdliche Unterstützung und Anwesenheit ihres Mannes und ihrer Familie oder ob es ihre eigenen inneren Ressourcen waren – jedenfalls hat sie es geschafft, ihre physischen und kognitiven Funktionen Stück für Stück wiederherzustellen und sich an die Namen ihrer Kinder zu erinnern. Zunächst hatte sie Schluckbeschwerden, und ihr Geschmackssinn geriet durcheinander. Ich kochte ständig für sie, peinlich darauf bedacht, alle ihre Lieblingsspeisen von früher auszuprobieren. Eines Tages bat sie mich, *trepanka* zuzubereiten, ein Kartoffelgericht mit Sauerkraut und Brinza, einem tschechischen Bauernkäse. Es war das Gericht, nach dem es mich am meisten gelüstet hatte, als ich mit ihr schwanger gewesen war! Als ich sah, wie sie den ersten Bissen nahm und dabei lächelte, spürte ich tief in meinem Inneren, dass sie wieder auf die Beine kommen würde.

In nur eineinhalb Jahren erholte sie sich erstaunlich gut, lebt und arbeitet nun genau wie vor ihrer Verletzung mit Kraft, Brillanz, Kreativität und Leidenschaft.

Auch wenn viele Aspekte ihrer Genesung außerhalb ihrer Kontrolle liegen, nicht einfach zu erklären und reine Glückssache sind, hat sie dennoch Entscheidungen getroffen, von denen ich weiß, dass sie ihr bei ihrer Heilung geholfen haben. Wenn wir verwundbar sind und nur über begrenzte Energien verfügen, ist es besonders wichtig zu entscheiden, wie wir unsere Zeit verbringen. Marianne hat sich entschlossen, wie eine Kämpferin zu denken, sich darauf zu fokussieren, was notwendig ist, um weiter zu genesen, auf ihren Körper zu hören, um zu wissen, wann sie Ruhepausen einlegen muss, für ihre Gesundheit dankbar zu sein und allen Menschen Dankbarkeit zu erweisen, die ihre Genesung unterstützen.

Wenn sie morgens aufwacht, überlegt sie sich: »Was habe ich heute vor? Wann mache ich meine Krankengymnastik? An welchen Projekten möchte ich arbeiten? Was brauche ich, um mich um mich zu kümmern?«

Innere Einstellung ist nicht alles. Wir können schwierige Situationen nicht ungeschehen machen oder uns allein kraft unserer Perspektive wieder wohlfühlen. Wie wir unsere Zeit und unsere mentale Energie nutzen, hat allerdings tatsächlich Auswirkungen auf unsere Gesundheit. Wenn wir uns gegen das, was uns widerfährt, sträuben und es verfluchen, schmälern wir unsere Entwicklung und unsere Heilung. Stattdessen können wir den Schicksalsschlag, den wir erleiden, annehmen *und* den besten Weg finden, damit zu leben.

Dies ist besonders dann der Fall, wenn wir im Verlauf unserer Genesung Rückschläge oder Komplikationen erleiden. Hirnverletzungen führen üblicherweise dazu, dass

Patienten vieles nicht mehr so gut gelingt wie früher, als ihnen alles noch leicht oder geschickt von der Hand ging. Marianne arbeitet immer noch verbissen daran, all die neuronalen Netzwerke wiederherzustellen, die durch den Sturz geschädigt worden sind. Zu langes Stehen oder Laufen ermüdet sie schnell, und sie kämpft darum, ihre Wortfindungsstörungen zu beheben. Die ersten Wochen ihrer Genesung ausgenommen, sind ihre Erinnerungen intakt, doch manchmal fallen ihr die Bezeichnungen für bestimmte Dinge nicht ein, etwa ein Land, das sie bereist hat, oder ein Gemüse, das sie auf dem Bauernmarkt kaufen möchte. Sie musste neue Methoden erlernen, um das zu tun, was sie früher mühelos geschafft hat. Wenn sie sich auf einen Vortrag vorbereitet, kann sie nicht einfach drei Punkte notieren und darauf vertrauen, dass ihr Gehirn sich an die Verknüpfungen erinnert und die Lücken füllt, so wie es vor ihrer Verletzung der Fall gewesen ist. Nun muss sie die ganze Rede aufschreiben – jedes Wort, jede Überleitung.

Interessanterweise gibt es aber andere Dinge, die sie mit mehr Flexibilität und Erfindungsgeist bewältigt. Sie war schon immer eine ausgezeichnete Köchin und hatte früher sogar eine Kochkolumne in einer Zeitung in San Diego. Nach ihrem Sturz musste sie sich das Kochen erst wieder beibringen. Dabei hat sie begonnen, neue Rezepte zu erfinden und alte Abläufe neu zu gestalten. Sie und Rob leben nun in Manhattan, doch den Sommer verbringen sie so oft wie möglich in La Jolla, wo ich wohne. Im vergangenen Sommer wollte sie für mich eine kalte Kirschsuppe zubereiten, die sie irgendwann für ein Abendessen mit Freunden in New York gemacht hatte. Sie kaufte eine Tüte

Weichseln und las die Rezepte in zwei alten ungarischen Kochbüchern nach, nur um sie dann wegzulegen und die Suppe nach ihren eigenen Vorstellungen zu machen: Sie bereitete sie kalt zu, statt sie zuerst zu erhitzen und dann wieder abzukühlen, und fügte außerdem drei weitere Obstsorten hinzu. Wäre sie nach ihrer Verletzung nicht ständig zu Anpassungen gezwungen gewesen, hätte sie die Suppe wahrscheinlich wie gewohnt zubereitet. Doch stattdessen machte sie sich die Notwendigkeit zunutze, sich nach ihrer Verletzung umzuorientieren, und das führte sie zu etwas Neuem. Und es war köstlich!

Manchmal erkenne ich an ihrem Blick, wie ermüdend und frustrierend es ist, so hart arbeiten zu müssen, um Sachen hinzubekommen, die sie früher als selbstverständlich betrachtete. Aber sie sieht auch die Chancen.

»Schon seltsam«, sagte sie zu mir, »aber ich habe das Gefühl, intellektuell anders lebendig zu sein als vorher.« Und ihr Gesicht leuchtete genauso auf wie damals, als sie als Kind lesen gelernt hatte. »Ehrlich gesagt, ist es irgendwie lustig und spannend.«

Das ist keine ungewöhnliche Erfahrung für Menschen, die ähnliche Verletzungen überlebt haben. Mariannes Neurologe erzählte ihr, dass einige seiner Patienten, die künstlerisch nie begabt gewesen waren, nach einer schweren Hirnverletzung plötzlich feststellten, dass sie zeichnen oder malen konnten, und sogar erstaunlich gut. Nachdem Nervenbahnen durchtrennt und neu konfiguriert wurden, stel-

IN JEDER KRISE STECKT AUCH EIN WANDEL.

len viele genesene Patienten offenbar Begabungen an sich fest, die sie vorher entweder nicht hatten oder von denen sie nichts wussten.

Welch schöne Mahnung, dass das, was unser Leben unterbricht, was uns abrupt zum Stillstand bringt, auch ein Katalysator für ein neu daraus hervorgehendes Selbst sein kann, ein Instrument, das uns eine neue Art von Sein aufzeigt, das uns eine neue Sichtweise schenkt.

Deshalb sage ich:

In jeder Krise steckt auch ein Wandel. Schreckliche Dinge geschehen, und es schmerzt höllisch. Und dennoch bieten diese niederschmetternden Erfahrungen auch die Chance, uns neu zu sortieren und zu entscheiden, was wir für unser Leben wollen. Wenn wir beschließen, auf das Geschehene so zu reagieren, dass wir nach vorn schauen und unsere Freiheit *für* etwas entdecken, dann befreien wir uns aus dem Gefängnis der Opferrolle.

SCHLÜSSEL, DIE IHNEN HELFEN, SICH AUS DER OPFERROLLE ZU BEFREIEN

- ***Das war damals, dies ist jetzt.*** *Denken Sie an einen Augenblick in Ihrer Kindheit oder Jugend, als jemand Sie durch kleine oder große Handlungen gekränkt hat. Versuchen Sie, an einen* spezifischen Augenblick *zu denken, nicht an einen generellen Eindruck von dieser Beziehung oder einer bestimmten Zeit in Ihrem Leben. Stellen Sie sich den Moment so vor, als würden Sie ihn gerade nochmals erleben. Achten Sie auf sensorische Details – Bilder, Gerüche, Geschmacksempfindungen, körperliche Empfindungen. Dann stellen Sie sich vor, wie Sie jetzt sind. Sehen Sie sich in den vergangenen Moment eintreten und Ihr vergangenes Selbst an die Hand nehmen. Führen Sie sich von dem Ort weg, an dem Sie gekränkt worden sind, heraus aus der Vergangenheit. Sagen Sie zu sich: »Ich bin hier. Ich werde mich um dich kümmern.«*

- ***In jeder Krise steckt ein Wandel.*** *Schreiben Sie einen Brief an eine Person oder eine Situation, die Ihnen kürzlich oder in der Vergangenheit Schmerz zugefügt hat. Gehen Sie spezifisch darauf ein, was diese Person getan hat oder welcher Vorfall Ihnen missfallen hat. Legen Sie alles auf den Tisch. Schreiben Sie auf, wie die Aktionen, Worte oder Vorkommnisse Sie getroffen haben. Dann schreiben Sie einen weiteren Brief an dieselbe Person oder Situation; nur dieses Mal soll es ein Dankesbrief sein, der Ihre Dankbarkeit dafür zum Ausdruck bringt, was die Person Sie über sich selbst gelehrt hat oder auf welche*

Weise die Situation Ihnen einen Anstoß gegeben hat zu wachsen. Das Ziel des Dankesbriefes ist nicht, so zu tun, als hätte Ihnen etwas gefallen, was Ihnen nicht gefallen hat, oder sich zu zwingen, über etwas glücklich zu sein, was Sie geschmerzt hat. Bekennen Sie, dass das, was geschehen ist, nicht richtig war und dass es wehgetan hat. Und beachten Sie auch die Heilkraft, wenn Sie Ihren Blickwinkel von einem hilflosen Opfer zu dem verlagern, was Sie wirklich sind: eine Kämpfernatur, eine starke Person.

- **Nutzen Sie Ihre Freiheit.** *Stellen Sie ein Visionboard her – eine visuelle Darstellung dessen, was Sie in Ihrem Leben schaffen oder sich aneignen wollen. Schneiden Sie Bilder und Wörter aus Illustrierten, alten Kalendern usw. aus. Es gibt keine Regeln, finden Sie einfach heraus, was Sie anspricht. Kleben Sie die Bilder und Wörter auf einen Bogen Papier oder einen großen Karton. Erkennen Sie die Muster, die sich herausbilden. (Das ist eine wunderbare Übung, die Sie zusammen mit guten Freunden machen können – begleitet von reichlich gutem Essen!) Stellen Sie Ihr Visionboard immer in Ihre Nähe und sehen Sie es sich jeden Tag an. Nutzen Sie diese intuitive Kreation als Wegweiser, dem Sie folgen wollen.*

Kapitel 2

KEINE ANTIDEPRESSIVA IN AUSCHWITZ

Das Gefängnis des Vermeidens

Einmal kam Marianne, damals fünf, heulend vom Kindergarten nach Hause in unsere winzige Wohnung in Baltimore. Sie war nicht zu einer Geburtstagsparty eingeladen worden, und nun schluchzte sie herzzerreißend, ihr Gesicht war vor Enttäuschung gerötet, und Tränen liefen über ihre Wangen. Ich hatte keine Ahnung, wie ich ihr mit Gefühlen beistehen sollte. Ich hatte keine Ahnung, wie ich ihr ihre Gefühle lassen und ihr zugestehen könnte. Damals verleugnete ich alles aus meiner Vergangenheit. Ich sprach nie über Auschwitz. Selbst meine eigenen Kinder erfuhren erst, dass ich eine Holocaust-Überlebende war, als Marianne die Mittelschule besuchte und ein Buch über den Holocaust entdeckte. Als sie ihrem Vater die Bilder der zum Skelett abgemagerten Menschen in Auschwitz zeigte und wissen wollte, durch was für eine schreckliche Katastrophe Menschen hinter Stacheldraht hatten sterben müssen, traf es mich mitten ins Herz, als ich ihn sagen hörte, dass ich dort inhaftiert gewesen war. Ich versteckte mich im Badezimmer, konnte mir nicht vorstellen, wie ich meiner Tochter in die Augen sehen sollte.

Als Marianne tränenüberströmt vom Kindergarten nach Hause kam, machte mich ihre Traurigkeit traurig und beklommen. Also nahm ich sie an der Hand, ging mit ihr in die Küche und mixte ihr eine Schokoladenmilch. Ich schnitt ihr ein großes Stück vom ungarischen siebenlagigen Schokoladenkuchen ab. Das war mein Allheilmittel: etwas Süßes essen. Unbehagen mit Essen kurieren. Essen war meine Antwort auf alles. (Ganz besonders Schokolade.) Und vor allem ungarische Schokolade mit ungesalzener Butter. (Tun Sie niemals Salz in die Butter, wenn Sie etwas für einen Ungarn zubereiten!)

Damals wusste ich es noch nicht, aber wir legen unsere Kinder lahm, wenn wir ihnen ihr Leid nehmen. Wir bringen ihnen bei, dass Gefühle falsch oder beängstigend sind. Aber ein Gefühl ist nur ein Gefühl. Es gibt kein Richtig oder Falsch. Es gibt nur mein Gefühl und Ihr Gefühl. Schlauer wäre es, nicht zu versuchen, anderen ihre Gefühle auszureden oder sie aufzuheitern. Es ist besser, ihnen ihre Gefühle zuzugestehen, ihnen Gesellschaft zu leisten und zu sagen: »Erzähl mir mehr.« Dem Impuls zu widerstehen, das zu sagen, was ich immer zu meinen Kindern gesagt habe, wenn sie gekränkt waren, nachdem jemand sie gehänselt oder ausgegrenzt hatte: »Ich weiß, wie du dich fühlst.« Das ist eine Lüge. Sie können auf keinen Fall wissen, wie sich jemand fühlt. Es ist nicht Ihnen zugestoßen. Wenn Sie einfühlsam sein und unterstützen wollen, versuchen Sie nicht, sich in das Innenleben anderer Menschen zu versetzen, als wäre es Ihr eigenes. Das ist nur eine andere Art, andere ihrer eigenen Erfahrung zu berauben und dafür zu sorgen, dass sie nicht vorankommen.

Ich sage gern zu meinen Patienten: Das Gegenteil von Depression ist *Expression*. Krank macht nicht, was aus uns herauskommt; krank macht das, was in uns drinbleibt.

Kürzlich sprach ich mit einem gutaussehenden Mann, der Kinder im Rahmen des kanadischen Pflegefamiliensystems berät. Er begleitet junge Menschen bei ihrer Trauer um den Verlust von Familie, Geborgenheit und Sicherheit, die viele von ihnen noch nie in ihrem Leben erfahren haben. Ich fragte ihn nach der Motivation für seine Arbeit, und er erzählte mir von einem Gespräch mit seinem krebskranken Vater, der im Sterben lag.

»Was denkst du, weshalb du Krebs bekommen hast?«, wollte er wissen. »Weil ich nie gelernt habe zu weinen«, antwortete sein Vater.

Natürlich sind eine Vielzahl von Faktoren dafür verantwortlich, ob ein Mensch gesund bleibt oder krank wird. Wir fügen uns selbst großen Schaden zu, wenn wir glauben, an unseren Krankheiten oder Verletzungen selbst schuld zu sein. Aber ich kann mit Sicherheit sagen, dass die Emotionen, die auszudrücken oder herauszulassen wir uns versagen, fest verschlossen in unserem Inneren bleiben. Was immer es ist, woran wir festhalten, wirkt sich auf die Chemie unseres Körpers aus und findet sich in unseren Zellen und neuronalen Schaltkreisen wieder. In Ungarn sagen wir: »Atme deinen Ärger nicht in deine Brust hinein.« Es kann schädlich sein, an Gefühlen festzuhalten und sie in unserem Inneren einzuschließen.

Zu versuchen, andere oder uns selbst von unseren Gefühlen abzuschirmen, funktioniert auf längere Sicht nicht. Aber vielen von uns wird schon im Kindesalter eingetrichtert, unsere inneren Reaktionen zu verleugnen – anders gesagt, unser wahres Selbst aufzugeben. Ein Kind sagt: »Ich hasse die Schule!«, und ein Elternteil antwortet: »Hassen ist ein hartes Wort«, oder »Sag nicht, du hasst sie« oder »*So* schlimm wird es schon nicht sein«. Ein Kind fällt hin und schürft sich das Knie auf, und ein Erwachsener sagt: »Nichts passiert!« Wenn fürsorgliche Eltern versuchen, Kindern zu helfen, sich zusammenzureißen oder sich schnell wieder zu berappeln, wenn sie Schmerzen oder Probleme haben, können sie das, was ein Kind durchmacht, bagatellisieren oder ihm ungewollt beibringen, dass bestimmte Gefühle zulässig sind, andere aber nicht. Manchmal sind die Signale, ein Gefühl zu ändern oder zu verleugnen, weniger subtil: *Beruhige dich. Krieg dich wieder ein. Was bist du nur für eine Heulsuse.*

Kinder lernen mehr durch Beobachtung dessen, was wir tun, als durch das, was wir sagen. Wenn Erwachsene eine häusliche Umgebung schaffen, in der es entweder nicht erlaubt ist, Wut zu äußern, oder diese sich in schädigender Weise entlädt, lernen Kinder, dass starke Gefühle gefährlich sind und nicht zugelassen werden dürfen.

Viele von uns haben die Angewohnheit zu reagieren, statt bewusst auf das zu antworten, was geschieht. Wir haben oft gelernt, Emotionen nicht an uns heranzulassen, sie zu unterdrücken, etwas dagegen zu unternehmen oder ihnen aus dem Weg zu gehen.

Einer meiner Patienten, ein Mediziner, der von verschreibungspflichtigen Medikamenten abhängig war, rief mich einmal frühmorgens an. »Dr. Eger«, sagte er, »letzte Nacht ist mir klargeworden, dass es in Auschwitz keine Antidepressiva gab.« Ich brauchte einen Augenblick, bis mir aufging, was er gesagt hatte. Es existiert ein enormer Unterschied zwischen Selbstmedikation, wie er sie praktizierte, und der Einnahme notwendiger Medikamente, die das Potenzial haben, Leben zu retten. Aber seine Feststellung war wichtig. Er hatte begonnen, sich zu öffnen, um seine Gefühle loszuwerden, und er war von Medikamenten abhängig geworden, die er nicht brauchte.

In Auschwitz kam nichts von außen. Wir hatten keine Möglichkeit, uns zu betäuben, unserem Dasein die Spitze zu nehmen, uns eine Zeit lang auszuklinken, die Realität von Folter, Hunger und drohendem Tod zu vergessen. Wir mussten lernen, gute Beobachter unser selbst und unserer Umstände zu werden. Wir mussten lernen, einfach nur zu sein.

Aber ich kann mich nicht erinnern, dass ich in den Lagern jemals geweint hätte. Ich war zu sehr damit beschäftigt zu überleben. Die Gefühle kamen später. Und als sie kamen, gelang es mir über viele, viele Jahre, sie nicht zur Kenntnis zu nehmen und ständig vor ihnen davonzulaufen.

Aber man kann nicht heilen, was man nicht fühlt.

Über dreißig Jahre nach dem Krieg wurde ich im Rahmen meiner laufenden Arbeit als Expertin für Traumatherapie für das US-Militär gebeten, in einer Beratungskommission für Kriegsgefangene mitzuarbeiten. Immer, wenn ich die Treffen der Kommission in Washington, D.C. besuchte, fragte mich jemand, ob ich schon im Holocaust Memorial Museum gewesen sei.

Ich war schon nach Auschwitz zurückgekehrt, hatte auf dem Platz gestanden, an dem ich von meinen Eltern getrennt wurde, unter dem Himmel, der ihre Körper empfangen hatte, als sie in Rauch aufgingen. Warum sollte ich ein Museum über Auschwitz und andere Konzentrationslager besuchen? *War dort, hab's gemacht*, dachte ich. Sechs Jahre lang arbeitete ich für die Kommission, und sechs Jahre lang vermied ich es, einen Fuß ins Museum zu setzen. Und dann saß ich eines Morgens an dem Mahagonitisch in unserem Besprechungszimmer, auf dem vor mir mein Name auf einem kleinen Schild eingraviert stand. Und mir wurde bewusst, dass das damals war und dies hier jetzt ist. Ich bin Dr. Eger. Ich habe es geschafft herauszukommen.

MAN KANN NICHT HEILEN, WAS MAN NICHT FÜHLT.

Und solange ich einen großen Bogen um das Museum machte, solange ich mir einredete, dass ich die Vergangenheit schon überwunden hatte und nicht gewillt war, mich abermals damit auseinanderzusetzen, steckte ein Teil von mir noch immer dort fest. Ein Teil von mir war nicht frei.

Also nahm ich meinen ganzen Mut zusammen und besuchte das Museum. Es war exakt so peinigend, wie ich es befürchtet hatte. Als ich die Fotos von der Rampe in Auschwitz vom Mai 1944 sah, wurde ich so von Emotionen überwältigt, dass ich kaum noch atmen konnte. Und dann kam ich zum Viehwaggon. Es war die Replik eines alten deutschen, für Viehtransporte vorgesehenen Eisenbahnwaggons. Die Besucher konnten einsteigen und selbst spüren, wie dunkel und beengt es dort war; spüren, wie es war, so hineingequetscht zu werden, dass einer auf dem anderen saß; sich vorstellen, mit Hunderten von Menschen einen Eimer Wasser und einen Eimer für die Ausscheidungen zu teilen; sich vorstellen, den ganzen Tag und die ganze Nacht ohne Zwischenstopp zu fahren und sich die einzige Mahlzeit, einen faden Laib Brot, mit acht oder zehn anderen Gefangenen zu teilen. Ich stand wie gelähmt vor dem Viehwaggon. Erstarrt. Hinter mir drängten die Menschen nach, warteten geduldig, respektvoll, bis ich einstieg. Viele Minuten lang konnte ich mich nicht überwinden – und dann sammelte ich alle Kraft, die ich aufbringen konnte, und zwang mich, zunächst den einen und dann den anderen Fuß durch die enge Tür zu setzen.

Drinnen überrollte mich eine Welle des Grauens, und ich war nahe daran, mich zu übergeben. Ich kauerte mich auf den Fußboden, erlebte die letzten Tage wieder, an denen ich meine Eltern noch lebend gesehen hatte. Das erbarmungslose Mahlen der Räder auf den Gleisen. Als ich sechzehn war, wusste ich nicht, dass wir nach Auschwitz gebracht wurden. Ich wusste nicht, dass meine Eltern bald tot sein würden. Ich musste das Unbehagen und die Ungewissheit durchstehen. Aber irgendwie war das einfacher gewesen, als jetzt alles noch einmal zu erleben. Dieses Mal musste ich es spüren. Dieses Mal weinte ich. Ich verlor das Zeitgefühl, wie lange ich im Dunkeln mit meinem Schmerz dasaß, kaum wahrnehmend, dass weitere Besucher einstiegen, die Dunkelheit mit mir teilten und dann weiterzogen. Ich saß eine Stunde lang dort, vielleicht auch zwei.

Als ich schließlich ausstieg, fühlte ich mich anders. Ein wenig leichter. Ausgeleert. Meine Trauer und meine Angst waren nicht ganz verschwunden. Bei jedem Hakenkreuz auf einem Foto, bei jedem eiskalten Blick eines wachhabenden SS-Offiziers zuckte ich zusammen. Aber ich hatte mir erlaubt, die Vergangenheit wieder aufzusuchen und mich den Gefühlen zu stellen, vor denen ich so viele Jahre davongelaufen war. Es gibt viele gute Gründe, weshalb wir unseren Gefühlen ausweichen: Sie sind unangenehm, oder es sind nicht die Gefühle, die wir unserer Meinung nach haben sollten. Vielleicht fürchten wir auch, dass sie andere verletzen könnten oder was sie aussagen, was sie über die Entscheidungen verraten könnten, die wir getroffen haben oder die wir in Zukunft noch treffen werden.

Aber solange Sie Ihren Gefühlen aus dem Weg gehen, gehen Sie der Realität aus dem Weg. Und wenn Sie versuchen, etwas auszublenden, und sagen: »Ich möchte nicht darüber nachdenken«, garantiere ich Ihnen, dass Sie darüber nachdenken werden. Laden Sie also Ihr Gefühl zu sich ein, setzen Sie sich mit ihm zusammen, leisten Sie ihm Gesellschaft. Und dann entscheiden Sie, wie lange Sie noch daran festhalten werden. Denn Sie sind kein zerbrechliches, kleines Etwas. Es ist gut, sich jeder Realität zu stellen. Aufzuhören, dagegen anzukämpfen und sich zu verstecken. Sich daran zu erinnern: Ein Gefühl ist nur ein Gefühl. Es ist nicht Ihre Identität.

EIN GEFÜHL IST NUR EIN GEFÜHL. ES IST NICHT IHRE IDENTITÄT.

An einem Septembermorgen vor sechzehn Jahren steckte Caroline gerade eine Ladung Wäsche in die Maschine und freute sich auf einen ruhigen Tag allein in ihrem Haus im ländlichen Kanada, als es an der Tür klopfte. Durch das vordere Fenster sah sie Michael, den Cousin ihres Mannes. Michael war in ihrem Alter, Anfang vierzig. Er hatte die meiste Zeit seines Lebens in Schwierigkeiten gesteckt – Diebstahl, Kleinkriminalität, Drogenmissbrauch – und war schließlich bereit für eine zweite Chance. Obwohl er kürzlich mit seiner Freundin zusammengezogen war, waren Caroline und ihr Mann diejenigen aus der Familie gewesen, die ihn aufgenommen hatten, ihm geholfen hatten, sein Leben umzukrempeln, und ihm einen Job verschafft und ein stabiles Umfeld geboten hatten. Er war zu einem Fixpunkt in ihrem Leben geworden, ein weiterer vertrauter Erwachsener, der oft mit Caroline, ihrem Mann und den drei Stiefsöhnen zu Abend gegessen hatte.

Sosehr ihr Michael am Herzen lag und so gern sie ihm half, überlegte Caroline einen Augenblick lang, ob sie so tun sollte, als sei sie nicht zu Hause. Ihr Mann war verreist, die Jungs waren nach der Sommerpause endlich wieder in der Schule, und sie wollte nicht, dass Michael sie mit seinem Besuch an ihrem ersten Vormittag allein zu Hause seit drei Monaten störte, an dem sie noch vieles erledigen wollte. Aber es war Michael, ein Verwandter, den sie gern mochte, der sie ebenfalls gernhatte und der sich auf ihre Familie verließ. Also öffnete sie die Tür und lud ihn auf einen Kaffee ein.

»Die Jungs sind wieder in der Schule«, plauderte sie mit ihm, während sie die Tassen und die Kaffeesahne auf den Tisch stellte.

»Ich weiß.«

»Tom ist auch für ein paar Tage verreist.«

Und dann zog er eine Pistole. Er hielt sie ihr an den Kopf und befahl ihr, sich auf den Fußboden zu knien. Sie kniete sich neben den Kühlschrank.

»Was tust du?«, fragte sie. »Michael, was tust du da?«

Sie hörte, wie er seinen Gürtel losmachte und den Reißverschluss seiner Jeans aufzog.

Ihre Kehle war wie ausgedörrt. Ihr Herz raste. Auf dem College hatte sie an einem Selbstverteidigungskurs teilgenommen, und nun formten sich Worte in ihrem Mund, die sie zu sagen gelernt hatte, falls jemand sie überfallen sollte. Nennen Sie seinen Namen. Sprechen Sie über die Familie. Sie ließ die Worte fließen, mit einer einigermaßen sicheren und festen Stimme, sprach über Michaels Eltern, über die Jungs, Ferien mit der Familie, die besten Angelplätze.

»Also gut, ich werde dich nicht vergewaltigen«, sagte er schließlich. Seine Stimme war so beiläufig und locker, als wollte er sagen: »Also, eigentlich will ich gar keinen Kaffee.«

Aber er drückte ihr die Pistole noch immer an den Kopf. Sein Gesicht konnte sie nicht sehen. War er high? Was wollte er? Anscheinend hatte er alles genau geplant und wusste, dass er sie allein zu Hause antreffen würde. Wollte er sie ausrauben?

»Nimm dir, was du willst«, sagte sie. »Du weißt, wo du alles findest. Nimm's dir einfach, nimm alles mit.«

»Genau«, sagte er. »Das mach ich gleich.«

Sie spürte, dass er sich bewegte, als wollte er losgehen. Dann blieb er wieder stehen, hielt die Pistole fest an ihren Kopf gedrückt.

»Ich weiß nicht, warum ich das mache«, sagte er.

Ein Knall erfüllte den Raum. Ihr Kopf pochte und brannte höllisch.

Das Nächste, was sie wusste, war, dass sie das Bewusstsein wiedererlangte. Sie wusste nicht, wie lange sie bewusstlos auf dem Küchenboden gelegen hatte. Sie konnte nichts sehen. Sie versuchte aufzustehen, aber da war so viel Blut, dass sie ständig ausrutschte und wieder hinfiel. Sie hörte Schritte auf der Kellertreppe.

»Michael?«, rief sie. »Hilf mir!«

Es war sinnlos, denjenigen, der sie gerade angeschossen hatte, um Hilfe zu bitten, aber es war ein Reflex. Er gehörte zur Familie. Und sonst gab es niemanden, den sie bitten konnte.

»Michael?«, rief sie abermals.

Ein weiterer Schuss knallte. Eine zweite Kugel drang in ihren Hinterkopf ein.

Diesmal wurde sie nicht ohnmächtig. Diesmal stellte sie sich tot. Sie lag auf dem Fußboden und versuchte, nicht zu atmen. Sie hörte, wie Michael im Haus herumging. Sie wartete und wartete, ohne sich zu bewegen. Dann fiel die Hintertür ins Schloss. Sie blieb still liegen. Vielleicht wollte er sie testen, sie austricksen und wartete nur darauf, dass sie aufstand, um noch einmal auf sie zu schießen. Mehr als Schmerz, mehr als Entsetzen empfand sie Wut. Wie konnte er es wagen, ihr das anzutun? Wie konnte er es wagen, sie liegenzulassen im Glauben, sie sei tot, damit die Jungs sie fanden, wenn sie aus der Schule kamen? Verdammt sollte sie sein, wenn sie zulassen würde, dass sie starb, bevor sie jemandem berichten konnte, wer ihr das angetan hatte, und bevor Michael in Gewahrsam genommen werden konnte, um nicht noch mehr Menschen Gewalt anzutun.

Schließlich war es vollkommen still im Haus. Sie öffnete die Augen, konnte aber nichts erkennen. Die Kugeln hatten etwas in ihrem Gehirn oder am Sehnerv zerstört. Unsicher kroch sie durch die Küche, zog sich an der Anrichte hoch und tastete nach dem Telefon. Sie fand den Hörer, aber als sie versuchte, ihn abzuheben, entglitt er immer wieder ihren Händen. Als sie ihn schließlich zu fassen bekam, wurde ihr bewusst, dass sie die Wahltasten nicht sehen konnte. Sie drückte wahllos auf die Knöpfe, ließ den Hörer fallen, hob ihn auf und versuchte es abermals. Aber sie konnte keine Verbindung herstellen.

Sie gab es auf und kroch langsam weiter, ohne zu sehen, wohin, und ohne zu wissen, was sie tun sollte. Hin und wieder drang ein Lichtstrahl durch den Nebel ihrer Blindheit, und irgendwann gelang es ihr, dem Licht zur Haustür zu folgen und dann hinaus ins Freie. Sie wohnten auf einem zwei Hektar großen Grundstück. Der nächste Nachbar war zu weit entfernt, um ihre Rufe zu hören. Sie würde also weiterkriechen müssen, um Hilfe zu bekommen. Sie schaffte es die Auffahrt hinunter und schreiend auf die Straße ihrer Siedlung. Sie wusste, dass endlich jemand sie gesehen hatte, als sie hörte, wie eine Frau einen markerschütternden, horrorfilmreifen Ton von sich gab. Bald kamen Menschen angerannt. Jemand rief nach einem Krankenwagen. Sie erkannte die Stimmen einiger ihrer Nachbarn, die ihrerseits offenbar nicht wussten, wer sie war. Ihr wurde klar, dass ihr Gesicht so entstellt und verformt sein musste, dass sie sie nicht erkannten. Sie sprach schnell, spuckte die Einzelheiten heraus: Michaels Name, die Farbe seines Autos, die ungefähre Zeit, zu der er vor dem Haus aufgetaucht war, jedes Detail, an das sie sich erinnerte. Vielleicht war dies ihre letzte Chance.

»Rufen Sie meine Schwiegereltern an«, stieß sie hervor. »Sie sollen sich davon überzeugen, dass die Kinder in der Schule in Sicherheit sind. Sagen Sie Tom und den Jungs, dass ich sie liebe.«

Caroline weiß, dass ihre Eltern, Schwiegereltern und Stiefsöhne ins Krankenhaus gerufen wurden, um sich von ihr zu verabschieden, dass ihr Schwiegervater einen katholischen Priester und ihre Mutter ihren anglikanischen Seelsorger kommen ließen. Der katholische Priester gab ihr die letzte Ölung.

Wochen später besuchte der Priester sie im Haus ihrer Schwiegereltern, wo sie gesundgepflegt wurde, und sagte zu ihr: »Ich habe noch nie jemanden erlebt, der zurückgekommen ist.«

»Von woher zurückgekommen?«, wollte sie wissen.

»Meine Liebe«, sagte er, »sie waren schon kalt, als Sie auf dem Tisch lagen.«

Es ist wirklich ein Wunder, dass die wunderbare Caroline überlebt hat.

Aber wenn man ein Trauma durchlebt hat und aus dem Jenseits wieder zurückgekommen ist, weiß man, dass der Kampf ums Überleben nur die erste Schlacht ist.

Gewalt zieht eine lange und schreckliche Spur hinter sich her. Als Caroline Kontakt mit mir aufnahm, wenige Monate bevor Michael auf Bewährung entlassen werden sollte, waren seit den Schüssen fast sechzehn Jahre vergangen, aber die psychischen Wunden waren immer noch frisch.

»Wir sehen im Fernsehen Geschichten über Leute«, sagte sie, »die ein Trauma erlitten haben und nun nach Hause kommen. Die Leute sagen: ›Wir holen sie jetzt nach Hause und geben ihnen Sicherheit, damit sie ihr Leben weiterleben können.‹ Ich schaue meinen Mann an und denke mir: ›Wenn die wüssten.‹ Nur, weil man noch lebt, nur weil man nach Hause kommt, ist das Leben nicht magischerweise besser. Jedem, der traumatisiert wurde, steht eine lange Reise bevor.«

Bei Caroline sind wie bei mir einige der verbleibenden Auswirkungen des Traumas physischer Natur. Als die Hirnschwellung zurückging, kehrte Carolines Sehkraft allmählich zurück, aber sie leidet noch immer an Gesichtsfeldausfällen und einer Beeinträchtigung des peripheren Sehens. Sie hört nicht gut. Sie hat eine Schädigung der Nerven in Händen und Armen. Wenn sie nervös wird, ist es, als seien Kopf und Körper voneinander abgekoppelt. Sie hat Probleme, ihre Gliedmaßen zu spüren und zu bewegen.

Das Verbrechen hat auch von ihrer Familie und der Gemeinde Tribut gefordert. Es hat jeden Einzelnen gezwungen, sich mit einer bösen Tat auseinanderzusetzen, die ein geliebter Mensch, ein Nachbar, ein Freund begangen hat, und damit, einen schrecklichen Vertrauensbruch zu erleiden. Lange Zeit wollte Carolines jüngster Stiefsohn, damals erst acht Jahre alt, sie nicht allein in einem Zimmer lassen. Wenn sie versuchte, ihm zuzureden, zu seinen Brüdern oder den anderen Familienmitgliedern hinauszugehen, sagte er nur: »Nein, ich bleibe lieber hier bei dir. Ich weiß, dass du nicht gern allein bist.« Als sie wieder gehen und Auto fahren konnte und ein wenig Unabhängigkeit erlangte, wurde ihr ältester Stiefsohn zum fürsorglichen Elternteil, der ihr überallhin folgte und darauf achtete, dass sie sich nicht verletzte. Und lange Zeit scheute ihr mittlerer Stiefsohn sich davor, sie zu umarmen oder zu berühren. Er fürchtete, ihr wehzutun.

Caroline erzählte mir, dass einige Freunde und Angehörige dem Trauma mit übertriebener Fürsorge begegneten, während andere versuchten, das Geschehene herunterzuspielen.

»Oft fühlen sich die Leute nicht wohl in ihrer Haut, wenn sie es wissen«, sagte sie. »Sie wollen nicht darüber reden. Sie glauben, dass es von selbst weggeht, wenn sie nicht darüber reden. Dass es dann ein für alle Mal erledigt ist und wir einfach weitermachen. Oder sie nennen es meinen ›Unfall‹. Ich bin nicht *aus Versehen* mit einer Pistole kollidiert. Aber die Leute wollen Begriffe wie ›Verbrechen‹ oder ›Schießen‹ nicht in den Mund nehmen.«

Sogar ihr Schwiegervater, Michaels Onkel, der die Zeit nach den Schüssen miterlebt hatte, der Caroline und ihre Familie drei oder vier Monate bei sich aufgenommen hatte, als sie nicht allein zurechtkam, erzählte herum: »Sie ist wieder ganz auf dem Damm, hundertpro!«

»Es ist nicht zu fassen!«, lachte Caroline gequält. »Aber er fühlte sich danach besser.«

Inzwischen ist in vielerlei Hinsicht wieder Stabilität eingekehrt. Die Jungs sind erwachsen und verheiratet, einer von ihnen hat selbst Kinder. Caroline und ihr Mann leben in den USA, Tausende Meilen entfernt von Michael, jenseits einer internationalen Grenze, wo die Chancen, dass er sie aufspüren und für ihre Zeugenaussage Rache nehmen könnte, verschwindend gering bis nicht vorhanden sind. Aber die Angst hat sich nicht aufgelöst.

»Er gehörte zur Familie«, sagte Caroline. »Er lebte bei uns zu Hause. Wir haben ihm vertraut. Und das Letzte, was er zu mir sagte, war: ›Ich weiß nicht, warum ich das mache.‹ Wenn er schon nicht wusste, warum er versucht hat, mich zu töten – und er gehört zur Familie –, wieso sollte es nicht jemand anderen geben, der mir etwas antun will? Einfach so?«

Caroline erzählte mir, dass sie ständig Angst hat, immer damit rechnet, dass jemand kommt und zu Ende führt, was Michael begonnen hat. Sie geht nicht mehr wie früher aus dem Haus und kümmert sich um den Garten, was ihr so viel Freude bereitet hat, weil sich immer jemand von hinten anschleichen könnte. Sogar im Haus ist sie ständig auf der Hut. Sie läuft immer mit einem Alarmknopf im Haus herum, den sie betätigen kann, falls jemand einbrechen sollte. Wenn sie ihn verlegt hat, schnürt ihr die Angst die Kehle zu, bis sie den Knopf wiedergefunden hat.

»Eine Zeit lang wohnte ich wieder in dem Haus, in dem er auf mich geschossen hat«, erzählte sie. »Ich wollte nicht zulassen, dass er mir mein Zuhause wegnimmt. Ich wollte es mir zurückholen.«

Aber es war zu furchteinflößend und qualvoll, an dem Ort zu leben, an dem sie fast gestorben wäre. Sie zogen weit weg in eine sichere und freundliche Gemeinde im Süden der Vereinigten Staaten, an einen schönen See, wo sie die

Wochenenden auf ihrem Boot verbringen. Und selbst da lebt sie in Angst.

»Sechzehn Jahre so zu leben, ist kein Leben«, sagte sie.

Sie fühlte sich von der Vergangenheit eingekerkert und sehnte sich doch so sehr danach, frei zu sein.

Während unseres Gesprächs hörte ich so viel Liebe, Stärke und Entschlossenheit in Carolines Stimme. Aber ich erkannte bei ihr auch vier Verhaltensweisen, die sie in der Vergangenheit verharren und an ihrer Angst festhalten ließen.

Um nur ein Beispiel zu nennen: Sie wendete eine Menge Energie dafür auf, ihre Gefühle zu ändern, sich einzureden, dass sie sich anders fühlte, als es tatsächlich der Fall war.

»Ich habe wirklich Glück«, sagte sie. »Ich weiß, dass ich Glück habe! Ich lebe. Ich habe all diese Menschen um mich, die mich mögen.«

»Ja!«, sagte ich. »Das stimmt. Aber versuchen Sie nicht, sich aufzuheitern, wenn Sie in Wahrheit traurig sind. Das wird nicht funktionieren. Sie werden sich nur schuldig fühlen, dass es Ihnen besser gehen sollte, als es Ihnen tatsächlich geht. Versuchen Sie stattdessen Folgendes: Bekennen Sie sich zu dem Gefühl. Es ist Trauer. Es ist Angst. Es ist Traurigkeit. Bekennen Sie sich einfach nur dazu. Und dann lösen Sie sich davon, dass Sie die Anerkennung anderer brauchen. Die anderen können nicht Ihr Leben leben. Die anderen können nicht Ihre Gefühle fühlen.«

Caroline versuchte nicht nur, sich ihre nur zu gut nachvollziehbare Traurigkeit und Angst auszureden, sie lebte darüber hinaus im Gefängnis ihrer Bemühungen, *andere* vor ihren Gefühlen zu schützen. Die Menschen, die uns lieben, wollen nur das Beste für uns. Sie wollen uns nicht verletzen. Und so ist es verlockend, ihnen die Version von uns zu zeigen, die sie gerne sehen wollen. Aber wenn wir das, was wir fühlen, verleugnen oder bagatellisieren, dann schlägt es zurück.

Caroline erzählte mir, dass sie und ihr Mann seit den Schüssen immer Hunde gehabt hätten. Doch als ihr Hund kürzlich starb, sagte ihr Mann, dem nicht bewusst war, wie sehr ein Hund ihr Gefühl für Sicherheit stärkte, dass er Zeit bräuchte, bevor sie sich einen neuen Hund in die Familie holten.

»Ich war wirklich wütend«, sagte sie. »Aber das konnte ich ihm nicht sagen. Logisch wäre gewesen, wenn ich gesagt hätte: ›Ich habe Angst, ohne Hund allein im Haus zu sein.‹ Aber ich habe es nicht gesagt. Ich glaube, das würde er verstehen. Aber ich wollte nicht, dass er weiß, dass ich noch immer so viel Angst habe. Ich weiß nicht, warum.«

Ich sagte, dass sie ihn davor schützen wollte, sich Sorgen zu machen. Sich schuldig zu fühlen. Aber zugleich beraubte sie ihn auch der Möglichkeit, an sie heranzukommen. Verweigerte ihm die Chance, zu versuchen sie zu beschützen.

Caroline sagte, dass sie das Gleiche mit ihren Söhnen machte. »Ich glaube nicht, dass sie wissen, wie gefangen ich bin. Ich versuche es vor ihnen zu verbergen.«

»Aber Sie lügen. Sie sind Ihrer Familie gegenüber nicht ganz Sie selbst. Sie berauben sich der Freiheit. Und Sie entziehen sich auch Ihrer Familie. Ihre Strategie, mit Ihren belastenden Emotionen umzugehen, ist ein zusätzliches Problem geworden.«

Dadurch, dass Caroline andere vor ihren Gefühlen

schützte, brauchte sie auch keine Verantwortung für sie zu übernehmen.

Und dadurch, dass sie immer noch von ihrer Angst verzehrt wurde, räumte sie Michael und der Vergangenheit zu viel Macht ein.

»Mein Mann und ich waren damals erst drei Jahre verheiratet«, sagte sie. »Wir fanden uns gerade als neue Familie zusammen. Die Jungs waren einverstanden, mich als ihre Mutter zu akzeptieren. Wir bauten uns gerade ein schönes Leben auf. Und Michael hat uns das genommen.« Ihre Mundpartie verhärtete sich. Sie ballte die Hände zu Fäusten.

»Er hat es Ihnen genommen?«

»Er hatte es auf mich abgesehen. Er ist mit einer Waffe in mein Haus gekommen. Er hat mir zwei Kugeln in den Kopf gejagt und geglaubt, ich sei tot.«

»Ja, er hatte eine Waffe in der Hand. Ja, Sie haben getan, was Sie tun mussten, um am Leben zu bleiben. Aber niemand kann Ihnen Ihr Innenleben oder Ihre Reaktionen nehmen. Warum geben Sie ihm weiter Macht?«

Sie war auf entsetzlich grausame und gewalttätige Weise zum Opfer geworden. Sie hatte jedes Recht auf jedes Gefühl darüber: Wut, Sorge, Angst, Trauer. Michael hatte sie beinahe ihres Lebens beraubt. Aber das war sechzehn Jahre her. Selbst wenn er auf Bewährung entlassen wurde, war er nur eine vage Bedrohung, weit weg, ohne Erlaubnis zu reisen und ohne Chance, sie aufzuspüren. Und doch gab sie ihre Macht an ihn ab, erlaubte ihm, in ihrem Körper weiterzuleben. Davon musste sie sich befreien. Ihre Wut herauslassen, damit sie ihr Innenleben nicht mehr vergiftete.

Ich bat sie, Michael in ihrer Vorstellung auf einen Stuhl zu setzen, ihn festzubinden und ihn zu schlagen. Ihn anzuschreien: »Wie konntest du mir das antun?« Ihre Wut herauslassen. Sie herausschreien.

Sie sagte, dass sie zu viel Angst hätte, das zu tun.

»Die Angst ist erlernt. Als Sie geboren wurden, hatten Sie keine Ahnung, was Angst ist. Lassen Sie nicht zu, dass sie Ihr Leben in Beschlag nimmt. Liebe und Angst passen nicht zusammen. Es reicht. Sie haben keine Zeit, in Angst zu leben.«

»Wenn ich richtig sauer auf ihn werde und ihn vermöble, dann wird vom Stuhl nichts mehr übrigbleiben.«

»Er war krank. Kranke Menschen haben einen kranken Geist. Und Sie können wählen, wie lange Sie noch zulassen wollen, dass die Entscheidung eines kranken Menschen Sie an dem Leben hindert, das Sie leben wollen.«

»Ich will nicht mehr so viel Angst haben und so traurig sein«, sagte sie. »Ich bin einsam. Ich habe mich davor gedrückt, neue Freundschaften zu schließen und etwas Neues in Angriff zu nehmen. Ich habe mich eingeschlossen. Mein Gesicht sieht angespannt und bekümmert aus. Ich bin immer angespannt, und mein Mund ist verkniffen. Ich glaube, mein Mann möchte gern die glückliche Frau wiederhaben, die er geheiratet hat. Und *ich* möchte gern die glückliche Frau wiederhaben, die er geheiratet hat.«

Manchmal sind die Gefühle, vor denen wir davonlaufen, nicht unbedingt die unangenehmen oder schmerzvollen. Manchmal vermeiden wir die *guten* Gefühle. Wir schließen uns von Leidenschaft, Vergnügen und Glücklichsein aus.

Wenn wir in die Opferrolle gedrängt wurden, gibt es einen Teil in unserer Psyche, der sich mit dem Täter identifiziert. Manchmal wenden wir dann diese strafende Haltung des Täters an uns selbst an, versagen uns die Erlaubnis, uns gut zu fühlen, und berauben uns unseres Geburtsrechts: der Freude. Deshalb sage ich oft, dass die Opfer von gestern leicht die Täter von heute werden können.

Je mehr Sie etwas üben, umso besser werden Sie. Wenn Sie Anspannung üben, werden Sie mehr Anspannung bekommen. Wenn Sie Angst üben, werden Sie mehr Angst bekommen. Verleugnen führt dazu, dass Sie immer mehr von Ihrer Wahrheit verleugnen. Caroline hatte sich in Paranoia geübt. *Fahr nicht zu schnell Auto. Fahr nicht zu schnell mit dem Boot. Geh nicht dorthin. Tu das nicht.*

»SCHLUSS MIT TU DIES NICHT, TU DAS NICHT. ICH MÖCHTE IHNEN ZEIGEN, WAS SIE ALLES TUN KÖNNEN.«

»Schluss mit ›Tu dies nicht, tu das nicht‹. Ich möchte Ihnen zeigen, was Sie alles tun können.« Ich zählte auf: »Ich *habe* eine Wahl. Ich *habe* ein Leben zu leben. Ich *habe* eine Rolle zu erfüllen. Ich *lebe* im Jetzt. Ich *achte auf das*, worauf ich mich konzentriere, und das entspricht ganz bestimmt den Zielen, die ich mir setze: Ich wähle das aus, was mir Vergnügen bereitet, was mir Freude macht.«

Ich sagte zu Caroline: »Ich möchte, dass Sie üben, wie Sie Ihre Sinne einsetzen und überwachen: Sehen, Berühren, Riechen, Schmecken. Es ist Zeit zu lächeln. Es ist Zeit zu lachen. Es ist Zeit, unbeschwert zu sein.«

»Ich bin am Leben«, sagte Caroline. »Ich bin so glücklich, dass ich am Leben bin.«

»Genau! Und nun sorgen Sie dafür, dass Sie dieses Glücklichsein jeden Tag dafür einsetzen, sich zu mögen, und wenn Sie mit sich selbst sprechen.«

Ich gab ihr eine weitere Aufgabe in Sachen Freiheit. Ich bat sie, das Geschehene aufzuschreiben und dann mit einer Schaufel in den Garten zu gehen und ein Loch zu buddeln. »Es ist heiß«, sagte ich, »und Sie schwitzen. Graben Sie weiter, bis das Loch einen Meter tief ist. Und dann begraben Sie dieses Blatt Papier. Schaufeln Sie die Erde wieder darüber und gehen Sie ins Haus zurück, bereit, neu geboren zu werden; denn nun haben Sie einen neuen Anfang, denn Sie haben jenen Teil zur Ruhe gebettet.«

Einen Monat nach unserem Gespräch schrieb Caroline, dass sie wieder in Kanada war, wo sie ihren neugeborenen Enkel besuchte. Sie und ihr Mann waren auch an ihrem alten Haus vorbeigefahren, in dem sie angeschossen worden war. Die Eichen und der Ahorn, damals noch junge Bäume, waren groß geworden. Die neuen Eigentümer hatten zur Straße hin eine Terrasse gesetzt. *Irgendwie schmerzt es mich nicht mehr so wie früher*, schrieb sie. Die Traurigkeit über all das, was sie zurückgelassen hatte, war weniger geworden.

Das ist es, was es heißt, uns der Vergangenheit zu stellen und sie dann loszulassen. Wir ziehen weiter. Wir leben nicht mehr dort.

Wenn wir es uns zur Gewohnheit machen, unsere Gefühle zu verleugnen, kann es schon schwierig sein zu identifizieren, was wir fühlen, geschweige denn, uns den Gefühlen zu stellen, sie zum Ausdruck zu bringen und schließlich freizugeben. Wir können uns auch blockieren, wenn wir Gedanken mit Gefühlen verwechseln. Ich bin überrascht, wie oft ich Leute sagen höre: »Ich habe das Gefühl, dass ich heute Nachmittag in die Stadt gehen und ein paar Besorgungen machen werde.« Oder: »Ich habe das Gefühl, dass ein paar Strähnchen im Haar deine Augen tatsächlich zum Leuchten bringen.« Das sind keine Gefühle! Das sind Gedanken. Ideen. Pläne. Gefühle sind Energie. Gefühle können wir nicht umgehen, wir müssen *durch.* Wir müssen bei ihnen sein. Zu sein, ohne etwas wegen irgendetwas tun zu müssen, einfach nur zu sein, erfordert so viel Mut.

Neulich rief mich ein Mann an, dessen Vater an einer tödlichen Krankheit leidet. Er fragte, ob ich wohl seinen Vater und die Familie besuchen könnte. In meinem Leben war ich mit vielen schwierigen Dingen konfrontiert, aber das Leid dieser Familie hat mich wirklich getroffen. Der Vater war an den Rollstuhl gefesselt und konnte weder sprechen noch essen, geschweige denn, sich bewegen. Seine Frau und sein Sohn waren so in Sorge um ihn, dass sie ständig aufsprangen, seine Arme oder Beine umlagerten oder die Zudecke zurechtzupften. Sie versuchten alles, um sein Leiden zu lindern, waren aber machtlos, das Fortschreiten der Krankheit aufzuhalten.

Ich wusste nicht, was für ihn oder die Familie hilfreich sein könnte. Ich verhielt mich ruhig. Ich bat seine Frau, seine Hand zu halten, ihm einen Kuss zu geben und einfach da zu sein. Ich hielt die andere Hand des Vaters. Unsere Blicke trafen sich, und ich entdeckte darin all seine

Gefühle von Macht- und Hilflosigkeit. Indem wir einfach nur da waren, erlaubten wir ihm, alles an die Oberfläche kommen zu lassen, ohne es zu werten. Gemeinsam gaben wir unser Bestes, uns in unserem Unbehagen einzurichten. Wir saßen lange zusammen.

Der Sohn rief mich vier Tage später an und teilte mir mit, dass sein Vater gestorben sei. Ich räumte ein, dass ich vermutlich nicht gerade viel zu ihrer Unterstützung beigetragen hätte, doch der Sohn beharrte darauf, dass ich ihnen enorm geholfen hätte. Was vielleicht wirklich hilfreich für sie war, war die die Möglichkeit zu üben, einfach nur da zu sein. Miteinander, mit der Krankheit und mit unserer Sterblichkeit zusammenzusitzen, ohne sich bemüßigt zu fühlen, irgendetwas daran zurechtzurücken oder zu verändern.

Inspiriert von dieser Familie ist mir etwas gelungen, was ich bis dahin nie geschafft hatte. Ich hasse es, eingeengt oder festgebunden zu sein, da ich dann sofort in Panik gerate. Wenn beispielsweise ein MRT ansteht, bitte ich immer um ein Beruhigungsmittel. Doch letzte Woche habe ich beschlossen, mein nächstes planmäßiges MRT, das ich zur Kontrolle meines Rückens benötige, ohne Medikamente zur Entspannung machen zu lassen.

In einem MRT-Gerät ist es dunkel, eng und extrem laut. Ich wurde hineingeschoben, und der Lärm ging los. Als ich in meinem dünnen Krankenhauskittel in der Röhre lag und meine verbogene Wirbelsäule sich gegen die kalte Kunststoffplatte drückte, spürte ich die Angst, die wie ein Messer durch meinen Körper schnitt. Es knallte so laut, dass es sich anhörte, als seien Bomber unterwegs, die jeden Augenblick ihre explosive Last abwerfen konnten, als könnte das ganze Gebäude zu einem Schutthaufen einstürzen. Ich war kurz davor, loszuschreien und um mich zu schlagen, damit sie mich sofort wieder herausholten. Aber ich sagte zu mir: Je lauter der Lärm, den ich höre, umso entspannter werde ich. Und so kam es dann auch. Es gelang mir, vierzig Minuten ohne Tablette in diesem Apparat zu bleiben. Die Fähigkeit, mein Unbehagen still auszuhalten, habe ich mir nicht über Nacht angeeignet. Aber im Lauf der Jahre übe ich unverzagt weiter.

So können wir uns aus dem Gefängnis der Vermeidung befreien: Wir lassen zu, dass die Gefühle kommen. Wir lassen sie durch uns wandern. Und dann lassen wir sie los.

SCHLÜSSEL, DIE IHNEN HELFEN, SICH VON VERMEIDUNG ZU BEFREIEN

- ***Fühlen Sie, damit Sie gesunden können.*** *Entwickeln Sie eine tägliche Übung, mit der Sie Ihre Gefühle überprüfen. Wählen Sie eine neutrale Zeit, etwa wenn Sie sich an den Esstisch setzen, im Supermarkt an der Kasse stehen oder sich die Zähne putzen. Holen Sie ein paarmal tief Luft und fragen Sie sich: »Was fühle ich jetzt gerade?« Scannen Sie Ihren Körper nach Empfindungen wie Anspannung, Kribbeln, Vergnügen oder Schmerz. Versuchen Sie ein Gefühl zu identifizieren und benennen Sie es einfach, ohne es zu werten oder zu ändern.*

- ***Alles ist temporär.*** *Wenn das Beobachten Ihrer Gefühle zu neutralen Zeiten zu einer angenehmen Routine wird, versuchen Sie als Nächstes, in Ihre Gefühle hineinzuhören, wenn Sie von einer starken positiven oder negativen Emotion überflutet werden. Lösen Sie sich nach Möglichkeit von der Situation oder Interaktion, die das Gefühl von Freude, Kummer, Wut und so weiter provoziert. Sitzen Sie einen Augenblick lang still da und atmen Sie. Vielleicht hilft es, wenn Sie die Augen schließen oder die Hände leicht in den Schoß oder auf den Bauch legen. Benennen Sie zunächst Ihr Gefühl. Versuchen Sie dann, das Gefühl in Ihrem Körper zu lokalisieren. Seien Sie neugierig: Ist es heiß oder kalt? Locker oder fest? Brennt, schmerzt oder pocht es? Und beobachten Sie schließlich, wie das Gefühl sich verändert oder auflöst.*

- ***Das Gegenteil von Depression ist Expression.*** *Denken Sie an ein kürzliches Gespräch mit einem Freund, Partner, Kollegen oder Familienmitglied, in dessen Verlauf Sie sich gescheut haben zu sagen, was Sie fühlten. Es ist nicht zu spät, Verantwortung für Ihre Gefühle zu übernehmen und Ihre Wahrheit zu äußern. Sagen Sie der Person, dass Sie über das Gespräch nachgedacht hätten und es gern wieder aufgreifen würden. Vereinbaren Sie einen passenden Termin für dieses Gespräch und sagen Sie so etwas wie: »Weißt du, ich wusste damals nicht, wie ich es sagen sollte, aber mir ist klargeworden, dass ich mich __________ gefühlt habe, als ______________.«*

Kapitel 3

ALLE ANDEREN BEZIEHUNGEN WERDEN ENDEN

Das Gefängnis der Selbstvernachlässigung

Eine unserer ersten Ängste ist die Angst vor dem Verlassenwerden. Deshalb lernen wir früh, wie wir uns Aufmerksamkeit, Zuneigung und Anerkennung holen. Wir finden heraus, was wir tun und wer wir werden müssen, um unsere Bedürfnisse zu befriedigen. Das Problem ist nicht, dass wir es tun, sondern dass wir es immer wieder tun. Wir glauben, es tun zu müssen, um geliebt zu werden.

Es ist sehr gefährlich, Ihr ganzes Leben in die Hände anderer zu legen. *Sie* sind die einzige Person, die ein Leben lang da sein wird. Alle anderen Beziehungen werden enden. Wie also können Sie für sich selbst die liebevollste, bedingungsloseste und aufrichtigste Bezugsperson sein?

In der Kindheit bekommen wir alle möglichen ausgesprochenen – und unausgesprochenen – Botschaften, die unsere Vorstellung darüber prägen, wie wichtig wir sind und welchen Wert wir haben. Und diese Botschaften nehmen wir ins Erwachsenenalter mit.

Ein Beispiel: Brians Vater verließ die Familie, als Brian zehn Jahre alt war und zum Mann im Haus wurde. Brian kümmerte sich von da an um seine Mutter und tat alles, was er konnte, um ihr das Leben zu erleichtern, ihren Kummer zu lindern und zu verhindern, dass sie nicht auch noch fortging. Er nahm seine Identität als Kümmerer mit ins Erwachsenenleben und suchte immer wieder Beziehungen zu bedürftigen Frauen. Er nahm ihnen übel, dass sie ihm ständig Opfer abverlangten, und hatte dennoch Schwierigkeiten, gesunde Grenzen zu ziehen. Um geliebt zu werden, musste er gebraucht werden, wie er glaubte.

Matthew, ein anderer Patient, wurde von einer Mutter geboren, die ungewollt mit ihm schwanger geworden war. Die Mutterschaft war eine Belastung für sie, und sie trat diese Rolle ohne Vorfreude oder Begeisterung an. Wenn Eltern gestresst, enttäuscht oder unerfüllt sind, zahlen die Kinder die Zeche und nehmen die Bürde in ihr eigenes Leben mit. Als Erwachsener hatte Matthew immer noch schreckliche Verlassensängste, die sich in Wutausbrüchen manifestierten. Er war grausam zu seinen Freundinnen und ließ seiner Wut in aller Öffentlichkeit freien Lauf, brüllte Leute an und warf einmal sogar einen Hund quer über einen Parkplatz. Er hatte eine solche Angst, verlassen zu werden, dass diese zu einer selbsterfüllenden Prophezeiung wurde, und er verhielt sich so, dass die Leute keine andere Wahl hatten, als sich von ihm zurückzuziehen. Dann konnte er sagen: »Das war mir schon immer klar.«

In seinem Bestreben, die Verlassensängste in den Griff zu bekommen, wurde er zu dem, vor dem ihm graute.

Selbst wenn wir kein erkennbares Ereignis oder Trauma erlebt haben, das uns zwang, darum zu kämpfen, geliebt oder wahrgenommen zu werden, können sich die meisten von uns doch an Zeiten erinnern, in denen wir andere geschont oder ihnen etwas vorgespielt haben, um uns ihre Anerkennung zu sichern. Vielleicht sind wir zu der Überzeugung gelangt, dass wir für unsere Leistungen oder für die Rolle geliebt werden, die wir in der Familie ausfüllen, oder dafür, dass wir uns um andere kümmern.

Im Bestreben, ihre Kinder in deren eigenem Interesse zu guten Zensuren zu motivieren, schaffen viele Familien unglücklicherweise eine Leistungskultur, in der das »Sein« des Kindes mit seinem »Tun« verflochten wird. Sie bringen ihm bei, dass es nicht darauf ankommt, wer es ist, sondern darauf, welche Leistung es erbringt und wie es sich benimmt. Kinder stehen tatsächlich unter enormem Druck, gute Noten zu erzielen, leistungsstarke Sportler oder Musiker zu werden, bei Aufnahmeprüfungen für das College glänzend abzuschneiden oder an einem exklusiven College oder einer Universität einen Abschluss hinzulegen, der ihnen eine hochbezahlte Position in einer heiß umkämpften Branche einbringt. Doch wenn Liebe mit einem guten Zeugnis oder guten Manieren verdient wird, dann ist das definitiv keine Liebe. Es ist Manipulation. Wenn so viel Wert auf Leistung gelegt wird, können Kinder keine bedingungslose Liebe erfahren – dass sie geliebt werden, egal, was passiert, dass sie frei sind, sie selbst zu sein, dass es zulässig ist, Fehler zu machen, dass wir uns alle in einem

Prozess des Lernens und des Werdens befinden und dass Lernen spannend sein und Spaß machen kann.

Mein Enkel Jordan ist Fotograf, und kürzlich bekam er den Auftrag für Porträtaufnahmen in einer Schauspielschule in Los Angeles. Ein Regisseur, der erst wenige Tage zuvor zwei Oscars gewonnen hatte, war an jenem Tag gerade zu Besuch in der Schauspielklasse. Jemand fragte ihn, auf welchen Ehrenplatz er seine Trophäen gestellt habe, und er sorgte für allgemeine Verblüffung, als er gestand, dass er sie in eine Schublade gesteckt hatte. »Ich möchte nicht, dass meine Kinder immer, wenn sie aus der Schule kommen, meine Oscars sehen und denken: *Was könnte ich bloß anstellen, um ihm irgendwann das Wasser zu reichen*?« Ich lachte, als Jordan mir das erzählte, denn auch er ist der Sohn eines außerordentlich erfolgreichen Mannes. Sein Vater, Mariannes Ehemann Rob, ist Nobelpreisträger für Wirtschaft. Und auch Rob bewahrt seine Urkunde in einer Schublade auf, wo sie dem Korkenzieher Gesellschaft leistet!

Wir brauchen unseren Erfolg nicht vor unseren Kindern zu verstecken. Aber dieser Regisseur und mein wunderbarer Rob haben einen guten Weg gefunden, um klarzustellen, dass ihre Preise und Errungenschaften nichts damit zu tun haben, *wer* sie sind. Wer sie sind, verwechseln sie nicht mit dem, was sie tun. Wenn wir Leistung und Geltung in einen Topf werfen, kann Erfolg oder auch Enttäuschung eine Bürde für unsere Kinder werden.

Marianne hat mir eine schöne Geschichte erzählt, die sehr gut an ein ganz anderes Vermächtnis erinnert, das wir weitergeben könnten. Mein ältester Urenkel, ihr Enkel

Silas, war an einem Wochenende zu Besuch bei Marianne und Rob in New York. Er sagte: »Granny, ich habe gehört, dass Grandpa eine große, wichtige Auszeichnung gewonnen hat.« Er bat darum, sie sehen zu dürfen. Marianne nahm sie aus der Schublade, und Silas betrachtete sie ausgiebig und strich mit dem Finger über den Namen seines Großvaters, der in der goldenen Plakette eingraviert war: Robert Fry Engle, III. Schließlich sagte er: »Mein Mittelname ist Frye. Warum steht da Fry?« Marianne antwortete: »Nun, was denkst du, von wem du deinen Namen hast?« Silas war glücklich, dass er einen Teil seines Namens seinem Großvater verdankte. Später kam ein Freund der Familie zum Abendessen, und Silas fragte ihn stolz: »Hast du schon meinen Preis gesehen?« Er rannte zur Schublade und holte ihn heraus. »Guck mal«, sagte er. »Da steht mein Name drauf. Opa und ich haben einen Preis!«

Es ist nicht gut, mit Erfolg zu leben, der ständig über einem schwebt, und den Druck zu verspüren, ein bestimmtes Level erreichen zu müssen, um sich der Liebe als würdig zu erweisen. Und doch sind die Stärken und Fähigkeiten unserer Vorfahren auch ein Teil von uns. Es ist unser Vermächtnis. Und es ist auch unsere Auszeichnung. Wir ehren unsere Kinder, wenn wir eine Kultur schaffen können, in der es nicht um Selbstüberhöhung oder Zurückhaltung geht und auch nicht um Overachievement oder Underachievement, sondern wenn es uns gelingt, eine Kultur der *Freude* an Leistung zu schaffen. Der Freude daran, hart zu arbeiten. Unsere Begabungen zu fördern. Nicht, weil wir müssen, sondern weil es uns freisteht. Weil wir mit dem Geschenk des Lebens gesegnet sind.

Von meiner Tochter Audrey und ihrem Sohn David habe ich unendlich viel darüber gelernt, Begabungen zu fördern, statt Erwartungen zu erfüllen. David ist ein unglaublich heller, kreativer Kopf. Sobald er lesen konnte, bewies er ein fotografisches Gedächtnis für Sportstatistiken. Ich werde nie vergessen, wie ich mir mit ihm als Zweijährigem »Der Zauberer von OZ« angesehen habe und er kombinierte, dass die Frau, die im Sturm mit ihrem Fahrrad unterwegs war, die böse Hexe sein musste. Doch während er sich bei Aktivitäten an der Highschool außerhalb des Stundenplans hervortat – er spielte Fußball, schrieb Songs, sang im Chor, gründete den ersten Comedy Club an der Schule – und bei standardisierten Tests sehr gut abschnitt, ließen seine Zensuren doch zu wünschen übrig. Audrey und ihr Mann Dale wurden oft in die Schulsprechstunden zitiert, da Davids Versetzung gefährdet war. In seinem letzten Schuljahr, als er von zwei kleinen privaten Colleges Zusagen bekommen hatte, rückte er bei seinen Eltern zögernd damit heraus, dass er sich nicht zutraute, aufs College zu gehen.

Bildung hat in unserer Familie seit jeher einen hohen Stellenwert; zum Teil deshalb, weil Béla und ich die Gelegenheiten nicht hatten, als unser Leben durch den Krieg unterbrochen wurde. Aber Audrey machte David keine Vorhaltungen und sprach auch kein Machtwort. Sie hörte zu. Und als sie von einer neuen Musikakademie hörte, die in Austin, wo sie lebten, gerade eröffnet wurde, schlug sie David vor, dass er, wenn er eine Zusage von der Akademie bekäme, ein Brückenjahr einlegen könnte, um sich auf die Musik zu konzentrieren. Anschließend sollte er dann seine

College-Pläne nochmals überdenken. Das ließ er sich nicht zweimal sagen, nahm eine Demoversion seiner Songs auf und ergatterte einen Platz an der Musikschule.

Sich Zeit zu nehmen und auf Dinge zu konzentrieren, die ihm am Herzen lagen und die er gut konnte, und darin von seinen Eltern unterstützt zu werden, es auf seine Art und in seinem Tempo zu tun, gab David den Fokus und die Motivation, später einen beruflichen Weg einzuschlagen, der ihm wichtig war. Als er mit einem Stipendium seines Chors dann tatsächlich aufs College ging, wusste er, was er machen wollte, und stand ohne Wenn und Aber hinter dieser Entscheidung. Er traf eine Wahl, die ihm entgegenkam, und machte nicht einfach das, was er musste, um die Erwartungen anderer zu erfüllen. Inzwischen hat er ein Diplom als Journalist und einen Job als Sportreporter, den er liebt. Und die Musik ist noch immer ein wichtiger und erfüllender Teil seines Lebens. Ich bin beeindruckt und gerührt davon, wie Audrey und Dale ihren Sohn erzogen haben und dass David ganz genau weiß, was er will, und das auch vermitteln kann.

Zu oft werden wir von Erwartungshaltungen eingeschränkt, von dem Gefühl, eine bestimmte Rolle oder Funktion erfüllen zu müssen. Oft werden Kinder in Familien mit einem Etikett versehen: das verantwortungsvolle Kind, der Spaßvogel, der Rebell. Wenn wir Kindern eine Zuordnung verpassen, spielen sie das Spiel mit. Und wenn es in der Familie einen »Besten« gibt – einen Überflieger oder ein braves Mädchen oder einen braven Jungen –, dann gibt es gewöhnlich auch einen »besten Schlechtesten«. Wie eine meiner Patientinnen es formulierte: »Mein Bruder war als Kind ein ziemlicher Rabauke. Und ich verschaffte mir dadurch Aufmerksamkeit, dass ich kooperativ und brav war.«

Aber ein Etikett ist keine Identität. Es ist eine Maske oder ein Gefängnis. Meine Patientin hat es sehr schön formuliert: »Das brave Kind kann man nur für eine gewisse Zeit sein. Meine wahre Persönlichkeit brodelte unter dem Deckel und wollte heraus, aber mein Umfeld hat mich nicht dazu ermuntert.« Unsere Kindheit endet, wenn wir beginnen, das Bild zu leben, das ein anderer von uns hat.

Statt uns auf eine Rolle oder eine Version von uns zu beschränken, ist es gut, wenn wir erkennen, dass wir alle eine komplette Familie in uns tragen. Da gibt es den kindischen Teil, der alles jetzt, schnell und mühelos haben will. Und es gibt den kindlichen Teil – den neugierigen Freigeist, der es versteht, Eingebungen, Instinkten und Begierden ohne Bewertung, Angst oder Scham nachzugeben. Es gibt den Teenager, der gern flirtet, Grenzen riskiert und sie austestet. Es gibt den vernünftigen Erwachsenen, der etwas durchdenkt, der Pläne macht, Ziele setzt und herausfindet, wie er sie erreichen kann. Und dann gibt es die beiden Elternteile: den fürsorglichen Elternteil und den einschüchternden Elternteil. Den einen, der freundlich, liebevoll und fürsorglich ist, und den anderen, der mit erhobener Stimme und dro-

ZU OFT WERDEN WIR VON ERWARTUNGSHALTUNGEN EINGESCHRÄNKT, VON DEM GEFÜHL, EINE BESTIMMTE ROLLE ODER FUNKTION ERFÜLLEN ZU MÜSSEN.

hendem Zeigefinger hereinkommt und sagt: »Du sollst, du musst, du wirst.« Wir brauchen unsere gesamte innere Familie, um ganz zu sein. Und wenn wir frei sind, arbeitet diese Familie im Gleichgewicht als ein Team. Jeder ist willkommen, niemand fehlt, wird zum Schweigen gebracht oder ist Herr im Haus.

Mein innerer Freigeist half mir, Auschwitz zu überleben, doch ohne meinen verantwortungsvollen Erwachsenen im Team kann der Freigeist auch eine Menge vermasseln, wie meine Enkelin Rachel, Audreys schöne Tochter, bestätigen kann. Schon als Kind hat Rachel gern gekocht, und mir wurde immer warm ums Herz, wenn sie mich bat, ihr ein paar ungarische Rezepte beizubringen. Ich beschloss, ihr zu zeigen, wie eines meiner Lieblingsgerichte, Hühnerpaprikasch, zubereitet wird. Für mich war es ein besonderes Stück Himmel, mit Rachel und dem Duft der Zwiebeln, die in Butter (*einer Menge* Butter!) und Hühnerfett vor sich hin sautierten, in der Küche zu stehen. Aber bald bemerkte ich ihren Vater Dale, der sich neben mich gestellt hatte und die Schmalzspritzer und das Gewürzpulver aufwischte, die von meinem Kochlöffel flogen. Auch der geduldigen, unaufgeregten Rachel wurde es bald zu viel. »Stopp!«, rief sie schließlich und packte mich am Arm, bevor ich eine Handvoll Knoblauch und Paprika in den Topf werfen konnte. »Wenn ich das Rezept lernen soll, muss ich abwiegen und aufschreiben, wie viel du hineintust.«

Ich wollte mich nicht an die Leine legen lassen. Beim Kochen lasse ich mich ausgesprochen gern von meinen Instinkten leiten, ohne etwas abzuwiegen oder vorauszuplanen; bei mir geht alles ganz nach Gefühl. Aber damit bekam Rachel nicht die Basis, die sie brauchte. Um meine Stärke und meine Fertigkeiten erfolgreich weiterzugeben, durfte ich mich nicht allein auf meinen inneren Freigeist verlassen. In der Küche brauchte ich meinen inneren, vernünftigen Erwachsenen und fürsorglichen Elternteil, um das Team zu komplettieren.

Inzwischen macht Rachel das beste Hühnerpaprikasch und Szekelygulasch, und als ich kürzlich eine Nussroulade buk, musste ich sie anrufen, um mir sagen zu lassen, ob eine halbe oder eine ganze Tasse Wasser in den Teig gehört. Sie brauchte nicht erst im Rezept nachzusehen: »Eine halbe Tasse!«, sagte sie.

Unsere innere Familie auszubalancieren, kann eine besondere Herausforderung sein, wenn wir glauben, dass unser schieres Überleben davon abhängt, eine spezifische Rolle zu erfüllen. Nachdem Iris jahrzehntelang ein ungesundes Verhaltensmuster mit ihren Schwestern und Eltern gepflegt hatte, versucht sie nun, aus der einengenden Rolle auszubrechen, die zu erfüllen ihr in ihrer Familie zur Gewohnheit geworden war.

Ihr Vater diente als Soldat im Zweiten Weltkrieg und wurde aus der Armee entlassen, nachdem ein Panzer, an dem er gearbeitet hatte, samt Insassen explodiert war. Er wurde Krankenpfleger in der Psychiatrie, begann aber übermäßig zu trinken und litt so stark an Depressionen, Paranoia und Schizophrenie, dass er oft für lange Zeit stationär im Krankenhaus behandelt wurde, als Iris, das jüngste der vier Kinder, geboren wurde. Sie erinnert sich an ihn als sanften, empfindsamen, großartigen Mann. Nach dem Bad saß sie gern bei ihm auf den Schoß und ließ sich von ihm die nassen, strubbeligen Haare kämmen. Und an den Abenden tat sie oft so, als sei sie auf der Couch eingeschlafen, damit er sie ins Bett hinauftrug. Es war schön, wenn er sie im Arm hielt. Als sie zwölf war, erlitt er einen schweren Herzanfall. Als der Krankenwagen kam, hatte sein Herz zwölf Minuten nicht mehr geschlagen. Das Ärzteteam konnte ihn zwar reanimieren, doch sein Gehirn war stark geschädigt, und so wurde er in demselben Krankenhaus, in dem er früher gearbeitet hatte, zum Dauerpatienten. Er starb, als sie achtzehn war.

Schon als Kind lernte Iris, die Rolle der Fürsorgerin in ihrer Familie zu spielen. Eine ihrer frühesten Erinnerungen war ein heftiger Streit ihrer Eltern. Sie spürte die spannungsgeladene Atmosphäre und schlüpfte in den Raum in der Hoffnung, die Stimmung aufzulockern. Ihr Vater hob sie hoch und nahm sie in die Arme. »Du bist meine Beste«, sagte er. »Du machst keinen Ärger.«

Diese Botschaft wurde von Iris' Mutter und den Schwestern noch verstärkt. Durch ihre Rolle als Verantwortliche, als diejenige, auf die die anderen sich verlassen konnten, verdiente sie sich die Aufmerksamkeit, Zuneigung und Anerkennung ihrer Familie. Ihre Mutter war eine fleißige, nicht urteilende Person mit großer Empfindsamkeit gegenüber Kränkungen, Scham oder Verlegenheit im Verhalten anderer. Sie stand auch in den schlimmsten Jahren des Vaters unbeirrt und loyal zu ihm, erlitt allerdings einen Nervenzusammenbruch, als Iris ein Teenager war. Jahre später, als es ihrer Mutter schlechter ging, sagte sie zu Iris: »Ich habe das Gefühl, mitten in einer schweren Brandung zu sein, und du bist mein Fels.«

Die Beziehung zwischen Iris und ihrer Mutter drehte sich großenteils um die gemeinsame Sorge um Iris' Schwestern, die ein stürmisches, chaotisches Leben hatten, von sexuellem Missbrauch und häuslicher Gewalt traumatisiert waren und mit Sucht und suizidalen Depressionen kämpften. Iris und ihre Schwestern sind mittlerweile alle über fünfzig, und immer noch hadert sie mit komplexen Gefühlen, die zum großen Teil auf ihre Rolle als Kümmerin in der Familie zurückzuführen sind.

»Ich lebe mit einem riesigen Verantwortungsgefühl im Herzen«, erzählte sie mir. »Ich wurde der ›Glückspilz‹ genannt. Ich bin nicht missbraucht worden. Als ich noch sehr klein war und mein Vater seine verrückteste Phase durchmachte, war er in der Psychiatrie untergebracht. Ich wollte mir nie das Leben nehmen. Ich bin mit einem liebevollen Mann glücklich verheiratet und habe drei wunderbare Kinder, die inzwischen erwachsen sind. Manchmal fühle ich mich schuldig, weil es mir so gut geht. Mir bricht es das Herz, wenn ich an meine Schwestern denke. Ich komme mir egoistisch vor, weil ich nicht mehr für sie tue. Und manchmal bin ich erschöpft, vielleicht weil ich versuche, die Sicherheit aufrechtzuerhalten, oder weil ich das Leben des Mädchens lebe, das keinen Ärger gemacht hat, als die Probleme aller anderen so viel größer waren. Ich habe Tagträume, dass ich im Lotto gewinne und dann jeder meiner Schwestern ein Haus kaufe und sie für den Rest ihres Lebens finanziell absichere. Dann wäre ich vielleicht befreit von dieser Schuld, die ich mit mir herumschleppe.«

Iris ist eine schöne Frau mit blonden Locken und vollen Lippen. Sie wirkte geistesabwesend, ihre blauen Augen schossen beim Sprechen unruhig hin und her – die Unruhe, die ein Leben mit sich bringt, das davon bestimmt ist, sich die Aufmerksamkeit, Zuneigung und Anerkennung ihrer Familie zu verdienen. Iris hatte sich in der Wahrnehmung ihrer Rolle und Identität selbst eingekerkert: anderen das Leben schöner zu machen, ihnen die Last zu erleichtern, kein großes Tamtam um sich selbst zu machen oder große Probleme zu haben, die Fähige, Verlässliche, Verantwortliche zu sein. Sie war auch eine Gefangene ihres Schuldgefühls geworden, des Schuldgefühls einer Kämpferin, da ihr Lebensweg einfacher gewesen war als der ihrer Mutter und ihrer Schwestern. Wie konnte ich Iris aus einem Leben herausführen, das sie selbst mit dem Etikett des verantwortlichen »braven Mädchens« versehen hatte und die sich wünschte, andere wieder heile zu machen?

»Sie können so lange nichts für Ihre Schwestern tun«, sagte ich, »solange Sie nicht beginnen, sich selbst zu lieben.«

»Wenn ich nur wüsste, wie«, sagte sie. »In diesem Jahr hatte ich kaum Kontakt zu ihnen. Und ich bin erleichtert, was sich furchtbar anfühlt. Ich mache mir Sorgen um sie. Geht es ihnen gut? Könnte ich mehr tun? Und ich könnte *tatsächlich* mehr tun. Das ist die Wahrheit. Wenn ich aber mehr mache, vergiftet und überwältigt es mich. Ich bin also in der Klemme. Ich weiß nicht, wie ich da herauskommen soll.

Mir fällt nichts ein, auf welche Weise ich wieder Kontakt mit ihnen aufnehmen könnte«, sagte sie. »Und ich bin hin- und hergerissen. Einerseits möchte ich wirklich wieder Verbindung zu ihnen aufnehmen, andererseits ist es aber, ehrlich gesagt, viel einfacher, wenn wir keinen Kontakt haben. Und das ist ein grausames Gefühl.«

Zwei Dinge gab es, die sie, wie ich hoffte, ablegen konnte: Schuldgefühle und Sorgen.

Ich sagte zu ihr: »Schuldgefühle sind in der Vergangenheit. Sorgen sind in der Zukunft. Das Einzige, was Sie ändern können, findet hier in der Gegenwart statt. Und es liegt nicht an Ihnen zu entscheiden, was Sie für Ihre Schwestern tun können. Die Einzige, die Sie lieben und akzeptieren können, sind *Sie* selbst. Es geht nicht darum, wie Sie Ihre Schwestern genügend lieben können. Vielmehr geht es darum, wie Sie *sich* selbst genügend lieben können.«

SCHULDGEFÜHLE SIND IN DER VERGANGENHEIT. SORGEN SIND IN DER ZUKUNFT.

Sie nickte, doch ich entdeckte ein Zögern in ihren Augen, etwas, das ihr Lächeln zurückhielt, als ob allein der Gedanke, sich selbst zu lieben, ihr unbehaglich sei oder zumindest ungewohnt für sie.

»Meine Liebe, es ist nicht gesund, wenn Sie sich darauf konzentrieren, was Sie noch für Ihre Schwestern tun können. Es ist für *Sie* selbst nicht gesund. Und es ist für *Ihre Schwestern* nicht gesund. Sie lähmen sie. Sie machen sie abhängig von Ihnen. Sie berauben sie der Möglichkeit, selbstverantwortliche Erwachsene zu sein.«

Ich deutete an, dass vielleicht gar nicht ihre Schwestern diejenigen mit einem Bedürfnis waren. Vielleicht war *sie* es. Manchmal haben wir das Bedürfnis, gebraucht zu werden. Wir haben das Gefühl, nicht gut zu funktionieren, wenn wir niemanden retten. Wenn wir aber davon abhängig sind, gebraucht zu werden, kann es gut sein, dass wir einen Alkoholiker heiraten. Er ist nicht verantwortlich, wir sind verantwortlich. Wir schaffen dieses Muster neu.

Zu Iris sagte ich: »Jetzt wäre ein guter Zeitpunkt, dass Sie *sich* heiraten. Sonst werden Sie eine schlechte Situation verschlechtern, statt sie zu verbessern.«

Sie schwieg, machte einen desorientierten Eindruck. »Das ist so schwer«, sagte sie. »Ich fühle mich immer noch schuldig.«

Als sie noch Kinder waren, war ihre älteste Schwester sehr aufbrausend und einschüchternd. Damals wusste niemand, dass sie sexuell missbraucht wurde. Wenn Iris aus der Schule kam, schloss sie sich in ihrem Zimmer ein, um sich vor den Launen ihrer Schwester zu schützen. Sie und ihre Geschwister bettelten ihre Eltern: »Könnt ihr sie nicht loswerden? Könnt ihr sie nicht bremsen?« Eines Tages hatte die älteste Schwester eine heftige Auseinandersetzung mit ihrem Vater und stieß ihn durch eine Fliegengittertür. Daraufhin gaben die Eltern sie in ein Heim, wo ihr Leben noch problematischer wurde.

»Ich könnte der Grund gewesen sein, dass meine Eltern beschlossen haben, sie fortzuschicken«, sagte Iris.

»Wenn Sie eine liebevolle Beziehung zu Ihren Schwestern pflegen wollen«, sagte ich, »kann diese nicht darauf aufbauen, dass Sie einander brauchen. Sie basiert darauf, dass Sie einander *wollen*. Sie können also wählen: Wollen Sie Schuldgefühle oder wollen Sie Liebe?«

Sich für Liebe zu entscheiden heißt, *sich selbst gegenüber* freundlich, gütig und liebevoll zu werden. Aufzuhören, die

Vergangenheit aufzuwärmen. Aufzuhören, sich dafür zu entschuldigen, nicht da zu sein, um alle zu retten. Und das bedeutet festzustellen: »Ich habe das Beste getan, was ich konnte.«

»Aber mir kommt es vor, als bestünde ein Teil meines ganzen Lebenswegs darin, irgendeine Lösung dafür zu finden, was mit uns dreien passiert ist«, sagte Iris. »Als Einzige in meiner Familie, die keine nennenswerten Kämpfe ausfechten musste, war ich auch die Einzige, die damals alles zusammenhalten konnte. Und empfinde mich als illoyal, wenn ich ihnen nicht helfe.«

Eine der ersten Fragen, die ich Patienten stelle, ist: »Wann haben Sie aufgehört, ein Kind zu sein?« Wann haben Sie begonnen, jemand anderen zu beschützen oder sich um ihn zu kümmern? Wann haben Sie aufgehört, Sie selbst zu sein und begonnen, eine Rolle zu erfüllen?

Ich sagte zu Iris: »Vielleicht sind Sie sehr schnell groß geworden. Sie sind eine kleine Erwachsene geworden, die sich um andere Leute gekümmert hat, die verantwortlich gewesen ist. Und die sich schuldig gefühlt hat, weil nichts von dem, was sie getan hat, genug war.«

Sie nickte, und ihre Augen füllten sich mit Tränen.

»Und nun entscheiden Sie: Wann ist genug genug?«

Es ist schwierig, unsere alten Gewohnheiten aufzugeben, uns Aufmerksamkeit, Zuneigung und Anerkennung zu verdienen und etwas Neues zu entdecken, mit dem wir Liebe und Nähe aufbauen können, etwas, das auf Wechselseitigkeit statt auf Abhängigkeit beruht, auf Liebe und nicht auf Bedürfnis.

Wenn ich versuche, einem Patienten zu helfen, seine oder ihre frühen Muster zu identifizieren, frage ich oft: »Gibt es etwas, was Sie in übertriebenem Maß tun?« Oft verwenden wir Substanzen und Verhaltensweisen, um unsere Wunden zu behandeln: Essen, Zucker, Alkohol, Einkaufen, Glücksspiel, Sex. Selbst Gesundes können wir im Übermaß tun. Wir können nach Arbeit, Fitness oder strengen Diäten süchtig werden. Aber wenn wir nach Zuneigung, Aufmerksamkeit und Anerkennung gieren – danach, was wir nicht bekommen haben, als wir jung waren –, wird nichts jemals genug sein, um das Bedürfnis zu stillen. Sie gehen an den falschen Ort, um die Leere zu füllen. Es ist, als gingen Sie in den Baumarkt, um eine Banane zu kaufen. Das, wonach sie suchen, gibt es dort nicht. Und trotzdem gehen viele von uns immer wieder ins falsche Geschäft.

Manchmal werden wir süchtig danach, jemanden zu brauchen. Manchmal werden wir süchtig danach, gebraucht zu werden.

Lucia ist Krankenschwester, und sie erzählte mir, dass es vermutlich in ihren Genen liegt, sich auf andere zu konzentrieren und zu fragen: »Was brauchen Sie? Wie kann ich helfen?« Erst nach Jahrzehnten in einer Ehe mit einem anspruchsvollen Mann, in der sie eingesprungen war, um seine Kinder, unter ihnen eine behinderte Tochter, großzuziehen, erst nach Jahren, in denen ihr befohlen worden war: »Mach dies! Tu das!«, begann sie endlich, sich

ES IST GUT, *SELBST*-BEZOGEN ZU SEIN, SELBSTLIEBE UND SELBSTFÜRSORGE ZU ÜBEN.

zu fragen: »Was ist eigentlich mit mir? Wer bin ich in dieser Situation?«

Jetzt lernt sie, sich besser durchzusetzen, sich nicht mehr von ihren eigenen Vorlieben und Wünschen abzukoppeln. Manchmal ist der Auslöser eine ungehobelte Reaktion von anderen. Das erste Mal wies sie ihren Mann in die Schranken, als sie sich weigerte, von der Couch aufzustehen, um ihm etwas zu essen zu machen, und er sie anschrie: »Ich habe es dir aufgetragen!«

Sie holte tief Luft, wappnete sich und sagte: »Ich nehme keine Befehle entgegen. Wenn du noch einmal so mit mir sprichst, verlasse ich den Raum.«

Sie lernt zu erkennen, dass das beklemmende Gefühl in der Magengrube, kurz bevor sie einer Aufforderung nachkommen will, ein Signal ist, innezuhalten und sich zu fragen: »Will ich das überhaupt tun? Werde ich mich ärgern, wenn ich es tue?«

Es ist gut, *selbst*-bezogen zu sein, Selbstliebe und Selbstfürsorge zu üben.

Als Lindsey und Jordan noch klein waren, kamen Marianne und Rob überein, sich jeweils freie Abende ohne Familie zuzugestehen. Wenn Marianne Ausgang hatte, blieb Rob zu Hause bei den Kindern und umgekehrt. In einer bestimmten Woche sollte ein berühmter Wirtschaftswissenschaftler aus London kommen, und Rob wollte sich seinen Vortrag anhören. Doch die Veranstaltung fand ausgerechnet an Mariannes freiem Abend statt: Sie hatte bereits Eintrittskarten für ein Theaterstück gekauft, das sie sich mit einer Freundin ansehen wollte, und er war bereits einverstanden gewesen, bei den Kindern zu Hause zu bleiben. Als er Marianne berichtete, dass er so kurzfristig keinen Babysitter bekommen konnte, hätte sie ihre Freundin anrufen und ihr Treffen verschieben oder im Theater anrufen und versuchen können, die Eintrittskarten für eine andere Vorstellung zu verwenden. Wir können immer wählen, ob wir flexibel sein und einander entgegenkommen wollen. Das Problem ist nur, dass viele von uns aus Gewohnheit alles sofort zurechtbiegen und umorganisieren. Wir übernehmen zu viel Verantwortung für die Probleme anderer, trainieren sie darauf, sich auf uns zu verlassen statt auf sich selbst, und ebnen so unseren Weg für zukünftige Ressentiments.

Marianne gab Rob einen Kuss auf die Wange und sagte: »Ach Schatz, jetzt hast du wirklich ein Problem. Hoffentlich kriegst du das irgendwie geregelt.« Am Ende nahm er die Kinder zum Vortrag mit, und sie spielten im Schlafanzug unter den Zuschauersitzen.

Manchmal verlangt das Leben von uns, mit dem Strom zu schwimmen, manchmal ist es das Richtige, die Bedürfnisse anderer zu priorisieren und unsere Pläne zu ändern. Und natürlich wollen wir alles tun, was in unserer Macht steht, um unsere Lieben zu unterstützen, sensibel auf ihre Bedürfnisse und Wünsche einzugehen, auf Teamwork und Interdependenz zu setzen. Aber Großzügigkeit ist nicht großzügig, wenn sie ständig zu unseren Lasten geht, wenn unser Geben uns zu Märtyrern macht oder Ressentiments schürt. Liebe be-

> **LIEBE IST EIN WORT, DAS WIE Z-E-I-T BUCHSTABIERT WIRD. ZEIT.**

deutet, dass wir Selbstliebe üben, dass wir danach streben, anderen – aber auch *uns selbst* – gegenüber großzügig und mitfühlend zu sein.

Ich sage oft: Liebe ist ein Wort, das wie Z-E-I-T buchstabiert wird. Zeit. Während unsere inneren Ressourcen grenzenlos sind, sind unsere Zeit und unsere Energie begrenzt. Sie verrinnen. Wenn wir arbeiten oder in der Schule sind; wenn wir Kinder haben, eine Beziehung, Freunde; wenn wir ehrenamtlich arbeiten, trainieren oder einem Buchclub, einer Selbsthilfegruppe oder einer Kirche angehören; wenn wir uns um alte Eltern kümmern oder um jemanden mit medizinischen oder speziellen Bedürfnissen: Wie strukturieren wir unsere Zeit, um uns nicht selbst zu vernachlässigen? Wann ruhen wir uns aus und laden unsere Batterien wieder auf? Wie schaffen wir ein Gleichgewicht zwischen Arbeiten, Lieben und Spielen?

Manchmal fällt es uns am schwersten, für uns selbst einzustehen, wenn wir um Hilfe bitten. Seit ein paar Jahren treffe ich mich regelmäßig mit Gene, einem liebenswürdigen, zuvorkommenden Mann und wunderbaren Swing-Tanzpartner. Als er ein paar Wochen lang ins Krankenhaus musste, besuchte ich ihn täglich, und er freute sich, dass ich ihn ein bisschen betüddelte – seine Hand hielt, ihm löffelweise zu essen gab. Es ist wunderbar, von jemandem das Geschenk des Gebens zu empfangen. An einem Abend saß ich wieder bei ihm und bemerkte, dass er zitterte. Er gestand, dass ihm ziemlich kalt war, doch da bei Gene Liebenswürdigkeit an allererster Stelle steht und er sich solche Sorgen machte, dass man ihn für unverschämt halten könnte, hatte er darauf verzichtet, um eine wärmere Decke zu bitten. In seinem Bemühen, niemandem zur Last zu fallen, hatte er sich selbst vernachlässigt.

Bei mir war das früher auch so. In unserer ersten Zeit nach der Immigration wohnten Béla und ich mit Marianne in einer winzigen Dienstbotenwohnung in einem Hinterhaus in Park Heights, Baltimore. Wir waren mittellos in Amerika angekommen – die Gebühr von zehn Dollar, um das Boot verlassen zu dürfen, hatten wir uns ausleihen müssen, und wir mühten uns ab, um unsere Familie durchzubringen. Unter den schwierigen Umständen betrachtete ich es als Ehrensache, zuerst Bélas und Mariannes Teller zu füllen und mich nur dann zu bedienen, wenn für alle genügend da war. Es ist wahr, dass Fürsorge ohne Großzügigkeit und Mitgefühl nicht möglich ist. Aber Selbstlosigkeit dient niemandem, sondern benachteiligt alle.

Und selbstständig zu sein bedeutet nicht, dass wir Fürsorge und Liebe von anderen ablehnen.

Audrey, die an der University of Texas in Austin studierte, einem Brennpunkt des Aktivismus und progressiver Politik, war gerade zu Hause zu Besuch, als sie an einem Samstagmorgen unsere Schlafzimmertür öffnete und ihren Augen nicht traute, als sie mich in meinem Designernachthemd im Bett sitzen sah, wo Béla mich häppchenweise mit frischer Papaya fütterte.

»Mutter!«, rief sie. In diesem Moment verachtete sie mich als verwöhntes Zuckerpüppchen. Ich hatte ihr Verständnis von dem, was eine starke Frau ausmacht, beleidigt.

Was sie nicht sah, war die Entscheidung, die ich getroffen hatte, die Freude meines Mannes, mich zu verwöhnen, zu ehren und zu genießen. Er lebte für die Samstage, an denen er früh aufstand, über die Grenze nach Juarez zum Bauernmarkt fuhr, um die reifsten roten Papayas auszusuchen, die ich so gern mochte. Es machte ihm Freude. Und es machte auch mir Freude, mit ihm dieses sensorische Ritual zu begehen und das mit Vergnügen anzunehmen, was er von Herzen gab.

Wenn Sie frei sind, übernehmen Sie Verantwortung dafür, der Mensch zu sein, der Sie wirklich sind. Sie erkennen die Bewältigungsmechanismen oder Verhaltensmuster, die Sie in der Vergangenheit adaptiert haben, um Ihre Bedürfnisse erfüllt zu bekommen. Sie verbinden sich erneut mit den Teilen von sich, die Sie aufgeben mussten, und werden wieder die ganze Person, die zu sein Ihnen verwehrt war. Sie brechen mit der Gewohnheit, sich selbst preiszugeben.

Denken Sie daran: Sie haben etwas, was niemand anderer jemals haben wird. Sie haben sich. Ein Leben lang.

Deshalb unterhalte ich mich ständig mit mir. Ich sage: »Edie, du bist einzigartig. Du bist schön. Jeden Tag sollst du immer mehr Edie werden.«

Ich habe die Angewohnheit aufgegeben, mich zu verleugnen, ob emotional oder physisch. Ich bin stolz darauf, eine wartungsintensive Frau zu sein! Zu meinem Wellnessprogramm gehören Akupunktur und Massage. Ich gönne mir regelmäßig Schönheitsbehandlungen, die nicht notwendig sind, sich aber gut anfühlen. Ich lasse mir das Gesicht pflegen. Ich lasse mir die Haare färben – nicht nur mit einer Farbe, sondern mit dreien, von dunkel zu hell. Ich gehe in die Kosmetikabteilung des Kaufhauses und probiere neue Varianten aus, um mir die Augen zu schminken. Hätte ich nicht gelernt, innere Selbstachtung zu entwickeln, könnte ich von außen noch so verhätschelt werden, ohne dass sich meine Einstellung zu mir ändern würde. Aber nun, da ich ein hohes Selbstwertgefühl habe, nun, da ich mich liebe, weiß ich, dass die Achtsamkeit für mein Innenleben auch mit Achtsamkeit für mein Äußeres einhergehen kann: Ich gönne mir ohne schlechtes Gewissen hübsche Dinge und lasse meine äußere Erscheinung für meine Selbstdarstellung arbeiten. Und ich habe gelernt, ein Kompliment anzunehmen. Wenn jemand sagt: »Mir gefällt Ihr Halstuch«, antworte ich: »Danke, mir auch.«

SIE BRECHEN MIT DER GEWOHNHEIT, SICH SELBST PREISZUGEBEN.

Nie werde ich den Tag vergessen, an dem ich mit Marianne, damals im Teenageralter, Klamotten kaufen ging. Sie probierte ein Kleid an, das ich für sie ausgesucht hatte, und sagte: »Mama, das bin nicht ich.« Ihr Kommentar verblüffte mich. Ich machte mir schon Sorgen, dass ich sie vielleicht als zu wählerisch oder sogar undankbar erzogen hatte. Aber dann wurde mir klar, was für ein Geschenk es ist, Kinder zu haben, die sich selbst kennen, die wissen, was »ich« und was »nicht ich« ist.

Finden Sie *sich* und hören Sie nie auf, dieses »Ich« immer weiter mit sich selbst aufzufüllen. Sie brauchen nichts zu tun, um geliebt zu werden. Sie brauchen nur Sie *selbst* zu sein. Mögen Sie Tag für Tag immer mehr Sie selbst sein.

SCHLÜSSEL, DIE IHNEN HELFEN, SICH VON SELBSTVERNACHLÄSSIGUNG ZU BEFREIEN

- In allem, was wir üben, verbessern wir uns. *Verbringen Sie jeden Tag mindestens fünf Minuten mit angenehmen Empfindungen: der erste Schluck Kaffee am Morgen, das Gefühl von warmer Sonne auf der Haut oder eine Umarmung von jemandem, den Sie lieben, das Geräusch von Lachen oder von Regen auf dem Dach, der Geruch gebackenen Brots. Nehmen Sie sich Zeit, Freude zu erkennen und zu erfahren.*

- ***Arbeiten, lieben, spielen.*** *Zeichnen Sie ein Diagramm über Ihre Aufwachzeiten an jedem Tag der Woche. Markieren Sie die Zeit, die Sie jeden Tag mit Arbeiten, Lieben und Spielen verbringen. (Einige Aktivitäten passen vielleicht in mehr als eine Kategorie. Falls ja, verwenden Sie alles Zutreffende.) Addieren Sie dann die Stunden, die Sie in einer typischen Woche mit Arbeiten, Lieben und Spielen verbringen. Sind die drei Kategorien ungefähr im Gleichgewicht? Wie könnten Sie Ihre Tage anders strukturieren, damit Sie mehr von dem machen, was im Augenblick Ihre wenigste Zeit in Anspruch nimmt?*

- ***Schenken Sie sich etwas Liebe.*** *Denken Sie an eine Zeit in der letzten Woche, als jemand etwas von Ihnen wollte oder Sie um einen Gefallen gebeten hat. Wie haben Sie reagiert? Haben Sie aus Gewohnheit reagiert? Aus Notwendigkeit? Aus einem Wunsch heraus? Wie hat sich Ihre Reaktion in Ihrem Körper angefühlt? War Ihre Reaktion* *gut für Sie? Und nun reflektieren Sie über eine Zeit in der letzten Woche, als Sie jemanden um Hilfe gebeten haben oder bitten wollten. Was haben Sie gesagt? Was kam dabei heraus? War Ihre Reaktion gut für Sie? Was können Sie heute tun, um* selbst-*bezogen zu sein, um sich selbst Liebe und Fürsorge zu zeigen?*

Kapitel 4

EIN HINTERN, ZWEI STÜHLE

Das Gefängnis der Geheimnisse

In Ungarn haben wir ein Sprichwort: *Wenn du mit einem Hintern auf zwei Stühlen sitzt, wirst du halbarschig.*

Wenn Sie ein Doppelleben führen, wird es Sie einholen.

Wenn Sie frei sind, können Sie authentisch leben, aufhören, den Spalt zwischen zwei Stühlen – Ihrem perfekten Selbst und Ihrem wahren Selbst – zu überwinden, und kongruent werden. Sie lernen, ausschließlich auf dem Stuhl Ihrer eigenen Erfüllung zu sitzen.

Als Robin mich aufsuchte, kämpfte sie mit dem Spalt zwischen zwei Stühlen: Ihre Ehe stand am Rand des Zusammenbruchs. Sie war es leid zu versuchen, den hohen Ansprüchen ihres Mannes gerecht zu werden, und ihre Ehe war leidenschaftslos und leer geworden. Sie hatte das Gefühl, den Tag nur mit einer Sauerstoffmaske überstehen zu können. Auf der Suche nach Linderung und Freude begann sie ein Verhältnis.

Betrügen ist ein gefährliches Spiel. Nichts ist aufregender als ein neuer Liebhaber. Wenn man in einem neuen Bett liegt, unterhält man sich nicht darüber, wer den Müll hinausträgt und wer an der Reihe ist, die Fahrgemeinschaft zum Fußballtraining zu chauffieren. Alles dreht sich um Vergnügen und nicht um Verantwortung. Und es ist vorübergehend. In der Anfangszeit ihres Verhältnisses hatte sich Robin lebensfroh, optimistischer und umhegter gefühlt. So konnte sie den Status quo zu Hause tolerieren, denn ihre Sehnsucht nach Zuwendung und Intimität wurde anderswo gestillt. Doch dann stellte ihr Geliebter ihr ein Ultimatum. Sie musste sich entscheiden: ihr Mann oder er.

Sie buchte die ersten Beratungsstunden bei mir, da sie nicht mehr weiterwusste und sich nicht entscheiden konnte. Bei ihrem ersten Termin drehte sie sich ständig im Kreis, während sie die Vor- und Nachteile zweier scheinbar unmöglicher Alternativen darlegte. Während eine Scheidung verhindern würde, dass ihr Liebhaber sie verließ, hätte sie für ihre beiden Kinder verheerende Folgen. Sollte sie aber an ihrer Ehe festhalten, müsste sie den einzigen Menschen aufgeben, der ihr das Gefühl gab, wahrgenommen und geschätzt zu werden. Sie musste zwischen dem Glück ihrer Kinder und ihrer eigenen Erfüllung wählen.

Doch die grundlegende Entscheidung, die sie treffen musste, war nicht, mit welchem Mann sie zusammen sein wollte. Alles, was sie mit ihrem Mann machte – ob sie sich zurückzog, versteckte oder Geheimnisse hatte –, würde sie auch mit ihrem Geliebten oder jeder anderen Liebesbeziehung machen, wenn sie nicht entschied, sich zu ändern. Ihre Freiheit bestand nicht darin, den richtigen Mann zu wählen, sondern darin, einen Weg zu finden, wie sie ihren Wünschen, Hoffnungen und Ängsten in welcher Beziehung auch immer Ausdruck verleihen konnte.

Leider ist das ein weitverbreitetes Problem. Selbst eine Ehe, die mit Leidenschaft und Verbundenheit begonnen hat, kann sich im Lauf der Zeit wie eine Gefängniszelle anfühlen. Es ist ein schleichender Vorgang, und oft ist es schwierig zu erkennen, wann die Gitterstäbe gebaut werden und wie stabil sie sind. Da gibt es die üblichen Störfaktoren wie Stress um Geld, Arbeit, Kinder, Familienumfeld oder Krankheiten. Und da das Paar nicht die Zeit oder die Instrumente hat, um diese Irritationen in den Griff zu bekommen, kumulieren sich Sorgen, Kränkungen und Wut. Nach einer Weile wird es noch schwieriger, diese Gefühle zu äußern, da sie in Spannungen oder Streit münden, und deshalb werden diese Themen lieber allesamt vermieden. Und ehe man es sich versieht, führen die Ehepartner ein getrenntes Leben. Die Tür steht weit offen für jemand anderen, der das auszufüllen versucht, was abhandengekommen ist.

Wenn es Stress in einer Beziehung gibt, ist nicht nur eine Person schuld. Beide Partner tragen das ihre dazu bei, dass die Distanz und die Auseinandersetzungen andauern. Robins Mann war ein Perfektionist. Er kritisierte sie, urteilte gern und war schwer zufriedenzustellen. Zunächst war es hart für sie, als ihr bewusst wurde, dass auch sie an der Verschlechterung ihrer Beziehung nicht unschuldig

> **AUFRICHTIGKEIT BEGINNT, WENN SIE LERNEN, SICH SELBST DIE WAHRHEIT ZU SAGEN.**

war: Sie zog sich zurück, ging aus dem Zimmer, klinkte sich aus, verschwand. Und vor allem sprach sie nicht über ihr Geheimnis – dass sie unglücklich war. Die Affäre war ein sekundäres Geheimnis. Ihr primäres Geheimnis war all das, was sie irgendwann aus Gewohnheit vor ihrem Ehemann zu verbergen begonnen hatte: ihre täglichen Höhen und Tiefen, Sorgen und Freuden, Sehnsüchte und Kummer.

Aufrichtigkeit beginnt damit, dass wir lernen, uns selbst die Wahrheit zu sagen.

Ich erklärte Robin, dass ich sie weiterbehandeln wollte, wenn sie es wünschte, allerdings nur, wenn sie ihr Verhältnis auf Eis legte, solange sie an einer ehrlicheren Beziehung zu sich selbst arbeitete.

Ich gab ihr zwei Übungen. Die erste nenne ich *Lebenszeichen*. Es ist eine unkomplizierte Art, die Temperatur zu messen, sich des inneren Klimas und des emotionalen Wetters bewusst zu werden, die Sie in die Welt schicken. Wir kommunizieren ständig, auch wenn wir kein einziges Wort sagen. Nur wenn wir im Koma liegen, kommunizieren wir nicht. Versuchen Sie mehrmals am Tag, bewusst in ihren Körper hineinzuhören, und fragen Sie sich: »Fühle ich mich weich und warm an oder kalt und steif?«

Wenig erfreut war Robin, als sie herausfand, wie oft sie steif, starr und verschlossen war. Nach und nach half ihr das Messen ihrer emotionalen Temperatur, weicher zu werden. Dann stellte ich ihr die zweite Übung vor: *Muster unterbrechen*. Dabei geht es darum, eine gewohnheitsmäßige Reaktion bewusst durch etwas anderes zu ersetzen. Wenn Robin das Gefühl hatte, sich von ihrem Ehemann zurückzuziehen oder sich ihm zu entziehen, würde sie bewusst versuchen, nicht zu verschwinden. Statt ihn feindselig anzustarren, sollte sie ihrem Mann einen liebevollen Blick schenken – was sie seit geraumer Zeit nicht mehr gemacht hatte. Eines Abends am Esstisch griff sie zärtlich nach seiner Hand.

Es war ein winziger Schritt in Richtung Intimität. Wenn sie ihre Beziehung allerdings wiederherstellen wollten, war noch eine Menge an Reparaturarbeit erforderlich. Aber der Anfang war gemacht.

Eine Heilung kann es erst geben, wenn wir Teile von uns nicht mehr verbergen oder verleugnen. Die Dinge, die wir zum Schweigen bringen oder vertuschen, werden zu Geiseln im Keller, die immer verzweifelter versuchen, unsere Aufmerksamkeit zu erringen.

Ich weiß das, denn ich habe jahrelang versucht, meine Vergangenheit zu verstecken, zu verbergen, was mir widerfahren ist, meine Trauer und meine Wut zu verstecken. Als Béla und ich nach dem Krieg vor dem kommunistischen Europa flohen und mit Marianne nach Amerika kamen, wollte ich ganz normal sein. Ich wollte nicht die schiffbrüchige Frau sein, die ich war, eine Mutter, die den Holocaust überlebt hatte. Ich arbeitete in einer Kleiderfabrik, schnitt lose Fäden von den Säumen der Unterwäsche für kleine Jungs ab, bekam sieben Cent für das Dutzend bezahlt, hatte zu viel Angst, etwas auf Englisch zu sagen, damit nur ja niemand meinen Akzent hörte. Ich wollte einfach nur dazugehören, akzeptiert werden. Ich wollte nicht, dass Leute mich bemitleideten. Ich wollte meine Narben nicht offenbaren.

Erst Jahrzehnte später, als ich meine Ausbildung als klinische Psychologin abgeschlossen hatte, wurde mir der Preis meines Doppellebens bewusst. Ich versuchte, andere zu heilen, ohne mich zunächst selbst zu heilen. Ich war eine Hochstaplerin. Von außen gesehen war ich Ärztin. Innerlich zitterte eine verängstigte Sechzehnjährige, eingehüllt in Verleugnung, Overachievement und Perfektionismus.

Bis ich in der Lage war, mich der Wahrheit zu stellen, hatte ich mein Geheimnis, und mein Geheimnis hatte mich.

Mein Geheimnis hatte auch meine Kinder auf eine Weise, deren Tragweite ich noch immer nicht ganz erfasst habe. Die Kindheitserinnerungen, die Marianne, Audrey und John miteinander teilen – die Angst und die Spannung, die sie unter der Oberfläche spürten, ohne zu wissen, worum es ging, ähneln dem, was in den Briefen von Lesern aus aller Welt stand, die Kinder von Holocaust-Überlebenden sind.

Ruth, deren Eltern ungarische Überlebende waren, erzählte mir, wie sich das Schweigen ihrer Eltern auf ihr Erwachsenwerden auswirkte. Einerseits hatte sie eine wunderbare Kindheit. Ihr Vater und ihre Mutter waren nach außen hin fröhlich und erleichtert, dass sie nach Australien ausgewandert waren, glücklich, ihren Kindern eine gute Erziehung bieten zu können, sie in Ballett- und Klavierstunden zu schicken, sie in einer friedlichen Umgebung aufzuziehen, sich über ihre Errungenschaften und Freundschaften zu freuen. »Wir haben Glück«, sagten sie oft. »Gott sei Dank.« Es gab keinen offensichtlichen Stempel eines Traumas.

Doch zwischen Ruths innerer und äußerer Erfahrung verlief eine Trennlinie. Die positive Einstellung ihrer Eltern zur Gegenwart einerseits und ihr Schweigen über die Vergangenheit andererseits beunruhigte sie. In viele Erlebnisse, mochten sie noch so vergnüglich oder banal sein, schlichen sich düstere Vorahnungen. Dadurch, dass sie das unausgesprochene Trauma und die Ängste ihrer Eltern spürte, glaubte auch sie allmählich, dass etwas nicht stimmte, dass bald etwas Schreckliches passieren würde. Sie wurde eine kompetente Psychiaterin und Mutter. Doch trotz ihres Erfolgs war ein chronisches Gefühl von Grauen in ihr, und sie fragte sich: »*Warum habe ich solche Gefühle?*« Selbst ihre berufliche Ausbildung versagte ihr den richtigen Blickwinkel, um das zu verstehen.

Als Ruths jüngster Sohn neunzehn Jahre alt wurde, bat er sie, mit ihm und seinem Bruder nach Ungarn zu reisen. Er wollte mehr über seine Großeltern erfahren, die nicht mehr lebten. Und in Anbetracht des weltweiten Anstiegs von Rechtsextremismus und seiner Einsicht, dass diejenigen, die nichts über die Geschichte wissen, Gefahr laufen, sie zu wiederholen, wollte er unbedingt mehr über die Vergangenheit erfahren. Aber Ruth sperrte sich dagegen. Auf dem Höhepunkt des Kommunismus hatte sie als junge Frau in Ungarn gelebt, und das war keine angenehme Erfahrung gewesen. Sie hatte kein Verlangen, dorthin zurückzukehren.

Dann empfahl ihr eine Freundin das Buch *Ich bin hier, und alles ist jetzt*, und diese Lektüre gab ihr neuen Mut und den starken Willen, sich mit der Vergangenheit ihrer Eltern auseinanderzusetzen. Sie war mit dem Trip einverstanden.

Es stellte sich heraus, dass die Reise mit ihren Söhnen auf den Spuren ihrer Eltern eine intensiv transformative und heilende Erfahrung war. Sie besuchten eine Synagoge, in der es eine Ausstellung über das Budapester Ghetto gab. Zum ersten Mal sah sie Bilder, die im Detail zeigten, was ihre Mutter durchgemacht hatte. Es war schmerzhaft und schwierig, die Wahrheit zu verdauen. Aber es war auch hilfreich und gab ihr Kraft. Die daraus gewonnene Einsicht gab ihr ein neues Gefühl von Verbundenheit mit ihren Eltern. Sie verstand nun, weshalb sie so ungern über die Vergangenheit gesprochen hatten und auf diese Weise sie und auch sich selbst schützen wollten. Aber unsere Wahrheit zu verbergen oder zu bagatellisieren, schützt unsere Lieben nicht. Sie zu schützen, bedeutet, daran zu arbeiten, die Vergangenheit zu heilen, damit wir das Trauma nicht unweigerlich an sie weitergeben. Dadurch, dass Ruth sich dem Vermächtnis ihrer Familie stellte, war sie in der Lage, Übereinstimmung mit sich selbst zu fühlen. Sich mit den Wurzeln ihrer Unruhe abzufinden und zu beginnen, sie loszulassen.

Meine Heilung begann erst, als ein Kommilitone an der Universität von Texas mir das Buch von Viktor Frankl *Trotzdem Ja zum Leben sagen* schenkte und ich schließlich allen Mut zusammennahm, um es zu lesen. Ich hatte so viele Ausflüchte, so viele Gründe, es nicht zu tun: *Ich brauche keinen Auschwitz-Bericht von jemand anderem zu lesen*, sagte ich zu mir. *Ich war selbst da! Warum soll ich mir das alles noch einmal antun? Warum mich Albträumen aussetzen? Warum noch einmal durch die Hölle gehen?* Aber als ich das Buch mitten in der Nacht schließlich widerstrebend aufschlug, während meine Familie schlief und es ganz still im Haus war, geschah etwas Unerwartetes: Ich fühlte mich wahrgenommen. Frankl war dort gewesen, wo ich gewesen war. Ich fühlte mich direkt von ihm angesprochen. Unsere Erfahrungen waren nicht die gleichen. Er war über dreißig und bereits ein gefeierter Psychiater, als er interniert wurde; ich war eine sechzehnjährige Gymnasiastin und Ballettschülerin und träumte von meinem Freund. Aber wie er über unsere gemeinsame Vergangenheit schrieb, das veränderte mein Leben. Ich sah eine neue Möglichkeit für mich – einen Weg, die Geheimniskrämerei und das Versteckspiel aufzugeben, nicht mehr zu kämpfen und vor der Vergangenheit davonzulaufen. Seine Worte – und später seine Rolle als mein Mentor – gaben mir den Mut und die Inspiration, mich meiner Wahrheit zu stellen und ihr Ausdruck zu verleihen. Und indem ich mein Geheimnis in Worte fasste, konnte ich mir mein wahres Selbst wieder zurückholen.

Bilanz ziehen und loslassen sind unmöglich, wenn wir Dinge verschweigen, wenn wir mit Verleugnen, Täuschen oder Bagatellisieren agieren.

Manchmal ist das Bedürfnis, Geheimnisse für uns zu behalten, ungesagt oder unbewusst. Manchmal erkaufen sich andere unser Schweigen mit Drohungen oder Gewalt. In jedem Fall sind Geheimnisse schädlich, denn sie schaffen ein Klima für Scham, und Scham ist das Endergebnis jeder Sucht. Freiheit entsteht, wenn wir uns der Wahrheit stellen und die Wahrheit aussprechen. Und wie ich im folgenden Kapitel untersuchen werde, ist das nur möglich, wenn wir in uns selbst ein Klima von Liebe und Akzeptanz schaffen.

SCHLÜSSEL, DIE IHNEN HELFEN, SICH VON GEHEIMNISSEN ZU BEFREIEN

- Wenn Sie mit dem Hintern auf zwei Stühlen sitzen, werden Sie halbarschig. *Stellen Sie zwei Stühle nebeneinander. Setzen Sie sich zunächst auf den einen Stuhl und schlagen Sie die Beine nicht übereinander. Spüren Sie, wie Ihre Füße auf dem Fußboden ruhen. Spüren Sie, wie Ihre Sitzhöcker schwer auf den Stuhl drücken. Spüren Sie, wie sich Ihre Wirbelsäule aus dem Becken und Ihr Kopf sich vom Hals nach oben streckt. Ziehen Sie die Schultern weg von den Ohren. Machen Sie ein paar tiefe, erholsame Atemzüge, strecken Sie sich beim Einatmen, erden Sie sich beim Ausatmen. Verändern Sie Ihre Sitzposition nun so, dass Sie mit einer Hälfte Ihres Pos auf dem einen und mit der anderen Hälfte auf dem anderen Stuhl sitzen. Überprüfen Sie Ihre Füße, Ihre Sitzhöcker, Ihre Wirbelsäule, Hals, Kopf und Schultern. Wie fühlt sich Ihr Körper und wie Ihr Atem an, wenn Sie gleichzeitig auf zwei Stühlen sitzen? Setzen Sie sich dann wieder auf nur einen Stuhl. Erden Sie Ihre Füße und Ihre Sitzhöcker. Strecken Sie Ihre Wirbelsäule und den Hals. Sie sind wieder zu Hause angekommen. Spüren Sie Ihrem Atem nach, während Sie sich zurechtsetzen und wieder mit sich eins werden.*

- ***Aufrichtigkeit beginnt, wenn Sie lernen, sich selbst die Wahrheit zu sagen.*** *Probieren Sie die Lebenszeichen-Übung aus, mit der Robin ihre Ehe geheilt hat. Horchen Sie mehrmals am Tag bewusst in Ihren Körper hinein* *und messen Sie Ihre emotionale Temperatur. Fragen Sie sich: »Fühle ich mich weich und warm an oder kalt und steif?«*

- **Teilen Sie Ihre Wahrheit mit anderen in einem geschützten Rahmen.** *Selbsthilfegruppen und Zwölfstufenprogramme können ein wunderbares Setting sein, um Ihre Wahrheit mitzuteilen und von anderen zu lernen, die das auch tun. Suchen Sie sich ein Treffen vor Ort oder online, wo Sie in Gesellschaft von Leuten sind, die Ihre Erfahrung verstehen und empathisch damit umgehen können. Besuchen Sie mindestens drei Treffen, und entscheiden Sie erst dann, ob das etwas für Sie ist oder nicht.*

Kapitel 5

NIEMAND WEIST SIE ZURÜCK, AUSSER SIE SELBST

Das Gefängnis von Schuld und Scham

Ich brauchte Jahrzehnte, um mir zu vergeben, dass ich überlebt habe.

1969 machte ich meinen Abschluss am College. Ich war zweiundvierzig Jahre alt, Mutter dreier Kinder, Immigrantin. Es hatte beachtlichen Mut und Ressourcen erfordert, um Englisch zu lernen und wieder die Schulbank zu drücken. Und ich machte meinen Abschluss mit Auszeichnung!

Aber ich ging nicht zu meiner Abschlussfeier. Ich schämte mich zu sehr.

Wie so viele Überlebende schlug ich mich in den Jahren nach dem Krieg mit lähmender Angst herum. Es war vierundzwanzig Jahre her, seit meine Schwester Magda und ich befreit worden waren. Aber ich konnte noch immer nicht verstehen, weshalb ich am Leben blieb, während meine Eltern, die Großeltern und sechs Millionen anderer umgekommen waren. Selbst eine Gelegenheit zum Feiern und eine erbrachte Leistung verdarb ich mir durch meine Überzeugung, dass ich ein Mängelexemplar sei, kein Recht auf Freude hätte, dass alles Schlechte irgendwie meine Schuld sei, dass es nur eine Frage der Zeit wäre, bis alle entdeckten, wie kaputt ich war.

Schuldgefühle haben wir, wenn wir uns etwas vorwerfen, wenn wir glauben, dass etwas unser Fehler sei. Es ist wichtig, Schuldgefühl von Reue zu unterscheiden. Reue ist eine passende Reaktion auf einen Fehler, den wir gemacht oder ein Unrecht, das wir begangen haben. Das geht eher in Richtung Gram. Es bedeutet, dass wir die Vergangenheit als vergangen akzeptieren, dass wir es nicht ungeschehen machen können und dass wir uns zugestehen, uns darüber zu grämen. Ich kann Reue empfinden *und* dennoch erkennen, dass alles, was ich durchlebt habe, alle Entscheidungen, die ich getroffen habe, mich dorthin geführt haben, wo ich heute stehe. Reue ist in der Gegenwart. Und sie kann mit Vergebung und Freiheit koexistieren.

Aber Schuldgefühle halten uns fest. Sie basieren auf Scham, etwa, wenn wir uns für »nicht wert« halten; wenn wir glauben, dass wir nicht genügen, dass nichts genügt, egal, was wir tun. Schuldgefühle und Scham können extrem schwächen. Aber tatsächlich sind sie keine Beurteilungskriterien dafür, wer wir sind. Sie sind ein Gedankenmuster, das wir selbst wählen und in dem wir steckenbleiben.

Wir haben immer eine Wahl, was wir mit der Information anfangen, die das Leben für uns bereitstellt. Einmal hielt ich einen Vortrag auf einer Konferenz, und mitten in meiner Präsentation verließ ein würdevoll aussehender Mann den Saal. Ich erstarrte förmlich auf dem Podium, und augenblicklich erhob sich ein Trommelfeuer von Selbstvorwürfen: »Ich tauge nichts. Ich habe es nicht verdient, auf dieser Konferenz zu sprechen. Das ist nicht meine Liga.« Ein paar Minuten später öffnete sich die Tür zum Vortragssaal, und derselbe Mann kam zurück und setzte sich wieder hin. Vermutlich war er nur aufgestanden, weil er Wasser trinken oder die Toilette aufsuchen wollte, aber in dieser Zeit hatte ich mich bereits unter die Guillotine gelegt.

Niemand kommt mit Scham auf die Welt. Aber bei vielen von uns beginnen die Schambotschaften schon früh. Als Lindsey, meine älteste Enkelin, in der Grundschule war, wurde sie einer Klasse für »talentierte und begabte« Kinder zugeteilt. (Schon die Aussage dieses Etiketts ärgerte mich: *Alle* Kinder sind talentiert und begabt und unverwechselbare Diamanten!) Sie hatte manchmal Schwierigkeiten, dem Unterricht zu folgen, und irgendwann nannte ihr Lehrer sie »mein kleines Schlusslicht«. Meine süße Lindsey nahm sich die Worte ihres Lehrers zu Herzen. Bald war sie überzeugt davon, dass sie nicht gut genug für die Klasse wäre, dass sie dort nicht hingehörte, dass sie der Klasse nicht würdig sei. Sie war drauf und dran, auszusteigen. Aber ich sprach mit ihr darüber, wie wichtig es ist, sich nicht von ihrem Lehrer definieren zu lassen. Und so blieb sie in der Klasse. Und Jahre später, als sie ihren Aufsatz für die Zulassung zum College schrieb, betitelte sie ihn mit »Als das Schlusslicht zur Zugmaschine wurde«. Sie machte ihren Abschluss in Princeton mit Auszeichnung.

Auch ich kam schon früh – im Alter von drei Jahren –

mit Schambotschaften in Berührung, als ich zu schielen begann. Bevor ich am Auge operiert wurde, um meine Fehlsichtigkeit zu korrigieren, sangen meine Schwestern mir grausame Lieder: *Du bist so hässlich und mickrig, du findest niemals einen Mann.* Sogar meine Mutter sagte zu mir: »Was für ein Glück, dass du schlau bist, denn gut aussehen tust du nicht.« Das waren schwierige Botschaften, und sie waren schwierig zu verlernen. Aber letztendlich ging es nicht darum, was meine Familie zu mir sagte. Es ging darum, dass ich es glaubte.

Und weiterhin glaubte.

Als Marianne mit Rob und ihren Kindern in La Jolla lebte, kam ich jeden Montag zu ihnen nach Hause und kochte das Abendessen. Manchmal waren es amerikanische Gerichte, manchmal ungarische. Für mich war der Höhepunkt meiner Woche, meinen Enkeln Mahlzeiten zuzubereiten, mich als Teil ihres Alltags zu fühlen. An einem Abend stand ich in der Küche, umringt von Töpfen und Pfannen, die auf dem Herd blubberten und brutzelten, als Marianne in ihrem schönen Seidenkleid von der Arbeit nach Hause kam und sich sofort daranmachte, Deckel aus dem Schrank zu holen und sie auf die jeweils passenden Töpfe zu setzen.

Mir rutschte das Herz in die Hose. Ich wollte eine Unterstützung sein, meine Familie glücklich machen, und da kam sie hereingeschneit und zeigte mir, dass ich es nicht richtig machte. Dass ich nicht gut genug war. Ich brauchte eine Weile, bis mir klar wurde, dass die Botschaft meines Versagens nicht von Marianne kam, sondern von mir selbst. Um meiner Überzeugung entgegenzuwirken, dass ich mit Mängeln behaftet war, strebte ich nach Perfektion und glaubte, mich durch Leistung und Ergebnisse von meiner Scham befreien zu können. Aber wir sind Menschen, nicht mehr und nicht weniger, und menschlich sein, heißt, fehlbar sein. Freiheit liegt in der Akzeptanz unseres ganzen, unvollkommenen Selbst und im Verzicht auf das Bedürfnis nach Perfektion.

FREIHEIT LIEGT IN DER AKZEPTANZ UNSERES GANZEN, UNVOLLKOMMENEN SELBST UND IM VERZICHT AUF DAS BEDÜRFNIS NACH PERFEKTION.

Letztendlich kommen Schuldgefühle und Scham nicht von außen. Sie kommen von innen. Viele meiner Patienten wollen eine Therapie, wenn sie eine schmerzhafte Scheidung oder Trennung durchmachen. Sie beklagen den Tod einer Beziehung und das Verschwinden aller Hoffnungen, Träume und Erwartungen, für die sie gestanden hatte. Aber normalerweise sprechen sie nicht über den Kummer – sie sprechen über ein Gefühl der Zurückweisung. »Er hat mich zurückgewiesen.« »Sie hat mich zurückgewiesen.« Aber Zurückweisung ist nur ein Wort, das wir benutzen, um ein Gefühl auszudrücken, dass wir haben, wenn wir nicht bekommen, was wir wollen. Wer sagt, dass alle uns lieben müssen? Welcher Gott sagt, dass wir alles kriegen müssen, was wir wollen, wann wir es wollen, wie wir es wollen, auf welche Art wir es wollen? Und wer sagt, dass es irgendeine Garantie dafür gibt, alles zu haben? Niemand weist Sie zurück, außer Sie selbst.

Wählen Sie also die Bedeutung, die Sie einer Sache zumessen. Wenn ich einen Vortrag halte, stehenden Applaus bekomme und danach hundert Leute umarme, die mir mit Tränen in den Augen sagen: »Sie haben mein Leben verändert«, und wenn dann einer mir die Hand schüttelt und sagt: »Ihr Vortrag war sehr gut, *aber* …«, dann kann ich auswählen, wie ich reagiere. Ich kann in ein Loch von Selbstzweifeln stürzen und denken: »Mein Gott, was habe ich falsch gemacht?« Oder ich kann erkennen, dass die Kritik weniger mit mir als vielmehr mit der Person zu tun haben könnte, die sie äußert. Sie kann mit den Erwartungen zusammenhängen, mit denen diese Person in den Vortragssaal gekommen ist, oder damit, dass sie sich für stark und schlau hält, wenn sie jemanden findet, den sie kritisieren kann. Oder ich kann mich fragen: »Kann ich daraus irgendeinen Nutzen für meine Entwicklung und Kreativität ziehen?« Egal, ob ich das Feedback einbauen oder fallen lassen möchte, kann ich antworten: »Danke für Ihre Meinung«, und mich wieder anderen Dingen zuwenden.

Wenn wir frei von Scham leben wollen, lassen wir uns nicht durch die Beurteilung anderer definieren.

Und vor allem wählen wir, wie wir mit uns selbst sprechen.

Hören Sie einen Tag lang Ihren inneren Monologen zu. Achten Sie darauf, worauf Sie achten: Diese Gedanken werden sich verfestigen, und sie werden das beeinflussen, was Sie fühlen. Und was Sie fühlen, wird bestimmen, wie Sie agieren. Aber Sie brauchen nicht nach diesen Normen und Botschaften zu leben. Sie sind nicht mit Scham auf die Welt gekommen. Ihr echtes Selbst ist bereits schön. Sie sind mit

Liebe, Freude und Leidenschaft auf die Welt gekommen, und Sie können Ihr inneres Drehbuch umschreiben und Ihre Unschuld erneut einfordern. Sie können eine ganzheitliche Person werden.

Solange Michelle sich zurückerinnern kann, sagen Leute, die sie auf der Straße treffen: »Ich würde alles dafür geben, so zu sein wie Sie.« Hochgewachsen, schlank, schön, beruflich erfolgreich, mit einer wunderbaren, sanften Energie, die bewirkt, dass die Menschen ihr nah sein wollen. Äußerlich gesehen war sie ein Muster an Perfektion, aber tief in ihrem Inneren lag sie im Sterben.

Diese verheerende Dynamik ist mir in meiner Praxis unzählige Male untergekommen: getriebener Ehemann, Frau, die eine sehr gute Schauspielerin ist, eine geborene Gastgeberin, eine »hostess with the mostest«, wie die Amerikaner sagen. Anderen gegenüber ist sie ausgesprochen freundlich und großzügig, doch für sich selbst sorgt sie nicht besonders gut. Er ist ebenfalls Schauspieler, in Gesellschaft sehr liebevoll und romantisch, im Privaten gebärdet er sich eher wie ein Chef oder ein Elternteil, sagt ihr, was sie tun und was sie lassen und wie sie mit ihrer Zeit und ihrem Geld umgehen soll. Auf die Dominanz ihres Ehemanns reagiert sie zuvorkommend, besänftigend und entgegenkommend, gibt so ihre Kompetenzen als Erwachsene ab und überlässt ihm alle Entscheidungen. Und das gleicht sie dann aus, indem sie sich Nahrung verweigert, denn das ist das Einzige, was sie selbst in der Hand hat. Sie trennt sich von ihren Gefühlen der Ohnmacht und minimiert sie dadurch, dass sie buchstäblich sich selbst minimiert und ihren Körper immer kleiner macht. Wenn es ganz schlimm kommt, kann sie nicht mehr essen, auch wenn sie wieder essen möchte. Ihr Körper verweigert die Nährstoffe.

Michelle hatte eine massive Essstörung, als sie mit der Therapie begann (nicht bei mir, sondern bei einem wunderbaren Therapeuten in ihrer Stadt). Doch nicht die Anorexie war der Anlass dafür, dass sie Hilfe suchte, sondern Probleme in der Ehe. Ihr Ehemann war oft herablassend und unfreundlich, was dazu führte, dass sie sich wie ein verängstigtes Kind bei einem verärgerten Vater fühlte. Rational war ihr klar, dass sie eine starke, erfolgreiche Frau in mittleren Jahren war und kein hilfloses Kind. Aber in ihrem Inneren hatte sie schreckliche Angst, sich ihm zu widersetzen. Als seine Wutausbrüche ihre Kinder zu belasten und zu ängstigen begannen, wusste sie, dass sie neue Instrumente brauchte.

Doch zu lernen, für sich selbst einzustehen, brachte mit sich, dass sie ihre tiefe Scham offenlegen musste, den ganzen Kummer, den sie durch Hungern zu unterdrücken versuchte. Als sie wieder zu essen begann, ein Vorgang, den ich immer unter Aufsicht eines Arztes oder innerhalb eines spezialisierten stationären oder ambulanten Programms empfehle, brachen ihr ganzes Trauma und ihre Gefühle, die sie in Schach hatte halten wollen, wie bei einem Dammbruch aus ihr heraus. Sexueller Missbrauch in der Kindheit, eine Mutter, die abweisend und emotional abgekoppelt war, Eltern, die sie körperlich bestraften oder – noch schlimmer – sie unsichtbar machten, kein Wort mit ihr sprachen und sie behandelten, als sei sie Luft. Es überforderte sie, das Entsetzen und den Kummer zu spüren und die Vergangenheit hereinzulassen. Das gelang ihr nur häppchenweise. Sie hatte sich Gefühle zugestanden und dann gehungert, sich Gefühle zugestanden und dann abermals gehungert.

Im Behandlungsverlauf kamen entsetzliche Verlassensängste zutage.

»Ich habe mich immer an Menschen geklammert, die mir das Gefühl gegeben haben, mich zu mögen, mich wahrzunehmen, mich zu hören und mein wahres Ich zu akzeptieren«, sagte Michelle. »Als Kind war es ein Lehrer, bei dem ich mich sicher gefühlt habe. Als ich dann älter wurde, war es ein Professor, dann mein Therapeut. Es gibt immer jemanden, dem ich besonders eng verbunden bin. Jetzt, als Erwachsene mit über vierzig, weiß ich logischerweise, dass ich sicher und versorgt bin. Aber oft fühle ich mich wieder wie dieses achtjährige Kind und habe schreckliche Angst davor, nicht mehr geliebt zu werden oder etwas zu tun, weshalb andere mich nicht mehr mögen.«

Erinnern Sie sich noch? Sie sind die Einzige, die Sie niemals verlieren werden. Sie können außerhalb von sich nach Wertschätzung suchen, oder Sie können lernen, sich selbst wertzuschätzen.

Drei Jahre nach Beginn der Therapie hat Michelle enorme Fortschritte gemacht. Sie nimmt gesundes Essen in gesunden Portionen zu sich. Sie treibt nicht mehr exzessiv Sport. Sie ist in der Lage, ihrem Mann zu sagen, wenn seine Kritik ihr zusetzt, und sie kann Achtsamkeitstechniken anwenden, die die Angstreaktionen in ihrem Körper lindern. Und sie arbeitet weiter daran, die Scham, die sie in sich trägt, loszulassen, die Scham, die in drei schädlichen

Gedankenmustern auftritt: *Es ist mein Fehler, ich verdiene es nicht,* und *es hätte noch schlimmer kommen können.*

Sie sagte zu mir: »Ich denke ständig: ›Warum habe ich vieles nicht anders gemacht?‹ Vom Verstand her weiß ich, dass es nicht mein Fehler war, was mit mir passiert ist, aber etwas in mir müht sich immer noch damit ab, das auch tatsächlich zu glauben.«

Wenn Sie die Verantwortung für Ihre Gedanken in die Hand nehmen wollen, dann stellen Sie zunächst fest, was Sie gerade tun, und anschließend entscheiden Sie: Stärkt oder schwächt es mich? Bevor Sie etwas sagen, insbesondere zu sich selbst, fragen Sie sich: »Ist es freundlich und liebevoll?«

Michelles Kindheit endete, als der sexuelle und physische Missbrauch begann. Da war sie acht Jahre alt, genau in dem Alter, in dem sich unsere Frontallappen zu entwickeln beginnen und wir logisch zu denken anfangen. Wir wollen verstehen. Aber manches werden wir nie verstehen. Manchmal entwickeln wir Schuldgefühle, um ein Gefühl der Kontrolle über Dinge zu bekommen, über die wir keine Kontrolle haben, die wir weder verursacht noch gewählt haben.

»Hören Sie auf, einen Grund für den Missbrauch zu finden«, sagte ich, »und fangen Sie an, Freundlichkeit zu üben. Wählen Sie einen Wegweiser, dem Sie folgen.«

»Ja, ja, die Freundlichkeit«, sagte sie und lachte kurz auf. »Freundlich zu anderen zu sein, war noch nie ein Problem für mich. Aber mir selbst gegenüber freundlich zu sein, ist ein Kampf. Irgendwie denke ich dann, dass ich das Gute in meinem Leben nicht verdiene. Ich glaube nicht wirklich, dass es mir zusteht, glücklich zu sein.«

»Sie können sagen: ›Das war ich früher einmal.‹ Und die Macht über Ihr Denken wiedergewinnen. Dazu brauchen Sie nur ein Wort: Erlaubnis. ›Ich gebe mir die Erlaubnis für Vergnügen.‹«

Sie begann zu weinen.

»Meine Liebe, holen Sie sich Ihre Macht zurück.«

Aber stattdessen minimierte sie sich wieder und redete sich ein, dass alles noch so viel schlimmer sein könnte. Ihre Eltern hatten sie zwar mit einem Tennisschläger verprügelt, aber immerhin hatten sie wenigstens keine Zigaretten auf ihrem Arm ausgedrückt, sagte sie zu sich.

Ich bat sie, Aussagen wie »ich sollte« abzulegen. Ihre Sprache freundlicher zu gestalten. »Hören Sie genau hin, wie Sie mit sich selbst sprechen«, sagte ich. »Nehmen Sie zur Kenntnis, dass Sie verwundet wurden. Und wählen Sie dann, was Sie loslassen und was Sie auffüllen wollen. Sie haben sich daran gewöhnt, Ihren Schmerz zu bagatellisieren und sich kleiner machen zu wollen. Suchen Sie sich jetzt etwas Neues. Lassen Sie die Scham los und ersetzen Sie sie durch Freundlichkeit, stellen Sie sicher, dass Ihr Dialog voll von ›Ja, ich bin. Ja, ich kann. Ja, ich werde!‹ ist.«

Auf einer Vortragsreise im mittleren Westen war ich bei einer reizenden Familie zum Abendessen eingeladen. Das Essen war bodenständig und köstlich, die Unterhaltung angenehm, doch als ich der Tochter ein Kompliment machte, stieß mich die Mutter unter dem Tisch an.

Als wir später bei Kaffee und Dessert saßen, flüsterte sie: »Überschütten Sie sie bitte nicht mit Lobeshymnen. Ich möchte sie nicht dazu erziehen, eingebildet zu werden.« Wenn wir versuchen, unsere Kinder oder uns selbst Bescheidenheit zu lehren, riskieren wir, uns geringer zu machen, als wir wirklich sind – weniger als ganz. Es wird Zeit, dass Sie sich die Hand küssen und sagen: »Gut gemacht, Junge! Gut gemacht, Mädchen!«

Die einzige Basis für Ganzheit, Gesundheit und Freude ist, sich selbst zu lieben. Verlieben Sie sich in sich! Das ist nicht narzisstisch. Sobald die Heilung eingesetzt hat, ist das, was Sie entdecken werden, nicht das *neue* Sie, sondern das *wahre* Sie. Das Sie, das immer schon da war, wunderschön, mit Liebe und Freude geboren.

VERLIEBEN SIE SICH IN SICH! DAS IST NICHT NARZISSTISCH.

SCHLÜSSEL, MIT DENEN SIE SICH VON SCHULDGEFÜHLEN UND SCHAM BEFREIEN KÖNNEN

- ***Sie haben es geschafft.*** *Wenn es etwas an Ihnen gibt, worüber Sie sich aus Gewohnheit ärgern oder was Sie kritisieren, dann stellen Sie sich vor, dass Sie sehr klein sind, so winzig, dass Sie in Ihren Körper krabbeln und allen Ihren Organen, jedem Teil von sich Hallo sagen können. Wenn Sie glauben, dass alles Ihr Fehler ist, dann legen Sie die Hände sanft um ihr Herz, liebkosen Sie diesen verwundeten Teil von Ihnen und tauschen ihn gegen ein liebendes Selbst aus. Sagen Sie zu sich: »Ja, ich habe einen Fehler gemacht. Das heißt aber nicht, dass ich deshalb ein böser Mensch bin. Mein Tun ist nicht die Gesamtheit meines Seins. Ich bin gut.« Wenn Ihr Trauma noch immer in Ihrem Körper lebt, umarmen Sie es, denn Sie haben es überwunden. Sie sind noch immer hier. Sie haben es geschafft. Seit ich mir im Krieg den Rücken gebrochen habe, ist meine Atmung sehr eingeschränkt, und deshalb gehe ich gern in mich und sage Hallo zu meiner Atmung, zu meiner Lunge. Erkennen Sie Ihren verletzlichen Teil und überschütten Sie ihn mit Liebe.*

- ***Das, worum Sie sich kümmern, wird stärker.*** *Lauschen Sie einen Tag lang Ihrem inneren Monolog. Ist er überfrachtet mit »ich sollte«, »ich sollte nicht« und »ja, aber«? Sagen Sie sich: »Es ist mein Fehler« oder »Ich verdiene es nicht« oder »Es hätte noch schlimmer kommen können«? Ersetzen Sie diese Schuld- oder Schambotschaften durch täglich eingeübte, freundliche und liebevolle innere Mono-*

loge. Sobald Sie am Morgen aufwachen, stellen Sie sich vor den Spiegel und betrachten Sie sich mit liebevollen Augen. Sagen Sie: »Ich bin stark. Ich bin freundlich. Ich bin ein starker Mensch.« Dann geben Sie sich einen Kuss auf beide Hände. Lächeln Sie sich im Spiegel an. Sagen Sie: »Ich liebe dich.«

Kapitel 6

WAS NICHT GESCHEHEN IST

Das Gefängnis der unbewältigten Trauer

Einmal kamen zwei Frauen direkt hintereinander in meine Praxis. Die erste hatte eine Tochter, die Bluterin war. Sie war direkt vom Krankenhaus gekommen und weinte die ganze Stunde lang und litt unter dem intensiven Schmerz, ihr Kind leiden zu sehen. Meine nächste Patientin war direkt vom Country Club gekommen. Auch sie heulte die ganze Stunde lang. Sie ärgerte sich darüber, dass ihr neuer Cadillac im falschen Gelbton geliefert worden war.

Oberflächlich gesehen war ihre Reaktion unverhältnismäßig und ihre Tränen fehl am Platz. Aber oft steht eine kleinere Enttäuschung für einen größeren Kummer. Bei ihrem Gefühl, einen Verlust erlitten zu haben, ging es nicht um den Cadillac, sondern um ihre Beziehung zu ihrem Ehemann und ihrem Sohn, um ihre Enttäuschung und den Groll, die sie empfand, dass ihre Wünsche für ihre Familie nicht erfüllt worden waren.

Diese beiden schönen Frauen riefen mir eines der fundamentalsten Prinzipien meiner Arbeit in Erinnerung: dass es eine universelle Erfahrung ist, dass das Leben sich nicht so entwickelt, wie wir es wollen oder erwarten. Die meisten von uns leiden, weil wir etwas haben, das wir nicht wollen, oder etwas wollen, das wir nicht haben.

In der Therapie geht es immer um Trauerarbeit. Um einen Prozess, sich mit einem Leben auseinanderzusetzen, in dem wir das eine erwarten und etwas anderes bekommen, ein Leben, das uns das Unerwartete und Unvorhergesehene bringt.

Das ist ein Musterbeispiel dessen, was die meisten Soldaten im Kampf erleben. In meinem gesamten Berufsleben habe ich mit vielen Kriegsveteranen gearbeitet, die mir oft das Gleiche erzählten: dass sie irgendwohin geschickt wurden, worauf sie nicht vorbereitet waren, und dass sie das eine gesagt bekommen hatten, aber etwas anderes vorfanden.

Oft geht es bei der Trauer nicht darum, was geschehen ist. Es geht darum, was nicht geschehen ist.

Als Marianne in einem hinreißenden orangefarbenen Seidenkleid zu ihrem ersten Abschlussball an der Highschool ging, sagte Béla zu ihr: »Viel Spaß, meine Süße. Als deine Mutter so alt war wie du, war sie in Auschwitz und ihre Eltern waren tot.« Ich war sprachlos vor Wut. Meine Kinder wussten damals bereits, dass ich Auschwitz überlebt hatte, aber wie konnte er es wagen, unsere wunderbare Tochter mit meiner Vergangenheit zu belasten? Wie konnte er es wagen, ihr ihren Abend mit etwas zu verderben, das nichts mit ihr zu tun hatte? Es war komplett unfair. Vollkommen unangebracht.

Aber ich war auch deshalb so wütend, weil er recht hatte. Ich hatte nie die Gelegenheit bekommen, ein orangefarbenes Seidenkleid anzuziehen und zum Tanzen zu gehen. Hitler hat mein Leben und das Millionen anderer unterbrochen.

Ich bin eine Gefangene und ein Opfer, wenn ich mein Leiden bagatellisiere oder verleugne, und ich bin eine Gefangene und ein Opfer, wenn ich am Bedauern festhalte. Bedauern ist der Wunsch, die Vergangenheit zu ändern. Es ist das Gefühl, das wir haben, wenn wir uns nicht eingestehen können, dass wir hilflos sind, dass etwas bereits geschehen ist, dass wir nicht das Geringste daran ändern können.

BEDAUERN IST DER WUNSCH, DIE VERGANGENHEIT ZU ÄNDERN.

Ich wünschte, meine Mutter hätte jemanden gehabt, der ihr, als sie neun Jahre alt war, besser über einen plötzlichen Verlust hinweggeholfen hätte. Eines Tages stellte sie beim Aufwachen fest, dass ihre Mutter, die neben ihr schlief, nicht mehr atmete und ihr Körper in der Nacht kalt geworden war. Sie wurde noch am selben Tag begraben. Es gab keine Zeit, um sie zu trauern, und all die Jahre, die ich meine Mutter kannte, kämpfte sie mit ihrer unbewältigten Trauer. Sie übernahm sofort die Verantwortung, für ihre jüngeren Geschwister zu sorgen, für die Familie zu kochen und musste zusehen, wie ihr Vater sich dem Alkohol zuwandte, um seinen Kummer und seine Einsamkeit zu betäuben. Bis sie dann selbst heiratete und Mutter wurde, hatte sich ihre Trauer zu einem Panzer verfestigt, und der Schock und

Kummer über ihren frühen Verlust umklammerten sie wie ein Käfig. Sie hängte ein Porträt ihrer Mutter an die Wand über dem Klavier, und während sie ihre Hausarbeit machte, unterhielt sie sich mit ihr. Im Soundtrack meiner Kindheit übt meine Schwester Klara Geige, und meine Mutter bittet ihre tote Mutter um Hilfe und Kraft. Ihre Trauer war fast wie ein viertes Kind, das ständig umsorgt werden musste. Es ist gut, alle Aspekte der Trauer zu spüren – Traurigkeit, Wut, Hilflosigkeit. Aber meine Mutter steckte darin fest.

Wenn wir unbewältigte Trauer erfahren, leben wir oft mit übermächtigen Wutausbrüchen.

Lorna hatte einen Bruder, der zu viel trank. Eines Nachts ging er spazieren, wurde von einem Auto angefahren und starb. Ein Jahr danach kämpft sie damit zu akzeptieren, dass er nicht mehr da ist. »Wie oft habe ich ihm gesagt, dass er nicht trinken soll!«, meint sie. »Warum hat er nicht auf mich gehört? Er sollte mich eigentlich bei der Pflege unserer Mutter unterstützen. Wie konnte er so egoistisch sein?« Sie kann nichts daran ändern, dass er alkoholsüchtig war, dass er weiter trank, obwohl die Familie alles versuchte, es ihm auszureden, dass er betrunken war, als er starb. Sie kann nichts daran ändern – und es ist schwierig, unsere Hilflosigkeit zu akzeptieren.

Als meine Enkel klein waren, war ein Mitschüler eines Nachmittags auf seinem Fahrrad unterwegs, fuhr auf die Straße, ohne auf den Verkehr zu achten, und starb. Marianne wurde gebeten, mit seinen Klassenkameraden zu sprechen, um ihnen zu helfen, all die komplexen Gefühle zu verarbeiten, die ein Verlust mit sich bringt, der uns zwingt, uns mit der eigenen Sterblichkeit, mit der Zerbrechlichkeit des Lebens auseinanderzusetzen. Sie hatte sich darauf vorbereitet, die Traurigkeit und Angst der Schüler anzusprechen. Doch deren überwältigende Reaktion auf die Tragödie war nicht Trauer. Es waren Schuldgefühle. »Ich hätte netter zu ihm sein können«, sagten sie. »Er hätte bei mir zu Hause sein können, statt allein Fahrrad zu fahren, aber ich wollte ihn nie zu mir einladen.« Die Schüler zählten alles Mögliche auf, wie sie den Tod des Jungen hätten verhindern können. Indem sie sich selbst dafür verantwortlich machten, suchten sie nach Kontrolle. Doch solange sie sich selbst die Schuld gaben, vermieden sie es zu trauern.

Wir haben keine Kontrolle, aber wir wünschen sie uns.

Trauer zu bewältigen bedeutet, uns aus der Verantwortung für alles zu entlassen, was nicht in unserer Macht steht, und uns mit den getroffenen Entscheidungen abzufinden, die wir nicht rückgängig machen können.

Marianne half den Kindern, alle Entscheidungen zu benennen, über die sie keine Kontrolle hatten: die Entscheidung des Jungen, an jenem Tag Fahrrad zu fahren, den Weg, den er wählte, worauf er achtete oder nicht achtete, als er vom Bürgersteig auf die Straße fuhr, worauf die Autofahrerin achtete oder nicht achtete, als sie in die Kreuzung einfuhr. Und sie half ihnen, sich mit ihrer Reue über ihre Entscheidungen auseinanderzusetzen, die sie *tatsächlich* getroffen hatten: die Übernachtungen und Geburtstagspartys, zu denen sie den Jungen nicht eingeladen hatten, die Hänseleien, die Situationen, in denen sie gelacht oder nichts unternommen hatten, als er die Zielscheibe von Spott gewesen war. Das ist die Arbeit, die wir in der Gegenwart tun müssen: betrauern, was geschehen oder nicht geschehen ist, uns eingestehen, was wir getan oder nicht getan haben, und jetzt unsere Reaktion wählen. Sich sensibler darauf einzustellen, wie ihr Verhalten andere verletzen oder an den Rand drängen könnte, würde ihren Klassenkameraden nicht mehr zurückbringen. Doch sie konnten die Gelegenheit beim Schopf packen und bewusster darauf achten, mehr Freundlichkeit und Mitgefühl an den Tag zu legen.

Es ist so schwierig, dort zu sein, wo wir sind: in der Gegenwart. Zu akzeptieren, was war und ist, und nach vorn zu schauen. Zwanzig Jahre lang kam meine Patientin Sue jedes Jahr um den Todestag ihres Sohnes herum zu mir in die Praxis. Mit fünfundzwanzig erschoss er sich mit der Waffe, die sie in ihrem Nachttisch liegen hatte. Inzwischen ist er fast so lange tot, wie er am Leben gewesen ist, und sie hat es immer noch nicht ganz überwunden, ist noch immer gefangen im unbarmherzigen Strudel ihrer Schuldgefühle. *Warum hatte ich überhaupt eine Waffe? Warum habe ich sie nicht ordentlich gesichert? Warum habe ich ihm die Möglichkeit gegeben, sie zu finden? Warum habe ich seine Depressionen und seine Probleme nicht bemerkt?* Sie kann sich anscheinend nicht vergeben.

Natürlich wünscht sie sich, er wäre nicht gestorben. Sie sehnt sich danach, all die Faktoren auszuradieren, die zu seinem Tod beigetragen haben mögen. Doch ihr Sohn nahm sich nicht das Leben, weil sie eine Waffe besaß. Er brachte sich nicht wegen irgendetwas um, das sie getan oder nicht getan hatte.

Aber solange sie in ihrem Schuldgefühl verharrt, braucht sie nicht zu akzeptieren, dass er gestorben ist. Solange sie sich selbst die Schuld geben kann, braucht sie nicht zu akzeptieren, wofür *er* sich entschieden hat. Wenn er jetzt sehen könnte, wie sie leidet, würde er wahrscheinlich sagen: »Mama, ich hätte mich so oder so umgebracht. Ich wollte nicht, dass du mit mir stirbst.«

Es tut gut, immer wieder um jene zu weinen, die wir verloren haben, den Schmerz immer wieder zu spüren, unseren Kummer zuzulassen und zu akzeptieren, dass er niemals weggehen wird. Ich wurde eingeladen, vor einer Selbsthilfegruppe trauernder Eltern zu sprechen, in der sie Erinnerungen und Bilder austauschten, gemeinsam weinten, füreinander einstanden. Es war schön, an dieser verbindenden und unterstützenden Art und Weise teilzuhaben, Trauer zu leben.

Mir kamen auch einige Möglichkeiten in den Sinn, wie ich die Mitglieder der Gruppe in ihrer Trauer zu größerer Freiheit führen könnte. Zum Beispiel begannen sie ihr Treffen damit, dass sie im Kreis herumgingen, sich vorstellten und auch das Kind, das gestorben war: »Ich habe meine Tochter durch Selbstmord verloren«, sagte die eine und eine andere: »Ich habe meinen Sohn verloren, als er zwei Jahre alt war.« Jede Person benutzte das Verb »verloren«, um seine oder ihre Trauer zu beschreiben.

»Im Leben geht es aber nicht um verlieren und wiederfinden«, sagte ich zu ihnen.

Es geht darum zu feiern, dass die Seelen unserer Liebsten zu uns gekommen sind – manchmal für ein paar kurze Tage, manchmal für viele Jahrzehnte –, und es geht darum, loszulassen. Darum, den Kummer und die Freude, die in diesem Augenblick koexistieren, anzuerkennen und alles mit offenen Armen aufzunehmen.

Oft sagen Eltern: »Ich würde für mein Kind sterben.« Ich hörte, wie einige der Eltern in der Trauergruppe den Wunsch äußerten, mit ihren verstorbenen Kindern zu tauschen, zu sterben, damit ihre Kinder leben könnten. Nach dem Krieg ging es mir genauso. Ich wäre mit Freuden gestorben, hätte ich damit meine Eltern und Großeltern zurückbringen können.

Doch heute weiß ich, dass ich für meine Toten *leben* kann, statt für sie zu sterben.

Und ich kann für meine Kinder und Enkel leben, für alle meine Lieben, die noch da sind.

Wenn wir von unserem Schuldgefühl nicht ablassen und Frieden mit unserer Trauer schließen können, schadet es unseren Lieben und ist keine Würdigung derer, die gestorben sind. Wir müssen die Toten ruhen lassen und aufhören, sie immer wieder aufzuscheuchen. Wir müssen sie gehen lassen und unser eigenes, bestes Leben leben, damit sie in Frieden ruhen können.

Sofia ist mit ihrer Trauer an einem kritischen Punkt angekommen.

Ihre Mutter war eine engagierte Lehrerin und gefeierte Psychologin, die ihr Masterstudium im Alter von fünfzig Jahren abschloss (wie ich!) und (wie ich!) für Viktor Frankls Logotherapie zertifiziert ist, eine Theorie und Methode, Patienten anzuleiten, einen Sinn in ihrem Leben und ihren Erfahrungen zu entdecken. Mit siebzig arbeitete sie immer noch und hatte gerade ihr erstes Buch veröffentlicht, als sie Rückenschmerzen bekam. Sie war eine außergewöhnlich gesunde Frau: Sofia kann sich nicht erinnern, dass ihre Mutter jemals erkältet gewesen wäre, aber plötzlich verweigerte sie das Essen, mied Familienfeiern und soziale Anlässe, da ihr Rücken sie so sehr plagte. Ihre Mutter wandte sich an einen Spezialisten, der nichts fand. Sie ging von einem Arzt zum anderen, um den Grund für ihre Schmerzen zu erfahren, bis schließlich ein Gastroenterologe Tests durchführte. Das Ergebnis: Bauchspeicheldrüsenkrebs im vierten Stadium. Einen Monat später starb sie.

Ein Jahr lang trauerte Sofia ununterbrochen und weinte die ganze Zeit. Nach und nach hat die Zeit den intensiven Schock und die Traurigkeit gedämpft, und ihr Schmerz ist weniger heftig und verzehrend. Doch nun ist sie in einer heiklen Phase, an einem Wendepunkt, an dem sie wählen kann, zu gesunden oder festzustecken. Geheilt zu werden heißt nicht, darüber hinwegzukommen, aber es heißt sehr wohl, dass wir verwundet sein und ganz sein können, dass wir trotz unseres Verlustes Glück und Erfüllung in unserem Leben finden.

»Sie ist so plötzlich gestorben«, erzählte Sofia. »Mir blieb keine Zeit, mich darauf vorzubereiten, und es gibt so vieles, was ich bedaure.«

»Haben Sie Schuldgefühle? Glauben Sie, dass es etwas gibt, was Sie hätten tun können und nicht getan haben?«

»Ja«, sagte sie. »Meine Mama war so stark. Ich dachte nie, dass sie jemals sterben würde. Ich habe mit ihr geschimpft, weil sie nichts gegessen hat. Ich habe versucht, ihr zu helfen. Hätte ich gewusst, dass es ihre letzten Tage waren, hätte ich anders reagiert.«

Zwei Worte waren es, die sie gefangen hielten: was, wenn. *Was, wenn ich gewusst hätte, dass sie stirbt? Was, wenn ich gewusst hätte, dass ich sie verliere?* Aber dieses *was, wenn* macht uns nicht stärker. Es schwächt uns.

Ich sagte zu Sofia: »Heute können Sie sagen: ›Hätte ich damals gewusst, was ich heute weiß, hätte ich einiges anders gemacht.‹ Und damit hat es sich mit dem Schuldgefühl. Denn Sie schulden es Ihrer Mutter, dieses Schuldgefühl umzukehren. Sagen Sie nur: ›Das war ich früher. Jetzt werde ich beginnen, die Momente in Ehren zu halten, die mir niemand wegnehmen kann.‹ Sie hatten Ihre Mutter vierunddreißig wunderbare Jahre lang. Eine Mutter wie sie wird es nie wieder geben. Eine Therapeutin wie sie wird es nie wieder geben. Ehren Sie also die Person, die sie war, und die Zeit, die Sie mit ihr hatten, und verschwenden Sie keinen weiteren Augenblick mit Schuldgefühlen, denn Schuldgefühle bringen keine Liebe hervor. Niemals.«

Schuldgefühle hindern uns daran, unsere Erinnerungen zu genießen. Und sie hindern uns daran, das jetzige Leben in vollen Zügen zu leben.

»Wenn Sie schuldig sind, sind Sie nicht offen für Verspieltheit, für Intimität«, sagte ich zu Sofia. »Und Sie trüben die schönen Erinnerungen. Wie Sie Ihrer Mutter im Krankenhaus die Haare geföhnt und ihr geholfen haben, sich elegant und hübsch zu fühlen, wie sie es sich in ihren letzten Tagen gewünscht hatte. Das Geschenk, dass sie schnell gestorben ist, ohne jahrelang zu leiden und ihre Körperfunktionen nicht mehr kontrollieren zu können.«

Manchmal denken wir vielleicht, dass wir die Toten betrügen, wenn wir zu viel lachen, dass wir sie im Stich lassen, wenn wir zu viel Spaß haben; dass wir sie vergessen, wenn wir glücklich sind.

»Aber es gehört dazu, dass Sie mit Ihrem Mann tanzen«, sagte ich, »und nicht zu Hause sitzen und um Ihre Mutter weinen. Legen Sie die strafende Elternstimme in Ihrem Inneren also ab, dieses *ich hätte sollen, ich hätte können, warum habe ich nicht*. Sie sind nicht frei, wenn Sie schuldig sind. Säße Ihre Mama jetzt bei Ihnen, was würde Sie wohl sagen, was Sie sich für Sie wünscht?«

»Dass meine Schwestern und ich glücklich sind. Dass wir ein erfülltes Leben haben.«

»Und dieses Geschenk können Sie ihr machen. Leben Sie ein erfülltes Leben. Feiern Sie. Ihr ganzes Leben liegt nun vor Ihnen. Ich sehe, wie Sie Ihnen zuzwinkert, Sie ermutigt. Stehen Sie also zu Ihren Schwestern und Ihrem Ehemann. Lieben Sie einander. Und wenn Sie zweiundneunzig sind, dürfen Sie an mich denken und daran, wie Ihr Leben begonnen hat, als Ihre vergötterte Mutter gestorben ist und Sie die Entscheidung getroffen haben, ein erfülltes Leben zu führen und nicht Opfer irgendeines Umstands zu sein. Jetzt ist es Ihre Aufgabe, ihr ein Geschenk zu machen: Lassen Sie los. Lassen Sie los.«

Die Trauer hat so viele Schichten und Varianten: Kummer, Angst, Erleichterung, Schuldgefühle, existenzielle Fragen, verringerte Sicherheit, Fragilität. Unser ganzes Weltbild ist gestört und verändert. Ein Sprichwort sagt: »Die Zeit heilt alle Wunden.« Doch das sehe ich anders. Die Zeit heilt nicht. Es kommt darauf an, was wir mit der Zeit anfangen.

TRAUER KANN EINE EINLADUNG SEIN, UNSERE PRIORITÄTEN ZU ÜBERDENKEN

Manchmal kompensieren Menschen durch Trauer entstandene Umwälzungen damit, dass sie alles unverändert lassen wollen: Jobs, Tagesabläufe und Beziehungen bleiben statisch. Doch wenn Sie einen großen Verlust erlitten haben, ist nichts mehr so, wie es war. Trauer kann eine Einladung sein, unsere Prioritäten zu überdenken. Und dann erneut zu entscheiden, unsere Freude und unsere Ziele wieder aufzunehmen, uns neu zu verpflichten, das Beste zu tun, was uns jetzt möglich ist, und uns zu freuen, dass das Leben uns eine neue Richtung weist.

Als die Trauer an seine Tür klopfte, was sie bei Ihnen, bei mir, bei allen macht, fand Daniel sich nicht damit ab, automatisch zu funktionieren und immer wieder dasselbe zu tun. Er war bereit, einen Gang höher zu schalten und sich seine Kraft zurückzuholen.

Er sagte es so: »Manchmal kann etwas so Schwieriges oder Tragisches geschehen, dass man sich entscheiden muss, entweder so weiterzumachen wie bisher oder eine Veränderung zum Besseren herbeizuführen.«

Seine Geschichte eines Verlusts begann als Liebesgeschichte. Er lernte Tracy mit achtzehn Jahren kennen. Beide waren indigene Kanadier und studierten dieselben Fächer: Umweltwissenschaft und indigene Studien. Sie entdeckten sich schnell als gute Gesprächspartner und wurden Freunde, unterhielten sich stundenlang und fühlten sich in ihrer gegenseitigen Gesellschaft entspannt und glücklich.

Doch nun reflektiert Daniel: »Es gab eine ganze Menge, worüber wir nicht gesprochen haben, worüber wir vermutlich aber hätten sprechen sollen.«

Daniel war fünfundzwanzig, als sie heirateten, dreißig, als ihr Sohn Joseph auf die Welt kam. Sie übersiedelten auf die andere Seite des Landes, in Tracys Heimatprovinz. Und von da an ging es bergab. Sie war wissenschaftlich wie auch beruflich erfolgreich, schloss ihren Master ab, begann an ihrer Doktorarbeit zu schreiben und war eine respektierte Umweltexpertin und gefragte Beraterin. Aber die Rückkehr nach Hause ließ alle Gründe wiederaufleben, die Tracy zum Verlassen ihrer Heimat bewogen hatten: zügellose Alkohol- und Drogenabhängigkeit in der Gemeinde sowie Gewalt und Todesfälle. Und auch wenn Daniel es noch nicht wusste, war sie wieder in den Dunstkreis des tragischen Missbrauchs geraten, der sich in ihrer eigenen Familie ereignet hatte. Sie geriet ins Straucheln, betrank sich oft und bekam dann Wutanfälle. Daniel und sie trennten sich. Joseph war gerade zwei Jahre alt.

Sie taten ihr Bestes, ihren Elternpflichten respektvoll nachzukommen, teilten das Sorgerecht und schafften es, sich nicht um ihren Sohn zu streiten. Aber Tracys Leben geriet immer mehr aus den Fugen. Sie verlor ihren Führerschein, vermutlich wegen Trunkenheit am Steuer, und bei mehreren Gelegenheiten, als Daniel Joseph bei ihr ablieferte, war ihm nicht wohl; er hatte das unbestimmte Gefühl, dass sie vielleicht high war. Er konfrontierte sie mit seinen Bedenken, und sie sagte, dass sie mit schwierigen persönlichen Problemen kämpfe, es aber im Griff habe.

Einmal ließ Daniel, besorgt um ihr Wohlergehen, Joseph mit einem Babysitter zu Hause und machte sich auf die Suche nach ihr. Er fand sie im Haus eines Verwandten, wo sie ihren Rausch ausschlief. Als sie aufwachte, wirkte sie verstört. Er setzte sich zu ihr aufs Bett. Weinend offenbarte sie ihm, dass sie im Alter von zwölf Jahren von Mitgliedern ihrer Familie missbraucht worden war. Mit achtzehn hatte sie ihre Eltern zur Rede gestellt. Während ihre Mutter schmallippig und zur Salzsäule erstarrt schweigend dasaß, drehte ihr Vater einfach den Spieß um und gab ihr die Schuld für das Geschehene. Daniel war schockiert. Er wusste, dass sie eine schwierige Kindheit gehabt hatte und sie und ihre Geschwister geschlagen worden waren. Aber von sexuellem Missbrauch hatte er keine Ahnung gehabt. Das half ihm zu verstehen, wie sehr sie verletzt worden war, und diese Tatsache erzeugte weitere Bedenken. Er sagte zu ihr: »Von jetzt an kann ich Joseph nicht mehr in die Nähe von Leuten lassen, die einem Kind so etwas antun. Ab sofort gilt folgende Regel: Kein Kontakt zu deinen Eltern, bis das alles angesprochen und durchdiskutiert worden ist.« Sie war einverstanden. Aber einen Monat später reichte sie die Scheidung ein. Und ein Jahr danach gab sie den Sohn in die Obhut ihres Vaters. Als Daniel das erfuhr, brachte er sie vor Gericht und bekam das alleinige Sorgerecht zugesprochen.

Mit Tracys Einverständnis zog Daniel näher zu seiner Familie. Sie hatten auch geplant, dass Tracy umziehen würde, um in der Nähe von Joseph zu sein und weit entfernt von dem Chaos aus Missbrauch und Sucht bei ihr zu Hause. Bis es so weit war, kam Daniel sie regelmäßig mit Joseph besuchen, und manchmal fuhr sie auch zu ihnen. Sie sah aus wie ein Gespenst ihrer selbst – tiefe Schatten unter den Augen, ihr Körper irgendwie lethargisch und dennoch fahrig. Doch als Daniel seine Sorge zum Ausdruck brachte, verschloss sie sich, ihr Gesicht angespannt, ihr Blick leer.

Und dann verschwand sie.

Niemand weiß genau, an welchem Tag das war. Manche sagen, sie wäre in Begleitung eines Drogendealers gewesen. Joseph war fünf, als er seine Mutter zum letzten Mal sah.

»Es war ein Schock«, erzählte Daniel. »Vollkommen verrückt. Sie war eine erfolgreiche Frau. Ihre Gemeinde hat sich in Umweltfragen an sie gewandt. Ich habe sie immer als einen wunderbaren Menschen erlebt. Wenn ich jetzt darauf zurückschaue, glaube ich, dass all das tief vergraben war, nie angesprochen wurde und dass sie dann davon eingeholt worden ist.«

Er hatte bereits getrauert: um den Verlust seiner besten Freundin und seiner Lebenspartnerin, um den Verlust ihrer Ehe, den Verlust des anderen Elternteils. Doch nun war die Trauer absolut – und bedrohlich. Auf einmal war Tracy weg, und zwar für immer. Vermutlich würde man nie erfahren, warum. Sie war nur eine der zahllosen vermissten und ermordeten indigenen Frauen in den Vereinigten Staaten und Kanada, wo die Mordrate an indigenen Frauen gut zehnmal höher liegt als im nationalen Durchschnitt.

Daniel hatte das Gefühl, ständig in einer Drehtür herumzulaufen, während er erzählte, auf wie unterschiedliche Weise er ihr nicht gerecht geworden sei: all die verletzenden Dinge, die er jemals gesagt oder getan hatte oder an denen er beteiligt war; sein fehlendes Verständnis dafür, wie allein und fehl am Platz sie sich auf der Welt gefühlt haben musste. Es überraschte ihn, dass ihr Verschwinden seine eigenen Verletzungen von früher wieder hochkochen ließ. Geschehnisse, von denen er nicht gewusst hatte, dass sie immer noch unbewältigt in ihm schlummerten: dass er sich als Kind nicht gekannt und sich nicht akzeptiert hatte; die rassistischen Übergriffe, die er in der Schule erlebt hatte; die Jahre, die er damit verbracht hatte, sich zu hassen, und in denen er an Selbstmord dachte; die Schwierigkeiten, die er immer schon gehabt hatte, seine Wünsche und Grenzen zu vermitteln. Ihm war beigebracht worden, taff zu sein, unbeirrt weiterzumachen, sich zu isolieren, seine Gefühle auszuschalten, und all das unter dem Deckmantel, vorwärts- und weiterzukommen. So war es auch jetzt. Wohlmeinende Menschen rieten ihm, sich abzuhärten und ein Mann zu sein, sie sei nun an einem besseren Ort, und Gott habe einen Plan.

Das mochte alles stimmen. »Aber es hilft nicht, den Schmerz und das Chaos aus mir herauszukriegen«, sagte er.

Drei Jahre lang zwang ihn die Trauer in die Knie und drückte ihn unter die Oberfläche.

»Ich konnte arbeiten, lachen und funktionieren«, sagte er, »aber die meiste Zeit mit angezogener Handbremse.« Wenn es irgendeinen Auslöser gab, hielt das schlechte Gefühl Tage oder Wochen an. Und am traurigsten war, dass ihm bewusst wurde, dass er keine Instrumente hatte, um Joseph zu helfen, mit seinen Emotionen fertigzuwerden.

Es schien keinen Ausweg zu geben. Daniel nahm bewusst in Kauf, dass er den Rest seines Lebens depressiv und unglücklich sein würde.

Aber was er für sich zu akzeptieren bereit war, konnte er seinem Sohn nicht zumuten. Seine Liebe zu Joseph war seine Rettung, der Katalysator, der eine Veränderung möglich machte.

Um seinem Sohn ein besseres Vorbild zu sein, begann Daniel, über Trauer zu lesen. Das Lesen führte zu Gesprächen. Er begann eine Therapie, und im Rahmen seiner eigenen Trauerarbeit entdeckte er eine neue Berufung: Er absolvierte eine Ausbildung zum Trauertherapeuten, malte sich immer wieder das Leben aus, das er sich wünschte, und glaubte felsenfest daran, dass es so kommen würde, auch wenn er nicht wusste, wie.

Inzwischen arbeitet Daniel bei Kinder- und Familienberatungsstellen und leitet Trauergruppen für Jungen an öffentlichen Schulen, berät Kinder und Jugendliche in schwierigen Situationen, von denen viele seit ihrem zweiten oder dritten Lebensjahr betreut werden. Er sagt, dass es bei der Trauerarbeit überwiegend darum geht, still zu sein – darum, ihnen Raum zu geben. Manchmal gehen er und die Jungs spazieren, machen ein Lagerfeuer oder sitzen einfach bei McDonald's.

»In meinem Beruf lerne ich ständig dazu«, sagte er. »Wenn ich anderen durch das Dickicht helfe, das ich durchwandert habe, denke ich viel nach, kümmere mich ständig um mich, behalte Tracy im Herzen, bin mir stets bewusst, wo ich bin und wie es mir geht.«

In meiner Erfahrung bringt uns die Trauer zusammen – oder sie bringt uns auseinander. Auf jeden Fall sind wir nie mehr dieselben wie vorher. Daniel ist ein schönes Beispiel dafür, wie uns die Trauer in eine positive Richtung lenken kann.

Und seine Geschichte erinnert uns daran, dass wir Trauer nicht nur ein Mal durchleben. Die Trauer wird immer ein Teil von Daniels und Josephs Leben und ihren

Beziehungen sein. Und während Joseph heranwächst und erwachsen wird, wird sich Daniel abermals damit auseinandersetzen müssen, wie er sich mit ihm über seine Mutter unterhält. Es wird immer Fragen ohne Antworten geben.

*

Es wird immer etwas geben, was Sie nie verstehen werden. Versuchen Sie es nicht einmal.

Es gibt so viele Gründe, nach dem Warum zu fragen: Warum dies oder das geschehen oder nicht geschehen ist. Warum wir dort sind, wo wir sind. Warum wir tun, was wir tun. Die Trauer zwingt uns, uns darüber Klarheit zu verschaffen, was meine Angelegenheit ist, was Ihre Angelegenheit ist und was die Angelegenheit Gottes ist.

Als der Kapo in Auschwitz auf den Rauch zeigte, der vom Krematorium aufstieg, und sagte: »Jetzt kannst du von deiner Mutter in der Vergangenheit reden. Sie ist schon tot«, sagte meine Schwester Magda zu mir: »Die Seele stirbt nie.« Sie hatte recht. Wenn ich an einer Schule Vorträge halte, tue ich das aus Liebe zu meinen Eltern, um die Erinnerung an sie wachzuhalten, und damit wir aus der Vergangenheit lernen, um sie nicht zu wiederholen.

Und ich spreche mit meinen Eltern. Nicht hilfesuchend, wie meine Mutter ihre Mutter angerufen hat, wenn sie nicht mehr weiterwusste, sondern um den Ort in meinem Herzen zu kultivieren, an dem der Geist meiner Eltern noch immer lebt. Ich lade sie ein, sich davon zu überzeugen, wie reich und erfüllt mein Leben ist, zu sehen, was sie in dieser Welt haben wachsen und gedeihen lassen.

Von meinem Vater habe ich den sicheren Geschmack für Mode und Stil geerbt, und jedes Mal, wenn ich mich ankleide, sage ich zu ihm: »Papa, guck mal! Du hast schon immer gesagt, dass ich das schickste Mädchen in der Stadt sein werde.« Wenn ich mich fein mache, wenn ich zufrieden und voller Chuzpe bin, ist das ein Ritual, mit dem ich meinen Vater ehre.

Meiner Mutter danke ich. Für ihre Weisheit, dafür, dass sie mich gelehrt hat, die Kraft in mir selbst zu finden. Ich danke ihr sogar dafür, dass sie oft zu mir gesagt hat: »Was bin ich froh, dass du schlau bist, denn gut aussehen tust du nicht!« Danke, Mama, dass du das Beste getan hast, was du tun konntest. Danke für die Kraft, die du hattest, dich um deinen betrunkenen, gramerfüllten Vater zu kümmern, dass du deine Familie und die unsere ernährt und gehegt hast. Danke, dass du mich dazu ermuntert hast, meine inneren Ressourcen zu entdecken. Ich liebe dich. Ich werde dich nie vergessen.

Trauern ist schwierig, kann aber auch ein gutes Gefühl sein. Sie können die Vergangenheit besuchen. Sie stecken dort nicht mehr fest. Sie sind jetzt hier. Und Sie sind stark.

Sie können ihren Frieden machen mit dem, was war und was nicht war. Und Sie brauchen sich nicht darauf zu konzentrieren, was Sie verloren haben, sondern können sich darauf konzentrieren, was geblieben ist: Die Entscheidung, jeden Moment als Geschenk zu leben und das, was *ist*, mit Freude anzunehmen.

SCHLÜSSEL, MIT DENEN SIE SICH VON UNBEWÄLTIGTER TRAUER BEFREIEN KÖNNEN

- ***Lassen Sie die Toten ruhen.*** *Die Trauer ändert sich, aber sie geht nicht weg. Ihre Trauer zu verleugnen wird Ihnen bei der Heilung nicht helfen, und hilfreich wird es auch nicht sein, wenn Sie mehr Zeit mit den Toten verbringen als mit den Lebenden. Wenn jemand gestorben ist, den Sie lieben, schenken Sie sich jeden Tag eine halbe Stunde, um die Person und den Verlust zu ehren. Nehmen Sie einen imaginären Schlüssel in die Hand, schließen Sie Ihr Herz auf und befreien Sie Ihre Trauer. Weinen Sie, schreien Sie, hören Sie Musik, die Sie an Ihren geliebten Menschen erinnert, schauen Sie Bilder an, lesen Sie alte Briefe. Geben Sie Ihrer Trauer Ausdruck und konzentrieren Sie sich zu hundert Prozent auf sie. Wenn die halbe Stunde vorüber ist, verstauen Sie diesen lieben Menschen wieder sicher in Ihrem Herzen und kehren Sie ins Leben zurück.*

- ***Die Seele stirbt nie.*** *Es ist möglich, dass die Trauer uns in eine positive Richtung lenkt, hin zu einem Leben mit mehr Freude, Sinn und Zielen. Sprechen Sie mit dem lieben Menschen, der verstorben ist. Sagen Sie, wofür Sie dankbar sind: für die Erinnerungen, die Sie in Ehren halten, die Fähigkeiten, die er oder sie Sie gelehrt hat, die Geschenke, die Sie mit sich tragen, weil jene Person Ihr Leben berührt hat. Fragen Sie dann: »Was wünschst du dir für mich?«*

Kapitel 7

NICHTS ZU BEWEISEN

Das Gefängnis der Starrheit

Wenn ein Paar mir erzählt, dass es niemals streitet, sage ich: »Dann fehlt es Ihnen auch an Intimität.«

Konflikte sind menschlich. Wenn wir Konflikten aus dem Weg gehen, nähern wir uns tatsächlich eher der Tyrannei an als dem Frieden. Der Konflikt an sich nimmt uns nicht gefangen. Was uns gefangen hält, ist das starre Denken, das wir oft zur Konfliktbewältigung einsetzen.

Das Gefängnisgitter des starren Denkens ist oftmals nicht leicht zu erkennen, da es nicht selten mit guten Vorsätzen vergoldet ist. Viele Leute suchen mich für eine Therapie auf, weil sie ihre Beziehungen verbessern wollen. Sie möchten einen neuen Ansatz finden, um besser mit ihren Partnern oder Kindern zu kommunizieren, um mehr Frieden und Intimität zu haben. Aber oft stelle ich fest, dass sie nicht in der Therapie sind, weil sie lernen wollen, Konflikte zu bewältigen. Sie wollen meine Hilfe, um andere davon zu überzeugen, sich ihren Ansicht anzuschließen. Wenn Sie mit einer fertigen Agenda kommen, wenn Sie jeden Punkt festhalten oder jemanden ändern wollen, dann sind Sie nicht frei. Freiheit ist, wenn Sie Ihre Kraft dazu nutzen, Ihre eigene Reaktion zu wählen.

Meine Patienten sagen ständig: »Ich will, dass er …« oder »Ich will, dass sie …«. Aber man kann nicht für jemand anderen etwas wollen. Sie können nur entdecken, was *für Sie* richtig ist.

Dies ist eines der wichtigsten Instrumente, mit Konflikten umzugehen: Hören Sie auf, die Wahrheit eines anderen abzulehnen. Ich bin verrückt nach einem guten Zungensandwich. Aber mein Freund sagt: »Wie kannst du das nur essen? Mir wird schon schlecht, wenn ich nur daran denke.« Wer hat nun recht? Er hat recht, soweit es ihn betrifft, und ich habe recht, soweit es mich betrifft. Sie brauchen nicht zuzustimmen. Sie brauchen Ihre Wahrheit nicht aufzugeben. Tun Sie das bitte niemals! Freiheit entsteht, wenn Sie auf das Bedürfnis verzichten, recht zu haben.

Als mir Jahrzehnte nach dem Krieg klar wurde, dass ich nach Auschwitz zurück und mich der Vergangenheit stellen musste, um mich zu heilen, lud ich meine Schwester Magda ein, mich zu begleiten. Wir hatten uns gegenseitig am Leben gehalten, als wir Gefangene gewesen waren; wir waren der Grund füreinander gewesen, am Leben zu bleiben. Ich wollte mit ihr dorthin zurückgehen, wo unsere Eltern ermordet wurden. Um uns dem Geschehenen zu stellen, zu trauern, an dem Ort ständigen Grauens und Todes zu sein und zu sagen: »Wir haben es geschafft!« Aber sie hielt mich für verrückt. Wer kehrt schon freiwillig in die Hölle zurück? Meine Schwester, die einzige Person auf dem Planeten, die so viel mit mir geteilt hat, der Mensch, dem ich nicht weniger als mein Überleben verdanke, hatte eine vollkommen andere Antwort auf unsere gemeinsame Erfahrung. Und keine von uns hat recht oder nicht recht, ist besser oder schlechter, gesünder oder nicht gesünder. Ich habe für Edie recht, Magda hat für Magda recht. Wir sind beide Menschen – wunderbar und fehlbar, nicht mehr, nicht weniger. Und wir haben beide recht. Ich bin allein nach Auschwitz gegangen.

Ich glaube, das war es, was Jesus gemeint hat, als er zu uns sagte: »Biete die andere Wange auch dar.« Wenn wir auch die andere Wange hinhalten, sehen wir dasselbe aus einer anderen Perspektive. Wir können die Situation nicht ändern, wir können jemand anderen nicht umstimmen, aber wir können die Realität mit anderen Augen betrachten. Wir können viele Ansichten akzeptieren und einordnen. Diese Flexibilität ist unsere Stärke.

Sie ist es, die uns selbstsicher sein lässt, nicht aggressiv, nicht passiv und auch nicht passiv-aggressiv. Wenn wir aggressiv sind, entscheiden wir für andere. Wenn wir passiv sind, lassen wir andere für uns entscheiden. Und wenn wir passiv-aggressiv sind, hindern wir andere daran, für sich selbst zu entscheiden. Wenn wir selbstsicher sind, treffen wir Aussagen. Als ich wieder zur Schule gehen wollte, hatte ich Angst vor Bélas Meinung. Ich hatte Angst, er könnte mir verübeln, dass ich häufig von zu Hause fort wäre, Angst, er hätte etwas dagegen, als »Dr. und Mr. Eger« vorgestellt zu werden. Aber als ganzer Mensch, als Erwachsener, muss man niemanden um Erlaubnis bitten. Legen Sie Ihr Leben also nicht in die Hände eines anderen. Sagen Sie einfach: »Ich habe mich entschlossen, wieder zur Schule zu gehen und meinen Doktor zu machen.« Geben Sie der anderen Person die Information und die Freiheit, die sie braucht, sich über ihre Wünsche, Hoffnungen und Ängste klarzuwerden.

Der Schlüssel für die Wahrung Ihrer Freiheit in einer Konfliktsituation ist, bei Ihrer Wahrheit zu bleiben und gleichzeitig auf das Bedürfnis nach Macht und Kontrolle zu verzichten.

NIEMAND WÄCHST AN KRITIK.

Es hilft, wenn wir anderen so begegnen können, wie sie sind, und nicht so, wie wir erwarten, dass sie sein sollen. Ich habe einen Patienten, der oft mit seiner jugendlichen Tochter Konflikte austrägt. In einer Sitzung war er wütend, weil seine Tochter ausrastete, als ein Streit darüber eskalierte, ob sie das Auto haben dürfe, und sie ihm Schimpfworte und Respektlosigkeiten an den Kopf warf. Nun wollte er, dass ich Richterin spiele, mir die Beweise anhörte, seine Tochter für schuldig erklärte und mich auf seine Seite schlug. Aber wir stärken andere – und auch uns selbst – nicht, wenn wir Vorwürfe äußern, wenn wir sagen, du hast das gemacht, du hast dies gemacht. Niemand wächst an Kritik. Lassen Sie sie also weg. Keine Kritik. Gar keine.

Das tun wir für andere, aber zuallererst für uns selbst, damit wir frei von unrealistischen Erwartungen und frei von Wut leben können, die sich einstellt, wenn unsere Erwartungen nicht erfüllt werden. Ich bin sehr selektiv, wenn es darum geht, wer meine Wut abkriegt, denn wenn ich wütend bin, bin ich diejenige, die leidet.

Ein ungesunder Konflikt hängt meist damit zusammen, dass wir in einer Besser-als-, Weniger-als-Denkweise gefangen sind. Als Béla und ich einmal im Sommer durch Europa reisten, entdeckten wir, dass das Bolschoi-Ballett auf seiner Tournee gerade dann in Paris auftreten würde, wenn wir dort wären. Ich hatte immer davon geträumt, einmal hinzugehen. Béla kaufte mir eine Karte und setzte mich am Theater ab, ging aber nicht mit hinein. Ich glaubte, es wäre wegen des Geldes, und er wollte einfach nicht noch mehr für ein zweites Ticket ausgeben. Hingerissen von der Aufführung, kam ich in der Pause zu ihm hinaus und versuchte, ihn zu überreden, sich die zweite Hälfte mit mir zusammen anzusehen. »Es sind noch Plätze frei«, sagte ich. »Hol dir eine Karte und genieße es mit mir.« Aber er weigerte sich mitzukommen. »Für Russen gebe ich kein Geld aus«, antwortetet er. »Nicht nach dem, was die Kommunisten mir in der Tschechoslowakei angetan haben.« Er hatte sich selbst davon überzeugt, dass er sich auf diese Weise an den Grausamkeiten und der Gefangenschaft rächen konnte, die er erlitten hatte. Ich diskutierte mit ihm, drängte ihn, es sich noch einmal zu überlegen, und sagte: »Die Künstler können nichts dafür für das, was dir passiert ist.« Aber natürlich konnte ich ihn nicht umstimmen. Ich ging zurück ins Theater und genoss den Rest der Aufführung allein. Einerseits war es wirklich schade, dass er seine Meinung und seine Wut nicht hintanstellen, sich zu mir setzen und mit mir im Dunkeln etwas atemberaubend Schönes genießen wollte. Andererseits kann ich nicht behaupten, dass meine Art, damit umzugehen, besser war als die seine. Bélas Art war besser für Béla, und meine Art war besser für mich.

Viele von uns glauben, wir müssten ständig etwas beweisen und stets das letzte Wort haben.

Doch wenn Sie zu beweisen versuchen, dass Sie recht haben oder gut sind, versuchen Sie, sich zu etwas zu stilisieren, das es nicht gibt. Jeder Mensch ist fehlbar. Jeder Mensch macht Fehler. Sie sind nicht hilflos, und eine Heilige sind Sie auch nicht. Sie brauchen Ihren Wert nicht unter Beweis zu stellen. Sie können es einfach annehmen, feiern, dass Sie nicht perfekt und ohne Fehler sind, dass es niemals ein anderes Sie geben wird. Vergessen Sie die Tagesordnung. Wenn Sie meinen, etwas beweisen zu müssen, sind Sie immer noch gefangen.

WENN SIE MEINEN, ETWAS BEWEISEN ZU MÜSSEN, SIND SIE IMMER NOCH GEFANGEN.

Das gilt sogar angesichts der Unfreundlichkeit oder Verfolgung eines anderen.

Die Tochter meiner Freundin kam vollkommen aufgewühlt aus dem Kindergarten, weil ihre Klassenkameradin sie »Kaka-Gesicht« genannt hatte. Meine Freundin wollte von mir wissen, wie sie ihrer Tochter helfen könnte, mit diesem Konflikt umzugehen. Es ist wichtig, dass wir darauf verzichten, uns verteidigen zu wollen. Wir alle werden irgendwann mit Stänkerern zu tun haben. Aber wenn jemand Sie »Kaka-Gesicht« nennt, sagen Sie nicht: »Ich bin kein Kaka-Gesicht!« Verteidigen Sie sich nicht gegen ein Unrecht, das Sie nicht begangen haben. Daraus wird nur ein Machtkampf. Der Stänkerer wirft Ihnen ein Seil zu, Sie nehmen das andere Ende, und schließlich zerren Sie beide bis zur Erschöpfung daran. Zum Streiten gehören immer zwei. Aber einer muss damit aufhören. Nehmen Sie das Seil also nicht an. Sagen Sie sich: »Je mehr er redet, umso entspannter werde ich.« Und denken Sie daran, dass es nicht persönlich ist. Wenn jemand Sie »Kaka-Gesicht« nennt, redet er in Wahrheit nur darüber, wie er sich selbst sieht.

Einmal hielt ich einen Vortrag im Satyagraha House in Johannesburg, in dem einst Mohandas Gandhi lebte und in dem heute ein Museum und ein Retreat-Zentrum untergebracht sind. Gandhi war es gelungen, das britische Empire ohne Blutvergießen und ohne Hassrhetorik in die Knie zu zwingen.

Dies ist einer der Gründe, weshalb ich Auschwitz überleben konnte. Um mich herum gab es nur entmenschlichende Worte – du bist wertlos, du bist schmutzig, wenn du hier rauskommst, dann nur als Leiche. Aber ich ließ nicht zu, dass diese Worte zu meiner Seele durchdrangen. Irgendwie war mir die Einsicht vergönnt, dass die Nazis gefangener waren als ich. Das verstand ich zum ersten Mal an jenem Abend, als ich für Mengele tanzte. Mein physischer Körper war in einem Todeslager gefangen, doch meine Seele war frei. Mengele und die anderen würden sich für immer mit ihren Taten auseinandersetzen müssen. Ich war wie betäubt vor Schock und Hunger, ich hatte schreckliche Angst, ermordet zu werden, aber ich hatte immer noch einen inneren Zufluchtsort. Die Macht der Nazis ergab sich aus systematischer Entmenschlichung und Vernichtung. Meine Stärke und meine Freiheit waren in mir.

Joy kann als wunderbares Vorbild dienen, um starres Denken aufzulösen. Viele Jahre lang war sie mit einem Mann verheiratet, der sie psychisch malträtierte. Er behandelte sie voller Missachtung und Geringschätzung, verletzte sie verbal und finanziell und bedrohte sie regelmäßig mit einer Waffe, die er ihr an den Kopf hielt. Sie überlebte, weil sie Aufzeichnungen darüber führte und peinlich genau ihre Interaktionen katalogisierte, das, was jeder von ihnen sagte und tat. Dadurch, dass sie Tag für Tag die Wahrheit protokollierte, versuchte sie, nicht den Verstand zu verlieren.

Wenn ich mit einer Patientin arbeite, die in einer missbrauchenden/toxischen Beziehung lebt, sage ich immer: Sollte Ihr Partner Sie jemals schlagen, verlassen Sie ihn sofort. Gehen Sie in ein Frauenwohnheim. Übernachten Sie bei einer Freundin oder bei Verwandten. Nehmen Sie die Kinder mit, bitten Sie um Hilfe und sehen Sie zu, dass sie wegkommen.

Wenn Sie nicht gleich beim ersten Mal gehen, wird der Täter Sie nicht ernst nehmen. Und jeder weitere Missbrauch wird es immer schwerer machen zu gehen. Normalerweise wird die Gewalt noch zunehmen, je länger Sie bleiben. Und es wird immer schwieriger, die psychologischen Aspekte des Missbrauchs umzukehren, nämlich das, was der Täter Sie glauben lassen möchte: dass Sie ohne ihn nichts sind, dass es Ihre Schuld sei, wenn er Sie schlägt. Jede Minute, die Sie bleiben, bringen Sie sich in Gefahr. Dafür sind Sie viel zu kostbar!

Wenn jemand Sie schlägt, ist das ein unmittelbarer Weckruf. Sie wissen, worauf Sie sich einlassen. Es ist nicht leicht zu gehen, aber sobald Ihnen die Einstellung und Tendenz Ihres Partners zu Gewalt klar wird, ist das Problem schon zu fünfzig Prozent gelöst. Wenn der Missbrauch eher verborgen und psychologisch ist, zweifeln Sie vielleicht an dem, was Sie sehen. Vielleicht fragen Sie sich: »Passiert mir das *wirklich?*« Wenn jemand Sie physisch verletzt, wissen Sie es. Ja, das passiert gerade. Ja, ich muss hier raus.

Ohne physische Narben des Missbrauchs war es für Joy schwierig, die Beziehung zu beenden. (Dies ist eine weitere übliche Erfahrung von Menschen, die Opfer einer missbräuchlichen Dynamik sind: die Angst, und zu oft die Realität, dass uns niemand glaubt.) Als Joy schließlich erkannte, dass es nur eine Frage der Zeit sein würde, bis ihr Ehemann seine Drohungen in die Tat umsetzte, ließ Joy sich von ihm scheiden, und er trank sich langsam zu Tode.

Nachdem er gestorben war, kochte die Wut in ihr hoch. Sie hatte sich an die Hoffnung geklammert, er würde sich eines Tages für die jahrelange Lieblosigkeit entschuldigen, seine Fehler erkennen und zugeben, dass sie ihn zu Recht verlassen hatte. Als er starb, musste sie sich damit abfinden, dass sie niemals eine Entschuldigung bekommen würde. Dass sie den Kampf nie mehr gewinnen würde. Um ihren Frieden mit der Vergangenheit zu schließen, nahm sie die Aufzeichnungen wieder zur Hand, die sie aufbewahrt hatte. Was sie las, schockierte sie: Es war nicht die Grausamkeit ihres Ehemannes, sondern ihre Grausamkeit ihm gegenüber.

»Ich habe meinen Ehemann schikaniert«, sagte sie. »Ich dachte: ›Er behandelt mich lieblos‹, aber das habe ich ihm postwendend zurückgegeben. Habe ihm die Kinder vorenthalten, ihm Sachen verweigert, die Kinder benutzt, um an ihn heranzukommen, nur weil ich ihn verletzen wollte. Ich war so verzweifelt. Ich dachte, es gäbe keinen anderen Ausweg. Ich konnte nicht über die schreckliche Situation hinaus denken. Aber er war nicht der Einzige, der in unserer Ehe Probleme verursacht hat. Ich war es auch.«

Viele volatile Beziehungen sind kompliziert. Während häusliche Gewalt oder Missbrauch mit nichts entschuldigt werden kann, gibt es oft nicht die eine richtige oder falsche Person, den einen guten oder schlechten Ehepartner. Beide tragen ihren Teil bei.

Als ich Alison kennenlernte, war sie seit zwölf Jahren geschieden. Sean, ihr Ex, war in ihr Leben getreten, kurz nachdem eine turbulente Beziehung geendet hatte, in der ihr Partner ihr im Streit die Lippe aufgeschlagen hatte. Und als sie ihn schließlich verließ, brach er in ihr Haus ein und zerfetzte die Matratze mit einem Messer. Sean tauchte auf wie ein Retter – er war ein Kümmerer und Aufmunterer, der ihr half, sich sicher zu fühlen, der sie beim Aufbau ihrer Gesangskarriere unterstützte, ihre Tourneen und Plattenverträge managte und Meisterklassen und Auftritte mit legendären Musikern für sie arrangierte.

Obwohl er großzügig und fürsorglich war, war Sean auch ein Kontrollfreak. Alison verließ sich auf ihn, verübelte ihm aber, dass er ihr Leben komplett in die Hand genommen hatte. Und dann begann sie zurückzuschlagen, indem sie die Kontrolle für etwas an sich riss, das er nicht beeinflussen konnte: Sie hörte auf zu essen. Dreimal wurde sie wegen einer Essstörung ins Krankenhaus eingeliefert, doch das führte nur dazu, dass ihre Selbstverletzungen eskalierten. Als sie begann, sich Brandwunden am Arm und am Bein zuzufügen, verlor Sean die Hoffnung. Er begann eine Affäre, dann noch eine, und schließlich beendete er ihre achtzehnjährige Ehe.

Auch zehn Jahre danach stritt Alison noch immer mit

ihm. Über die Rechte am geistigen Eigentum für die Songs, die sie gemeinsam geschrieben hatten. Über seinen unglücklichen Versuch, die Studentin zu verführen, die sie zu ihm geschickt hatte, damit sie sich professionell beraten ließ. Ihre Ehe war seit Langem beendet, aber sie hatten sich beide in einen Machtkampf verstrickt, und beide trafen toxische Entscheidungen.

Wenn sie die Feindseligkeiten aus der Welt schaffen wolle, sagte ich zu Alison, dürfe sie nicht nur auf die Ursachen des Konflikts schauen, sondern vor allem auf das, was diesen Konflikt am Leben hielt.

»Wie kommt es, dass Sie einen Standpunkt aufrechterhalten, der Ihnen nicht mehr dienlich ist?«, fragte ich.

Alison war von dem Wunsch beseelt, Seans Schuld und ihre Unschuld zu beweisen. Im Grunde genommen führte sie einen Gerichtsprozess gegen ihn: Ihr Innenleben war ein andauernder Rechtsstreit. Doch dieser Streit war nicht zu gewinnen.

»Meine Liebe«, sagte ich zu ihr, »Sie können absolut recht haben und trotzdem unglücklich sein. Wollen Sie nun glücklich sein, oder wollen Sie recht haben?«

Der beste Weg, Ihr Bedürfnis nach Kontrolle aufzugeben, ist, *stark* zu werden. Stärke hat nichts mit Muskelkraft oder Dominanz zu tun. Es bedeutet, die Kraft zu haben, zu antworten statt zu reagieren, Ihr Leben selbst in die Hand zu nehmen und Ihre Entscheidungen eigenverantwortlich zu treffen. Sie sind stark, weil Sie Ihre Macht nicht abgeben.

Wenn Sie sich Ihre Stärke zurückholen und *immer noch* recht haben wollen, dann beschließen Sie, freundlich zu sein, denn Freundlichkeit ist immer richtig.

Wenn wir unsere Denkmuster aufbrechen, können wir nicht nur unsere Beziehung verändern, sondern auch unsere Wahrnehmungen, die Art und Weise, wie wir die Welt sehen und erfahren.

Als Alison begann, sich aus dem Gefängnis der Starrheit zu befreien, konnte sie klarere Grenzen zu ihrem Ex-Mann ziehen sowie neue Kraft für ihre Karriere schöpfen, und sie begann mit der Planung einer internationalen Tournee. Doch dann traten plötzlich zwei physische Probleme auf, die ihren schwer errungenen Frieden störten. Sie bekam einen ernst zu nehmenden vokalen Tremor, der sich stark auf ihren Gesang auswirkte und ihre Karriere gefährdete. Zudem verletzte sie sich auch noch am Rücken. Ihre täglichen Aktivitäten waren von Schmerzen begleitet, und das, was sie aus Spaß tat und für ihre Gesundheit, wie Gärtnern und Yoga, musste so lange warten, bis sie wiederhergestellt war. Ihr Gesicht war zu einer starren Grimasse verzogen, und an ihrer abgerissenen Sprechweise hörte ich, dass sie unter Schmerzen litt.

»Es ging mir so gut«, sagte sie. Und jetzt werde ich meine Tournee wahrscheinlich absagen müssen.«

Das Leben ist nicht fair. Und wenn wir Schmerzen haben, sind unsere Wut, unsere Sorge und unser Frust vollkommen legitim. Aber wir können jedem Umstand, wie unerfreulich oder ungerecht er auch sein mag, entweder mit Starrheit oder aber mit Flexibilität begegnen.

»Wenn Ihr Körper schmerzt«, sagte ich zu ihr, »bestrafen Sie ihn nicht, nehmen Sie es ihm nicht übel und überfordern Sie ihn nicht. Sagen Sie: ›Ich höre auf dich.‹«

Alison machte sich eine Übung zur Gewohnheit, um

von ihrer Starrheit zu mehr Flexibilität zu wechseln. Sie begann mit einer Bestandsaufnahme des Problems, ohne ihre Schmerzen oder ihren Frust zu bagatellisieren oder zu verleugnen.

»Es gefällt mir nicht«, sagte sie. »Es tut weh. Es kommt mir ungelegen.«

Dann hörte sie auf, sich gegen ihren Körper zu wehren oder sich über ihn zu ärgern, und begann, in sich hineinzuhören. Sie wurde neugierig.

»Was willst du mir sagen?«, fragte sie. »Was ist gut für mich? Was hilft mir und macht mich jetzt stärker?«

Eine Zeit lang sagte ihr Körper immer dasselbe: Mach langsam. Ruh dich aus. Sie hörte auf ihn, und irgendwann besserte sich ihr Rücken. Sie konnte wieder mit unterstützenden Yoga-Kursen beginnen. Auf der Matte entdeckte sie, dass sie sich nun sanfter und bedachter bewegte, da sie weniger damit beschäftigt war, sich anzutreiben, und mehr auf ihre inneren Empfindungen achtete. Ihre Definition, »es richtig zu machen«, hatte sich verändert. Bevor sie sich den Rücken verletzte, wollte sie sich etwas beweisen – wie lange sie eine schwierige Position halten konnte, wie tief sie sich verdrehen konnte. Nun war sie weniger in ihren Erwartungen gefangen.

Wir müssen die schwierigen oder schmerzhaften Situationen, die uns widerfahren, nicht lieben. Aber wenn wir nicht mehr gegen sie ankämpfen oder uns dagegen wehren, steht uns mehr Energie und Kreativität zur Verfügung, um weiterzukommen – statt nirgendwohin.

Auch Joy hat das entdeckt. Wie Alison war sie nach ihrer Scheidung jahrelang im Gefängnis des starren Denkens eingesperrt, gefangen in Dichotomien: gut/schlecht, richtig/falsch, Opfer/Täter. Weil sie die Dinge in derart krassen und absoluten Begriffen sah, stand immer viel auf dem Spiel: alles oder nichts, Leben oder Tod, es gab nichts dazwischen. Dadurch fühlte sich jeder Konflikt und selbst eine kleine Meinungsverschiedenheit wie Verrat an. Da es in Joys Denkweise keinen Platz für Nuancen oder Komplexität gab, konnte sie es nicht ertragen, wenn ihr jemand widersprach.

»Genauso gut könnten die Leute mit dem Finger auf mich zeigen und sagen: ›Du bist fett, du bist hässlich, du bist wertlos‹«, sagte sie.

Als sie eine komplexere Wahrheit entdeckte, nämlich, dass auch sie in ihrer Ehe schuldig war, dass sie nicht immer recht hatte, geschah etwas Bemerkenswertes. Ihre Sichtweise veränderte sich. Sie konnte Farben intensiver wahrnehmen. Befreit von ihrem Schwarz-Weiß-Denken und der starren Interpretation der Vergangenheit, erschien die Welt ihr lebhafter und strahlender. Sie machte ihre Kinder verrückt, wenn sie auf Blumen zeigte, gelbe, rote, violette, blaue, und dabei ausrief: »Nun seht euch das an! Schaut nur! Schaut!«

Flexibilität ist Stärke. Das lernte ich bei meinem Gymnastiktraining, und deshalb gehe ich so oft Swing tanzen, wie mein Körper es zulässt, und deshalb beende ich jeden meiner Vorträge mit einem Hohen Kick.

Und gleichermaßen gilt für die Psyche wie auch für den Körper: Wir sind stark, wenn wir biegsam und geschmeidig sind. Dehnen Sie sich also jeden Morgen beim Aufstehen. Finden Sie den mentalen Bewegungsbereich, innerhalb dessen Sie frei bleiben.

SCHLÜSSEL, MIT DENEN SIE SICH VON STARRHEIT BEFREIEN

- ***Gehen Sie behutsam mit sich um.*** *Suchen Sie sich eine aktuelle Herausforderung in Ihrem Leben, eine Verletzung oder eine physische Unpässlichkeit, eine fortwährende Spannung, einen Konflikt oder irgendeine Situation, die Ihnen ein eingeschränktes, limitiertes oder eingeengtes Gefühl gibt. Beginnen Sie damit, dass Sie Ihre Wahrheit aussprechen. Was mögen Sie daran nicht? Wie fühlen Sie sich dabei? Werden Sie dann neugierig. Fragen Sie: »Was sagt mir diese Situation? Was ist in meinem besten Interesse? Was hilft mir und stärkt mich jetzt?«*

- ***Begegnen Sie anderen, wie sie sind.*** *Schreiben Sie den Namen einer Person auf, mit der Sie einen Konflikt austragen. Dann schreiben Sie alle Klagen über diese Person auf. Zum Beispiel:* Meine Tochter ist frech und undankbar. Sie beschimpft mich und benutzt üble Schimpfwörter. Sie hat keinen Respekt vor mir. Sie ignoriert mich vollkommen und schert sich nie um Ausgehzeiten. *Und nun schreiben Sie die Liste neu. Notieren Sie diesmal, was Sie beobachten, ohne Kommentare, Interpretationen, Beurteilungen oder Vermutungen. Streichen Sie starre Worte wie »immer« und »nie«. Schreiben Sie einfach die Tatsache auf:* Manchmal wird meine Tochter laut und verwendet Schimpfwörter. Ein- bis zweimal die Woche kommt sie später als elf Uhr abends nach Hause.

- ***Kooperieren, nicht dominieren.*** *Wählen Sie einen Punkt aus Ihrer Liste, den Sie mit der anderen Person besprechen möchten. Finden Sie eine neutrale Zeit für dieses Gespräch – nicht mitten in einer Konfliktsituation. Sagen Sie zuerst, was Sie feststellen: »Mir ist aufgefallen, dass du ein paarmal die Woche später als elf Uhr nach Hause kommst.« Dann zeigen Sie Interesse am Standpunkt der anderen Person. Eine einfache Frage funktioniert am besten: »Was ist los?« Als Nächstes sagen Sie, was Sie wollen, ohne die andere Person zu beschuldigen oder zu beschämen: »Mir ist es wichtig, dass du während der Woche genügend Schlaf kriegst. Und ich würde vor dem Schlafengehen gern wissen, dass du sicher nach Hause gekommen bist.« Und laden Sie die Person schließlich ein, an einem Plan mitzuarbeiten: »Welche Vorschläge hast du für eine Lösung, die uns beiden entgegenkäme?« Es ist in Ordnung, wenn der Konflikt nicht sofort gelöst wird. Wichtig ist, den Konflikt auf kooperative Weise anzusprechen, der Beziehung den Vorrang vor den Bedürfnissen jeder Person nach Macht und Kontrolle zu geben.*

- ***Gehen Sie mit einem anderen Menschen so um, wie dieser möglicherweise in der Lage ist, zu sein.*** *Stellen Sie sich eine Person vor, mit der Sie einen Konflikt austragen. Und nun stellen Sie sich diese Person in ihrer bestmöglichen Version vor. Vielleicht hilft es, wenn sie dabei die Augen schließen und sich die Person in einem Lichtkegel vorstellen. Legen Sie Ihre Hand über Ihr Herz. Sagen Sie: »Ich sehe dich.«*

Kapitel 8

MÖCHTEN SIE MIT SICH VERHEIRATET SEIN?

Das Gefängnis der Ressentiments

Der größte Zerstörer der Intimität ist niedrigschwellige, chronische Wut und Verärgerung.

Meine Ressentiments gegen Béla – wegen seiner Ungeduld und Reizbarkeit, wegen der Art und Weise, wie er der Vergangenheit verhaftet war, wegen der Enttäuschung, die sich manchmal in seinem Gesicht zeigte, wenn er unseren Sohn anschaute – schwelten so viele Jahre, dass ich am Ende eine Scheidung für den einzigen Weg hielt, um frei zu sein. Erst nachdem wir uns getrennt und das Leben unserer Kinder über den Haufen geworfen hatten, ganz zu schweigen von unserem eigenen Leben, wurde mir klar, dass meine Enttäuschung und mein Zorn wenig mit Béla zu tun hatten, dafür aber umso mehr mit mir, mit meinen eigenen, nicht aufgearbeiteten emotionalen Geschichten und meiner unbewältigten Trauer.

Dass ich in unserer Ehe zu ersticken glaubte, lag nicht

an Béla. Es war der Preis für all die Jahre, die ich meine Gefühle verleugnet hatte: Mitgefühl für meine Mutter, die ein unabhängiges, kosmopolitisches Leben als Angestellte in einem Konsulat in Budapest aufgab – und auch einen Mann aufgab, den sie liebte, aber nicht heiraten durfte, weil er kein Jude war – und die das tun musste, was andere von ihr erwarteten. Angst, die Einsamkeit in der Ehe meiner Eltern zu wiederholen. Trauer über meine erste Liebe Eric, der in Auschwitz starb. Und Trauer um meine Eltern. Ich heiratete und wurde Mutter, bevor ich mit meinen Verlusten ins Reine gekommen war. Und plötzlich war ich vierzig, im Alter meiner Mutter, als sie starb. Ich hatte das Gefühl, dass mir die Zeit davonlief, wenn ich so leben wollte, wie ich es mir vorstellte: frei. Aber statt Freiheit in der Entdeckung meiner eigenen, wahren Bestimmung und meiner Richtung zu finden, war ich überzeugt, dass Freiheit bedeutete, genügend Abstand von Bélas Brüllen, seinem Zynismus, Zorn und seiner Enttäuschung zu haben, Abstand von dem, was mich, wie ich glaubte, limitierte.

Wenn wir wütend sind, liegt es oft an der Kluft zwischen unseren Erwartungen und der Realität. Wir glauben, dass es die andere Person ist, die uns in die Falle lockt oder uns ärgert, aber das wirkliche Gefängnis sind unsere unrealistischen Erwartungen. Oft heiraten wir wie Romeo und Julia, ohne einander wirklich zu kennen. Wir verlieben uns in die Liebe oder in das Bild einer Person, der wir alle Merkmale und Eigenschaften zuweisen, die wir uns ersehnen, oder in jemanden, mit dem wir die vertrauten Muster wiederholen können, die wir in unserem Elternhaus erlernt haben. Oder wir präsentieren auf der Suche nach Liebe und einer sicheren Beziehung ein falsches Selbst, indem wir unser wirkliches Selbst aufgeben. Sich zu verlieben, ist ein chemisches High. Es fühlt sich wunderbar an, und es ist vorübergehend. Wenn das Gefühl verblasst, bleibt uns nur noch ein verlorener Traum, das Gefühl, den Partner verloren zu haben oder die Beziehung, die wir ohnehin nie hatten. Und so enden viele rettbare Beziehungen in Verzweiflung.

Aber Liebe ist nicht das, was Sie fühlen. Liebe ist das, was Sie tun.

Es gibt kein Zurück zu den Anfangstagen einer Beziehung, zu damals, als Sie noch nicht wütend und enttäuscht waren und sich distanziert haben. Es gibt etwas Besseres: eine Renaissance. Einen neuen Anfang.

Marina, eine Tänzerin und Performance-Künstlerin, versuchte sich darüber klarzuwerden, ob eine solche Wiedergeburt in ihrer Ehe möglich wäre, ob sie und ihr Mann eine realistische Chance hatten, es gemeinsam weiter zu versuchen, oder ob der Weg in die Freiheit letzten Endes darauf hinauslaufen würde, die Beziehung aufzugeben.

»Seit achtzehn Jahren streiten wir uns jeden Tag«, erzählte sie mir und drehte ihre langen Haare zu einem lockeren Knoten. Manchmal waren die Auseinandersetzungen gewalttätig. Ihr Mann schlug sie nicht, aber er rastete aus – stieß Stühle zur Seite, schmiss sein Handy gegen die Wand, warf das Bett um, auf dem sie saß.

»Ich vermeide es tunlichst, zu Hause zu sein«, sagte sie, »denn jede Unterhaltung mündet unweigerlich darin, dass er mir sagt, was ich alles falsch gemacht habe.« Aus Angst, ihm die Stirn zu bieten, aus Angst, das Zimmer zu verlassen, wenn er einen Wutanfall hatte, versuchte sie, ihre Würde und den Frieden zu wahren. Aber sie verlor ihre Selbstachtung und fühlte sich immer machtloser. Und sie machte sich Sorgen, dass die ständigen Streitereien sich auf ihre heranwachsende Tochter auswirken könnten. Sie wollte nicht so weitermachen wie bisher, war sich aber unsicher, wie sie vorankommen könnte und welche Möglichkeiten es überhaupt gab.

Jede Entscheidung hat einen Preis: Wir gewinnen etwas, und wir verlieren etwas. Eine Wahl, die wir jederzeit treffen können, ist, gar nichts zu tun. Uns zu entscheiden, nicht zu entscheiden. Einfach so weiterzumachen wie bisher. Und das andere Extrem wäre, dass Marina sich entscheiden könnte, die Beziehung zu beenden und die Scheidung einzureichen.

»Sie müssen nicht feststecken«, sagte ich zu ihr. »Sie müssen nicht in einer schlechten Situation verharren.« Allerdings, gab ich ihr zu bedenken, kann eine Scheidung eine extreme Art sein, weiterhin nichts zu unternehmen. »Was gewinnen Sie durch eine Scheidung? Sie gibt Ihnen ein Stück Papier, auf dem steht, dass Sie jetzt frei sind, jemanden anderen zu heiraten.«

Eine Scheidung löst nicht die emotionale Seite der Beziehung. Sie gibt Ihnen nur die gesetzliche Erlaubnis, das gleiche Muster mit jemand anderem fortzusetzen. Ob Marina nun beschloss, ihren Mann zu verlassen oder die Ehe weiterzuführen, die Arbeit war dieselbe: die Bedürfnisse und Erwartungen zu erkennen, die sie in diese Ehe mitgebracht hatte, und die Wunden zu heilen, die sie für den Rest ihres

Lebens mit sich herumtragen würde, solange sie sich nicht damit auseinandersetzte.

Zunächst untersuchten wir ihre Erwartungen: »Wussten Sie von den Wutanfällen Ihres Mannes, als Sie ihn heirateten?«, fragte ich.

JEDE ENTSCHEIDUNG HAT EINEN PREIS: WIR GEWINNEN ETWAS, UND WIR VERLIEREN ETWAS.

Sie schüttelte vehement den Kopf. »Er gewinnt die Herzen«, sagte sie. Als erfolgreicher Schauspieler weiß er, wie er sein Publikum in sich verliebt machen kann. Bevor sie heirateten, sah sie nur diese Seite von ihm: den Charmeur, den Philosophen, den Romantiker. »Und jetzt fliegen Schuhe.«

»Was hält sie also noch bei ihm?«, fragte ich. Wie ich bereits sagte, befriedigt jedes Verhalten ein Bedürfnis. Selbst eine Situation, die uns inhaftiert und uns ängstigt, kann uns auf gewisse Weise nützlich sein. »Brauchen Sie die finanzielle Sicherheit? Vielleicht brauchen Sie aber auch die Auseinandersetzungen?«

»Ich habe Angst, allein zu sein.«

Wir alle tragen die Furcht vor dem Verlassenwerden seit unserer Kindheit mit uns herum. Aber so, wie sie ihre Kindheit in Westeuropa beschrieb, war klar, dass ihre Angst vor dem Verlassenwerden durch ausgesprochene Vernachlässigung noch verstärkt worden war. Als sie vierzehn war, sagte ihr Vater, dass er es nicht mehr aushalten würde, mit ihrer Mutter zusammenzuleben, und verließ sie. Er kam nicht ein einziges Mal wieder, um seine Kinder zu besuchen, und rief nicht einmal an, um sich nach ihnen zu erkundigen. Marinas Mutter war zu verzweifelt, um sich um die Bedürfnisse der Familie zu kümmern, und so sprang Marina ein und füllte diese Rolle aus, brachte die jüngeren Kinder zu Bett und blieb lange auf, um Brot zu backen und das Essen für den nächsten Tag vorzubereiten.

Ein Jahr später, als die Berliner Mauer fiel, hatte auch ihre Mutter eine niederschmetternde Nachricht für sie. Sie hatte über eine Anzeige einen ostdeutschen Mann kennengelernt. Sie würde in die ehemalige DDR ziehen, um bei ihm zu sein, und die jüngeren Kinder mitnehmen. Marina sollte zurückbleiben und für sich selbst sorgen. Sie gab Marina den Mietvertrag für ein Zimmer in einem Haus und reiste am folgenden Tag ab. Über ein Jahr lang hielt sie es nicht einmal für nötig, ihre Tochter anzurufen.

Die Tatsache, dass Marina überhaupt überlebt hat, zeigt mehr als deutlich ihre innere Stärke und Widerstandskraft. Sie blieb ein paar Monate in dem Mietshaus wohnen, bis neue Mieter einzogen, darunter ein Vater, der sie zu verführen versuchte und mitten in der Nacht mit einem Glas Wein in ihr Zimmer kam. Sie beendete den Mietvertrag, verließ die Schule und zog durch ganz Westeuropa von Stadt zu Stadt, nahm verschiedene Jobs an, hütete etwa die Häuser von Leuten, die in Urlaub waren, lebte dann in einer Künstlerkolonie und zeitweise auf einem Pferdehof, wo Menschen sich in ihrer Rehabilitationszeit um Pferde kümmerten. Sie war überzeugt davon, ein schrecklicher Mensch zu sein, da sie von beiden Elternteilen verlassen worden war, und erkrankte als Folge davon an einer gefährlichen Essstörung. Dadurch, dass sie sich unsichtbar machte, hoffte sie, dass ihre Eltern ihr Fehlen irgendwann bemerken würden. Als Marina sechzehn war, jagte der Eigner des Reha-

Zentrums, selbst alkoholkrank, sie vom Hof. Nun stand sie auf der Straße, in jeder Hand einen Koffer, obdachlos und allein. In ihrer Verzweiflung rief sie ihre Mutter an und bat sie um Hilfe. Doch diese war immer noch mit ihren eigenen Problemen beschäftigt und wies sie ab.

»Von diesem Moment an wusste ich, dass ich ganz allein auf der Welt war«, sagte Marina.

Mit Anfang zwanzig zog sie, auf der Suche nach besseren Arbeitsmöglichkeiten, nach Berlin und bekam über Beziehungen die Chance, mit einer Performancegruppe zu trainieren; sie lebte in einem alten Wohnwagen im Hof ihrer Schule. Es war kein einfaches Leben. Der Wohnwagen war ungeheizt. Sie fror sich durch die strengen Berliner Winter und überstand das harte Training. Doch das neue Leben passte zu ihr. Wenn sie tanzte, fühlte sie sich stark und frei. Sie konnte sich nicht mehr zu Tode hungern und sich von ihrem Körper abkoppeln, und zum ersten Mal wollte sie es auch nicht mehr. Sie hatte Leidenschaft und einen Zweck in ihrem Leben gefunden: die Freude, ihren Körper zu bewegen, die Kraft von Bewegung und Ausdruck.

Sie verliebte sich in einen anderen Künstler, der während des Kalten Krieges in Ostdeutschland aufgewachsen war. Es war schwierig für ihn, seine Emotionen zu kommunizieren, Liebe zu zeigen.

»Genau wie meine Eltern, vermutlich«, sagte Marina gequält.

Zwei Jahre nachdem sie sich getrennt hatten, starb er durch Suizid. Intellektuell wusste sie, dass es nicht ihr Fehler war, dass sie ihn auch nicht hätte retten können, wenn sie bei ihm geblieben wäre. Doch der Verlust traf sie schwer.

»Sie haben ihn gefunden, als er schon ein, zwei Wochen tot war«, sagte sie. »Er war vollkommen allein.«

Wir alle tragen Botschaften in Beziehungen hinein, die wir in der Kindheit gelernt haben. Manchmal ist es einfach eine Phrase, die jemand von sich gegeben hat, wie beispielsweise meine Mutter: »Ein schlechter Ehemann ist besser als gar kein Ehemann.« Manchmal ist es etwas, was wir von Aktionen anderer oder von unserem familiären Umkreis aufgelesen haben.

»Meine Liebe«, sagte ich zu Marina, »Ihrer Geschichte entnehme ich, dass Sie die Botschaft mit sich herumtragen, dass Sie verlassen werden, wenn Sie jemanden lieben.«

Ihre Augen füllten sich mit Tränen. Sie umarmte sich, als sei es plötzlich kalt im Zimmer geworden.

Wenn wir gefangen sind, sind es die destruktiven Botschaften, die hängenbleiben.

»Doch höre ich in Ihrer Geschichte auch eine andere Botschaft«, sagte ich zu ihr. »Dass Sie nämlich eine starke Frau sind. Früher waren Sie ein verängstigtes, einsames Mädchen, das mit ihren Koffern auf der Straße stand. Sie hätten oft sterben können, aber Sie sind nicht gestorben. Und sehen Sie sich jetzt an. Aus etwas, das Sie nicht wollten, haben Sie etwas Gutes gemacht. *Sie sind* gut.«

Aus einer fundamentalen Überzeugung heraus, dass sie es nicht wert sei, geliebt zu werden, hatte Marina einen Partner und Verhaltensmuster gewählt, die diese Überzeugung verstärkten. Diese Dynamik sehe ich oft bei Ehen von Militärangehörigen. Wenn es nur eine Frage der Zeit ist, bis das Einsatzgebiet verlegt wird oder man umziehen und ein neues Leben beginnen muss, ist es schwierig, darauf zu vertrauen, dass der Partner über die Entfernung und die ständig wechselnden Lebensumstände wirklich bei einem bleibt. Eine Möglichkeit, mit der Angst vor dem Trennungsschmerz zurechtzukommen oder mit der Angst, dass der Partner uns verlässt oder fremdgeht, ist, Nähe zu vermeiden. Marina hatte einen Mann geheiratet, der ihr vorgaukelte, ihr Sicherheit zu geben und sie auf Händen zu tragen, nur um sie in ihrer Beziehung dann als Sandsack zu benutzen. Er brachte seine eigenen Defizite in die Beziehung mit, und seine Art, seine unbewältigte emotionale Geschichte mit Wutanfällen und Schuldzuweisungen zum Ausdruck zu bringen, verstärkte nur Marinas verinnerlichte Botschaft, dass Verlieben verletzt und verlassen zu werden bedeutet.

»Vielleicht benutzen Sie beide die Auseinandersetzungen, um Intimität zu bekämpfen«, sagte ich. »Sehen wir uns also Ihr Muster an.«

Viele Paare lassen sich auf einen dreistufigen Reigen ein, einen Zyklus von Konflikten, den sie ständig wiederholen. Stufe eins ist Frustration. Diese gärt so lange, bis Stufe zwei erreicht ist: Kämpfe. Sie brüllen oder rasten aus, bis sie müde sind und in Stufe drei fallen: Frieden schließen. (Schlafen Sie nach einem Streit niemals miteinander. Das verstärkt die Kämpfe!) Frieden zu schließen, scheint das Ende des Konflikts zu sein, doch in Wahrheit ist es eine Fortführung des Zyklus. Die anfängliche Frustration wurde nicht gelöst. Sie haben nur eine neue Runde eingeläutet.

Ich wollte Marina einige Instrumente an die Hand geben, mit Hilfe derer sie den Reigen schon in Stufe eins beenden konnte. Was waren die Frustrationsauslöser, die den immer gleichen freiheitsberaubenden Reigen in Gang setzten?

»Entweder steuern Sie etwas zur Beziehung bei oder Sie vergiften sie«, sagte ich. »Auf welche Weise vergiftet jeder von Ihnen die Ehe?«

»Wenn ich mit ihm diskutieren, ein Gefühl ausdrücken oder etwas ansprechen möchte, hat er Angst, schuld zu sein, irgendeinen Fehler gemacht zu haben.« Angriff war seine bevorzugte Verteidigung: den Spieß umzudrehen und Marina mit Schuldzuweisungen und Kritik zu attackieren.

»Und welche Rolle spielen Sie dabei?«, fragte ich.

»Ich versuche, mich zu erklären. Oder ich sage ›Stopp‹, und dann explodiert er und fängt an, gegen etwas zu treten, mit Sachen zu schmeißen oder sie zu zerschlagen.«

Ich gab ihr eine Aufgabe, eine Umleitung, um sie von dem immer gleichen Weg abzubringen. »Das nächste Mal, wenn er Ihnen sagt, dass Sie unrecht haben, antworten Sie: ›Du hast recht‹. Dagegen kann er nicht kämpfen. Und Sie lügen nicht, denn alle machen Fehler; alle können besser werden. Sagen Sie einfach: ›Ja, du hast recht.‹«

WENN WIR EINE ANSCHULDIGUNG ABSTREITEN, NEHMEN WIR IMMER NOCH DIE SCHULD AUF UNS.

Wenn wir eine Anschuldigung abstreiten, nehmen wir immer noch die Schuld auf uns. Wir übernehmen Verantwortung für etwas, womit wir nichts zu tun haben.

»Wenn er das nächste Mal wütend ist, fragen Sie sich: ›Wessen Problem ist das?‹ Wenn Sie das Problem nicht verursacht haben, sind Sie nicht verantwortlich, wenn er versucht, Ihnen den Schwarzen Peter zuzuschieben. Geben Sie ihn zurück. Sagen Sie: ›Das klingt, als wärst du in einer schwierigen Lage. Wahrscheinlich bist du deswegen so wütend.‹ Wenn er versucht, Sie für seine Gefühle verantwortlich zu machen, geben Sie sie ihm zurück. Es ist sein Gefühl, dem er sich stellen muss, und Sie hoffen, dass er es loslässt. Wenn Sie in den Ring steigen, konzentriert er sich auf Sie und nicht auf sein Gefühl. Hören Sie auf, ihn zu retten.«

Als Marina und ich ein paar Wochen später miteinander sprachen, sagte sie, dass die Deeskalierungsmaßnahmen funktionierten. Ihre Kämpfe hätten sich drastisch verringert.

»Aber ich nehme ihm so vieles übel«, sagte sie. Diesmal war es nicht seine Wut, worüber sie sprechen wollte. Es war ihre Wut. »In meinem Kopf mache ich ihn für alles verantwortlich.«

»Dann tun Sie das Gegenteil«, sagte ich. »Danken Sie ihm.«

Sie starrte mich mit hochgezogenen Augenbrauen überrascht an.

»Sie entscheiden über Ihre Einstellung. Danken Sie ihm also. Und danken Sie auch Ihren Eltern. Sie halfen Ihnen, eine sehr gute Überlebenskünstlerin zu werden.«

»Und ich soll einfach ignorieren, was geschehen ist? Einfach alles ausklammern, was sie getan haben?«

»Schließen Sie Frieden damit.«

Viele von uns hatten nicht die liebenden und fürsorglichen Eltern, die wir uns gewünscht und die wir verdient haben. Vielleicht waren sie beschäftigt, wütend, besorgt, depressiv. Vielleicht sind wir zur falschen Zeit auf die Welt gekommen, in einer Phase von Reibereien, Verlust oder finanziellen Belastungen. Vielleicht hatten unsere Bezugspersonen mit ihrem eigenen Trauma zu tun und konnten nicht immer unseren Bedürfnissen nach Aufmerksamkeit und Zuwendung nachkommen. Vielleicht haben sie uns nicht in den Arm genommen und gesagt: »Wir haben uns immer ein Kind wie dich gewünscht.«

»Sie trauern um die Eltern, die Sie nie hatten«, sagte ich zu Marina. »Und Sie können um den Ehemann trauern, den Sie nicht haben.«

Trauern hilft uns, uns mit dem auseinanderzusetzen, was geschehen oder nicht geschehen ist und es dann am Ende loszulassen. Und es schafft Raum, damit wir sehen, was *ist* und damit wir entscheiden können, wohin unsere Reise von hier aus führt.«

»Wären Sie gern mit sich verheiratet?«, fragte ich.

Sie schaute mich verwirrt an.

»Was mögen Sie an sich?«

Sie schwieg, runzelte verdutzt die Stirn oder suchte vielleicht auch nur nach Worten.

Sie begann verhalten, doch beim Reden wurde ihre Stimme zuversichtlicher. Ihre Augen leuchteten, und eine zarte Röte stieg in ihre Wangen.

»Ich mag an mir, dass mir andere Menschen wichtig sind«, sagte sie. »Ich mag, dass ich leidenschaftlich bin, dass ich gern hoch hinauswill. Mir gefällt, dass ich nicht aufgebe.«

»Schreiben Sie das auf, meine Liebe«, sagte ich. »Legen Sie diese Worte in Ihre Handtasche.«

Eine ehrliche Bestandsaufnahme zu machen ist so wichtig. Es ist einfach, Kritik an anderen und an uns selbst zu üben, uns auf Fehler und Klagen zu konzentrieren. Aber wir alle sind gut. Wir entscheiden, worauf wir uns konzentrieren.

»Was finden Sie an Ihrem Ehemann gut?«, fragte ich.

Sie antwortete nicht sofort, kniff die Augen leicht zusammen, als versuchte sie, in die Ferne zu schauen. »Er mag mich«, sagte sie. »Obwohl er ist, wie er ist, weiß ich, dass er mich mag. Und er arbeitet viel. Ich habe mich an der Schulter verletzt, und er hat mir geholfen. Es gibt Zeiten, in denen er mich unterstützt.«

»Sind Sie stärker mit ihm oder ohne ihn?«

Nur Sie können entscheiden, ob eine Beziehung Sie schwächt oder stärkt. Aber das ist keine Frage, die man schnell beantworten kann. Sie können die Wahrheit über Ihre Beziehung erst herausfinden, wenn Sie sich mit Ihren eigenen Wunden beschäftigt haben, wenn Sie all das aus der Vergangenheit begraben und hinter sich gelassen haben, was sie noch immer mit sich herumschleppen.

Meine Entscheidung, mich von Béla scheiden zu lassen, war unfreundlich und unnötig, aber in einer Hinsicht war sie hilfreich: Sie schuf mehr Stille und mehr Raum für mich, um mich meiner Vergangenheit und meiner Trauer zu stellen. Sie hat mich nicht von meinen Emotionen und meinem Trauma befreit, von Flashbacks, davon, dass ich mich emotionslos, unruhig, isoliert und ängstlich gefühlt habe. Davon konnte nur ich selbst mich befreien.

»Pass auf, was du tust, wenn du rastlos bist«, hatte meine

Schwester Magda mich gewarnt. »Du könntest anfangen, die falschen Sachen zu denken: Er ist zu sehr dies, er ist zu sehr das. Ich habe genug gelitten …«

Und ich vermisste Béla wirklich. Die Art, wie er tanzte und seine Freude offen zeigte. Seinen gnadenlosen Humor, mit dem er mich zum Lachen brachte, ob mir danach war oder nicht. Seine unerschütterliche Risikobereitschaft.

Zwei Jahre nach unserer Scheidung heirateten wir abermals. Aber wir kehrten nicht in dieselbe Ehe zurück, die wir vorher geführt hatten. Wir hatten uns nicht miteinander abgefunden; wir haben uns aufs Neue füreinander entschieden, nur dieses Mal ohne die verzerrte Linse von Ressentiments und unerfüllten Erwartungen.

»Ihr Mann kriegt Ihre Wut ab«, sagte ich zu Marina. »Aber vielleicht ist er ja gar nicht der, auf den Sie wirklich wütend sind.«

Wir besetzen andere in Rollen, die uns helfen, die Geschichte so aufzuführen, wie wir sie zu erzählen gedenken. Wenn wir eine neue Geschichte erzählen, wenn wir zu unserer Ganzheit zurückkehren, könnten sich unsere Beziehungen verbessern. Oder wir könnten feststellen, dass wir sie nicht mehr brauchen, dass sie in unserer Geschichte der Freiheit keinen Platz mehr haben.

Sie brauchen nichts zu überstürzen. Tatsächlich ist es am besten, nicht ständig darüber nachzugrübeln und verstehen zu wollen. Es ist eine Antwort, die sich nur durch häufiges Spielen ergibt, dadurch, dass Sie Ihr Leben so erfüllt wie möglich leben und dass Sie der Mensch sind, der Sie jetzt schon sind: eine starke Persönlichkeit.

SCHLÜSSEL, MIT DENEN SIE SICH VON RESSENTIMENTS BEFREIEN KÖNNEN

- ***Verändern Sie die Schrittfolge im Reigen.*** *Viele Paare drehen sich in einem dreistufigen Reigen, einem Zyklus von Konflikten, den sie ständig wiederholen. Er beginnt mit Frustration, eskaliert in Auseinandersetzungen, und wenn Sie sich wieder vertragen, ist die Harmonie scheinbar wiederhergestellt. Solange die anfängliche Frustration nicht bereinigt ist, wird der Frieden nicht lange währen. Welche Frustrationsauslöser sind in Ihrer Beziehung immer noch unbewältigt? Wie können Sie den Reigen in Stufe eins verändern, bevor Sie wieder in den alten Zyklus verfallen? Entscheiden Sie sich für eine Sache, die Sie das nächste Mal anders machen wollen, wenn der Frust wieder hochkocht. Und dann tun Sie es auch. Schreiben Sie auf, wie es gelaufen ist, und feiern Sie jede Veränderung.*

- ***Kümmern Sie sich um Ihre eigene emotionale Geschichte.*** *Denken Sie über eine Botschaft in Sachen Liebe nach, die Sie vielleicht als Kind gelernt haben und die sie in Ihre Beziehungen hineintragen. Marina nahm beispielsweise die Botschaft mit, dass man von dem, den man liebt, verlassen wird. Was haben Sie in Ihrer Kindheit über Liebe gelernt? Ergänzen Sie diesen Satz: Wenn man jemanden liebt, ____________________.*

- ***Wären Sie gern mit sich verheiratet?*** *Was glauben Sie, welche Merkmale zu einer angenehmen und erfüllten Beziehung führen? Wären Sie gern mit jemandem wie Ihnen* *verheiratet? Welche Stärken bringen Sie ein? Machen Sie eine Liste. Mit welchen Verhaltensweisen wäre es schwierig zu leben? Machen Sie eine Liste. Führen Sie ein Leben, das Ihr bestes Selbst zum Vorschein bringt?*

Kapitel 9

ENTWICKELN SIE SICH WEITER ODER DREHEN SIE SICH IM KREIS?

Das Gefängnis der lähmenden Angst

Ich hatte ein paar Jahre an einer Highschool in El Paso Psychologie unterrichtet – und war sogar als Teacher of the Year ausgezeichnet worden –, als ich beschloss, wieder zu studieren und meinen Master in Pädagogischer Psychologie zu machen. Eines Tages kam mein klinischer Supervisor zu mir und sagte: »Edie, du musst promovieren.«

Ich lachte. »Bis ich promoviert habe, bin ich fünfzig«, sagte ich.

»Fünfzig wirst du so oder so.«

Das sind die schlauesten fünf Wörter, die jemals jemand zu mir gesagt hat.

Sie werden so oder so fünfzig – oder dreißig oder sechzig oder neunzig. Sie können also genauso gut ein Risiko eingehen. Tun Sie etwas, was Sie nie zuvor getan haben. Veränderung ist gleichbedeutend mit Wachstum. Um zu wachsen, müssen Sie sich weiterentwickeln, statt sich im Kreis zu drehen.

In Amerika werden die Psychologen umgangssprachlich als *Shrinks* bezeichnet. Ich hingegen bezeichne mich gern als *Stretch*! Um von Überlebender zu Überlebendem mit Ihnen zu sprechen und Sie anzuleiten, sich von Ihren selbsteinschränkenden Überzeugungen zu lösen und Ihr Potenzial mit Freude anzunehmen.

Als Kind habe ich Latein gelernt, und mir gefällt der Satz: *Tempura mutantur, et nos mutamur in illis*. Die Zeiten ändern sich, und wir ändern uns mit den Zeiten. Wir stecken nicht in der Vergangenheit fest oder in unseren alten Mustern und Verhaltensweisen. Wir sind jetzt hier, in der Gegenwart, und es liegt an uns, woran wir festhalten, was wir loslassen und wonach wir streben.

Gloria schleppt noch immer eine schwere Bürde mit sich. Im Alter von vier Jahren floh sie vor dem Bürgerkrieg in El Salvador, wuchs in einem extrem gewalttätigen Haushalt auf, in dem ihre Mutter wiederholt von ihrem Vater verprügelt wurde. Und dann, als sie mit dreizehn die Familie in El Salvador besuchte, wurde sie von ihrem Onkel, einem Pastor, vergewaltigt, von dem Mann, der sie getauft hatte. Er fiel am Heiligen Abend über sie her und zerstörte nicht nur ihren Glauben, sondern auch ihr Gefühl für Sicherheit. Niemand glaubte ihr, als sie von der Vergewaltigung erzählte, und der Onkel, der sie vergewaltigt hat, ist immer noch praktizierender Pastor.

»Ich halte an so viel Schmerz und Leid fest«, sagte sie. »Alles wird von Angst überdeckt. Ich will meinen Ehemann oder die Kinder nicht an die Vergangenheit verlieren. Ich muss etwas ändern, aber ich weiß einfach nicht, wie ich es ändern oder wo ich anfangen soll.«

Sie hatte gedacht, dass ein Studium der Sozialarbeit ihr helfen könnte, der Gegenwart einen Sinn abzugewinnen und die Umklammerung der Vergangenheit zu lösen, doch die geschilderten Erlebnisse ihrer Schützlinge, die selbst zu Opfern geworden waren, vertieften nur ihre Verzweiflung und Hilflosigkeit, und sie brach das Studium ab. Sie hasste das Gefühl, eine Niederlage erlitten zu haben, und dass ihre Kinder mitbekamen, wie sie kämpfte. Und neben den häufigen Übergriffen und ihren Angstgefühlen aus der Vergangenheit lebt sie nun Tag für Tag in der Sorge, dass ihre Kinder ebenso geschädigt werden könnten wie sie.

»Ich gebe mein Bestes, um ihre Sicherheit zu gewährleisten«, sagte sie. »Aber ich werde nicht immer da sein, um sie zu beschützen. Ich will nicht, dass sie in Angst leben. Ich möchte die Angst nicht an sie weitergeben.«

Aber alltägliche Ereignisse, etwa wenn sie ihre Tochter im Zeltlager abliefert, triggern enorme Ängste. »Dann bleibe ich die ganze Nacht auf und denke: ›Was wird ihr zustoßen? Stößt ihr vielleicht in diesem Augenblick etwas zu?‹«

Wir sollten nie aufhören, nach Sicherheit und Gerechtigkeit zu trachten und alles zu tun, was in unserer Macht steht, um uns, unsere Liebsten, Nachbarn oder Mitmenschen zu beschützen. Aber wir können wählen, wie viel von unserem Leben wir an die Angst abgeben wollen.

Angst benutzt die eindringlichsten, schonungslosesten,

provokativsten Worte: *Was wenn, was wenn, was wenn*? Wenn die Angst wie ein Gewitter über uns hereinbricht, der Körper bebt, das Herz rast und das Trauma, das wir schon überstanden haben, uns zu verschlingen droht, nehmen Sie Ihre Hand und sagen Sie: »Danke, Angst, dass du mich beschützen willst.« Sagen Sie dann: »Das war damals, dies ist jetzt.« Sagen Sie es immer wieder. Sie haben es bereits hinter sich. Sie sind im Jetzt. Umarmen Sie sich und klopfen Sie sich auf die Schulter. Sagen Sie: »Gut gemacht, Mädchen! Ich liebe dich.«

Sie wissen nie, was von außen kommt. Sie können nicht vorhersagen, wer auftauchen könnte, um Schaden anzurichten – eine Beleidigung loslassen, zum Schlag ausholen, ein Versprechen brechen, ein Vertrauen missbrauchen, eine Bombe abwerfen, einen Krieg beginnen. Ich wünschte, ich könnte Ihnen sagen, dass die Welt morgen von Grausamkeiten, Gewalt und Vorurteilen, von Vergewaltigung und Völkermord befreit sein wird. Doch diese Welt wird es vielleicht nie geben. Wir leben in einer Welt voller Gefahren, und deshalb leben wir in einer Welt voller Angst. Ihre Sicherheit *ist nicht* gewährleistet.

Aber es gibt keine Koexistenz von Angst und Liebe. Und Angst braucht Ihr Leben nicht zu beherrschen.

Die Angst loszulassen beginnt bei Ihnen.

Wenn wir verletzt oder betrogen worden sind, ist es nicht leicht, uns von der Angst zu lösen, dass wir abermals verletzt werden.

Die Lieblingsworte der Angst sind: »Ich habe es dir gesagt.« *Ich habe dir gesagt*, dass du es bereuen wirst. *Ich habe dir gesagt*, dass es zu riskant ist. *Ich habe dir gesagt*, dass es nicht gut ausgehen wird.

Und wir wollen unsere Vorahnungen nicht enttäuschen.

Wir halten an der Angst fest, glauben, dass Wachsamkeit uns beschützen wird, aber die Angst wird zu einem unerbittlichen Kreislauf, zu einer selbsterfüllenden Prophezeiung. Sie können sich besser gegen Leid schützen, wenn Sie sich lieben und sich verzeihen können, damit Sie für sich selbst sicher sind und sich nicht für Fehler, Verletzungen und Leid bestrafen, die unweigerlich zum Leben gehören.

Dies war Kathleens Kampf, als ich nach dem Seitensprung ihres Mannes mit ihr sprach.

Sie hatte gerade das zwölfte Jahr ihrer glücklichen Ehe mit einem gutaussehenden, erfolgreichen Arzt vollendet und eine berufliche Pause eingelegt, um sich auf ihre kleinen Söhne zu konzentrieren, als sie den Anruf erhielt. Ein Mann, von dem sie noch nie gehört hatte, behauptete, einen Escort-Service zu betreiben, und drohte, die Affäre ihres Ehemanns mit einem der Escort-Girls publik zu machen und seine Karriere zu ruinieren, wenn sie nicht zahlte. Es war schäbig und bizarr, der Stoff, aus dem Seifenopern und Albträume sind. Aber als sie ihren Mann zur Rede stellte, gestand er ihr, dass es so war. Er hatte die Dienste eines Escort-Girls in Anspruch genommen. Der Mann, der Kathleen angerufen hatte, war deren Zuhälter.

Kathleen verfiel in einen Schockzustand. Sie zitterte unkontrolliert, konnte weder essen noch schlafen. Ihre Welt stand auf dem Kopf und war vollkommen aus den Fugen geraten. Wie konnte sie so ahnungslos gewesen sein? Sie verfiel in einen Zustand ständiger Wachsamkeit, durchforstete ihr Leben nach Hinweisen, die ihr Aufschluss geben könnten, weshalb ihr Mann sie betrogen hatte, und nach Beweisen, dass er sie vielleicht abermals betrog.

Aber im Lauf der Zeit und mit Unterstützung eines Eheberaters verwandelte sich die Untreue zur Chance für sie und ihren Mann, ihre Ehe neu zu entdecken und die Intimität wieder anzufachen. Als sie ihre Stabilität wiedergewannen, war sie überrascht, wie viel aufmerksamer und romantischer er geworden war. Ihre Ehe wurde freudvoller. Sie gaben eine riesige Weihnachtsfeier in ihrem von Licht erfüllten Zuhause. Am Valentinstag weckte ihr Mann sie noch vor Tagesanbruch und führte sie durch den dunklen Flur zur Treppe, die er mit rosaroten Blütenblättern und funkelnden Teelichtern geschmückt hatte. Sie setzten sich in ihren Morgenmänteln nebeneinander hin und weinten. Romantik und Vertrauen waren wieder in ihre Beziehung eingekehrt.

Da ahnte sie noch nicht, dass er nur ein paar Wochen später eine weitere katastrophale Entscheidung fällen würde – der Beginn einer neuen Affäre mit einer jungen Kollegin –, und sie ahnte auch nicht, dass ihr in ein paar Monaten ein leidenschaftlicher Brief in die Hände fallen würde, den er an seine Geliebte geschrieben hatte.

Kathleen und ich sprachen zwei Jahre nach ihrer niederschmetternden Feststellung, dass er sie abermals betrogen hatte. Sie beschloss, die Ehe fortzusetzen, sie absolvierten abermals eine intensive Paartherapie und erneuerten ihre Beziehung von Grund auf. Sie erzählte mir, dass ihre Bindung sich in vielerlei Hinsicht stärker denn je anfühlt. Ihr Mann schottet sich weniger ab, ist seltener nervös und anhänglicher. Er umarmt, küsst und tröstet sie, erkundigt sich häufig nach ihrem Befinden, ruft sie per Videocall von der Arbeit an oder telefoniert von seinem Arbeitsplatz aus, damit sie weiß, dass er wirklich dort ist, wo er behauptet, dass er ist. Er spricht offen darüber, weshalb er sie abermals betrogen hat: »Ich war ein elender Narzisst und wollte alles haben«, erklärt er und spricht ihr sein tiefstes Bedauern aus.

Aber die Angst hält Kathleen nach wie vor gefangen.

»Ich habe den liebevollen, aufmerksamen Mann, den ich mir immer gewünscht habe«, sagte sie. »Aber ich kann es nicht akzeptieren. Ich kann es nicht glauben. Den ganzen Tag läuft mein Kopfkino, ich lasse die Vergangenheit aufleben, warte auf die nächste Hiobsbotschaft, darauf, dass er mich wieder betrügt. Ich weiß, dass ich mir mein eigenes Leben vermiese. Ich weiß, dass ich lernen muss, ihm wieder zu vertrauen. Ich versuche, in der Gegenwart zu bleiben. Aber ich werde die Angst nicht los. Ich kann nicht aufhören, ihn zu kontrollieren und zu überwachen.«

Wenn uns viele Zweifel plagen, halten wir Ausschau nach Hinweisen, die unsere Ängste beruhigen – oder bestätigen! Aber unabhängig davon, was wir außerhalb von uns suchen: Damit auseinandersetzen müssen wir uns in uns selbst.

»Vielleicht ist es nicht Ihr Mann, an dem Sie zweifeln«, sagte ich. »Vielleicht sind Sie es. Ich habe Sie viermal ›Ich kann nicht‹ sagen hören.«

Ihre strahlenden Augen füllten sich mit Tränen.

»Sie trauen sich zu wenig zu. Arbeiten wir also daran, diese Selbstzweifel zu zerstreuen.«

Das Gefängnis der Angst kann zu einem Katalysator für

Wachstum und Stärke werden. Um diese Veränderung herbeizuführen, ist Sprache eines unserer mächtigsten Instrumente.

»Beginnen wir mit diesem ›Ich kann nicht‹«, sagte ich zu ihr. »Zunächst einmal ist das eine Lüge. *Ich kann nicht*, heißt, ich bin hilflos. Und wenn Sie kein Kleinkind sind, trifft das einfach nicht zu.«

Wenn wir »Ich kann nicht« sagen, sagen wir in Wirklichkeit »Ich werde nicht«. *Ich werde es nicht akzeptieren. Ich werde es nicht glauben. Ich werde der Angst nicht entkommen. Ich werde nicht aufhören, ihn zu überwachen und zu beobachten.* Die Sprache der Angst ist die Sprache des Widerstands. Und wenn wir Widerstand leisten, arbeiten wir sehr hart daran, sicherzustellen, dass wir auf der Stelle treten. Wir verweigern Wachstum und Neugierde. Wir drehen uns im Kreis, wir entwickeln uns nicht weiter, wir versagen uns Chancen zur Veränderung.

Ich forderte Kathleen auf, *Ich kann nicht* aus ihrem Vokabular zu streichen.

Wenn Sie etwas streichen, werden Sie mehr Erfolg haben, wenn Sie es durch etwas anderes ersetzen. Wenn Sie sich einen Cocktail versagen, tauschen Sie ihn gegen ein anderes Getränk aus, das Ihnen schmeckt. Wenn Sie sich einem geliebten Menschen nicht mehr entziehen und sich nicht mehr vor ihm verstecken wollen, wie es Robin in einem früheren Kapitel getan hat, ersetzen Sie Ihre Angewohnheit, den Raum zu verlassen, dadurch, dass sie bleiben und Ihrem Partner mit einem Lächeln und einem freundlichen Blick begegnen.

Zu Kathleen sagte ich: »Immer, wenn Sie ›Ich kann nicht‹

sagen wollen, sagen Sie stattdessen ›Ich kann‹.« *Ich kann* mich von der Vergangenheit lösen. *Ich kann* in der Gegenwart bleiben. *Ich kann* mich lieben und mir vertrauen.

Ich machte sie auf zwei weitere angstbasierte Redewendungen aufmerksam, die sie in der ersten Minute unseres Gesprächs direkt nacheinander verwendet hatte: *Ich versuche* und *Ich muss.*

»Sie sagten, Sie versuchen, in der Gegenwart zu leben«, erinnerte ich sie. »Aber versuchen heißt lügen. Entweder Sie tun etwas oder Sie tun es nicht. Wenn Sie sagen ›Ich versuche‹, dann brauchen Sie es eigentlich nicht zu tun. Sie entlassen sich aus der Verantwortung. »Es ist an der Zeit, dass Sie aufhören zu versuchen und anfangen zu tun.«

Wenn wir kurz davor sind, in Aktion zu treten, bedienen sich viele von uns der Redewendung »Ich muss«. Das klingt, als würden wir Ziele identifizieren und Prioritäten setzen. Kathleen wollte die unerbittliche Angst und Wachsamkeit in ihrer Ehe ändern. Sie sagte: »Ich weiß, ich muss lernen, ihm wieder zu vertrauen.«

»Aber auch das ist eine Lüge«, sagte ich zu ihr. »Müssen tun wir nur, was für unser Überleben notwendig ist: Atmen, Schlafen, Essen.«

Wir können aufhören, uns zu belasten und unter Druck zu setzen, wenn wir uns einreden, dass etwas für unser Überleben notwendig sei, obwohl es nicht stimmt. Und wir können aufhören, unsere Entscheidungen als Pflichten anzusehen.

»Sie *müssen* Ihrem Ehemann nicht vertrauen«, sagte ich. »Sie *wollen* es. Und wenn Sie es wollen, können Sie beschließen, es zu tun.«

Wenn wir so sprechen, als seien wir gezwungen, verpflichtet oder unfähig, dann werden wir auch so denken. Und das bedeutet, dass es auch das sein wird, was wir fühlen, und folglich, wie wir uns verhalten. Wir werden Gefangene der Angst: Ich muss das tun, *denn sonst*, Ich möchte das tun, *aber ich kann nicht*. Um sich aus dem Gefängnis zu befreien, achten Sie auf Ihre Sprache. Achten Sie auf das *Ich kann nicht*, das *Ich versuche*, das *Ich muss* und überlegen Sie, ob Sie diese Redewendungen, die Sie gefangen nehmen, durch andere ersetzen können: *Ich kann, Ich will, Ich bin bereit, Ich entscheide mich*. Das ist die Sprache, die uns die Kraft gibt, uns zu verändern.

ACHTEN SIE AUF DAS *ICH KANN NICHT*, DAS *ICH VERSUCHE*, DAS *ICH MUSS* UND ÜBERLEGEN SIE, OB SIE DIESE REDEWENDUNGEN, DIE SIE GEFANGENNEHMEN, DURCH ANDERE ERSETZEN KÖNNEN: *ICH KANN, ICH WILL, ICH BIN BEREIT, ICH ENTSCHEIDE MICH*.

Kathleen hat keine Garantie, dass ihr Mann sie nicht mehr betrügen wird. Wenn sie die Ehe beendet, kann sie sich trotzdem nicht blind darauf verlassen, dass jemand anderer sie nicht auch betrügt. Aber sie hat Instrumente, um sich aus der Lähmung zu befreien.

Wer trägt die Verantwortung, wenn Ihre Träume und Ihre Verhaltensweisen nicht zueinanderpassen? Ein Patient sagte, dass er an seinem Arbeitsplatz bestimmt erfolgreicher sein und mit seiner Familie geduldiger umgehen würde, wenn er nur besser schlafen könnte – aber dessen ungeachtet trank er immer noch fünf Tassen Kaffee. Eine andere Patientin sehnte sich nach einer stabilen festen Beziehung, wachte aber ständig im Bett eines anderen Mannes auf. Die Ziele und Entscheidungen dieser Patienten passten nicht zusammen. Ich bin durchaus für positives Denken, doch es bringt nichts, wenn diesem Denken keine positiven Taten folgen.

Und wir brauchen nicht so hart zu arbeiten, nur um dann auf der Stelle zu treten.

Eine Möglichkeit, uns einer Veränderung zu widersetzen, besteht darin, dass wir zu hart mit uns ins Gericht gehen. Eine Patientin sagte zu mir, dass sie gern abnehmen würde, doch als sie zu mir kam, brachte sie die halbe Zeit damit zu, sich zu beschimpfen. »Ich stopfe Eiscreme in mich hinein«, sagte sie beispielsweise. »Ich stopfe Schokoladenkuchen in mich hinein.« Solange Sie sich herabsetzen, werden Sie sich nie ändern. Aber wenn Sie sagen: »Heute verzichte ich auf Zucker in meinem Cappuccino«, dann *tun* Sie etwas dagegen. So funktioniert das mit Wachstum, Lernen und Heilen: durch das, was Sie tun, was Sie Schritt für Schritt für sich selbst tun.

Manchmal können scheinbar triviale Veränderungen eine große Wirkung entfalten. Michelle, die jahrelang gegen ihre Magersucht kämpfte, hatte immer auf Doughnuts verzichtet. Sie hatte ihr ganzes Leben lang Angst davor gehabt: Angst, dass sie, sobald sie nur einen aß, am Ende die ganze Schachtel leermachen würde. Angst, dass sie, wenn sie sich auch nur einen winzigen Bissen gönnte, auf der Stelle zunehmen würde. Angst, dass sie die Kontrolle verlieren würde. Angst, dass sie, wenn sie sich Vergnügen zugestand, wenn sie sich gehen ließe, auseinanderbrechen würde.

Aber sie wusste, dass sie so lange gefangen war, wie sie

sich vor einem altmodischen, glasierten Etwas fürchtete. Eines Morgens nahm sie ihren ganzen Mut zusammen, ging in eine Bäckerei – schon die Klingel an der Tür und der Zuckerduft brachten sie zum Schwitzen – und kaufte zwei Doughnuts, die sie in die Therapiestunde mitbrachte. In einer unterstützenden Umgebung und dem Trost, dass ihr Therapeut die Erfahrung mit ihr teilte, gestand Michelle sich zu, die Angst zu empfinden, diese tiefsitzenden Ängste wegen ihres Selbstbilds und Selbstwerts und davor, die Kontrolle zu verlieren. Und dann wurde sie neugierig auf die Erfahrung. Zusammen bissen ihr Therapeut und sie vom Doughnut ab. Michelle spürte das Knirschen der Glasur auf der Zunge. Die weiche, kuchenähnliche Textur beim Hineinbeißen. Den Rausch des Zuckers, der ihren Körper flutete. Sie verwandelte ihre Ängste in Begeisterung!

Wir werden nicht mit Angst geboren. Wir erlernen sie im Lauf der Zeit.

Den Tag, an dem Audrey zehn Jahre alt wurde, werde ich nie vergessen. Sie hatte eine Freundin zu Besuch, und die beiden spielten in ihrem Zimmer. Gerade in dem Moment, als ich mit einem Korb Wäsche an ihrer offenen Tür vorüberkam, raste ein Krankenwagen mit jaulender Sirene vorbei, ein Geräusch, so durchdringend, dass es mich noch heute erschreckt. Ich war verblüfft, als ich sah, wie Audrey augenblicklich unter ihr Bett abtauchte. Ihre Freundin, verwirrt von ihrer Reaktion, starrte sie fassungslos an. Vermutlich hatte Audrey irgendwann mitbekommen, dass *ich* beim Heulen einer Sirene zusammenzuckte, und daraus gelernt, sich davor zu fürchten. Sie hatte meine Angst verinnerlicht.

Oft sind die emotionalen Reaktionen, die sich in uns festsetzen, nicht einmal unsere eigenen, sondern diejenigen, die wir durch Beobachtung anderer erlernt haben. Sie können sich also fragen: »Ist das meine Angst? Oder ist es die eines anderen?« Wenn die Angst tatsächlich Ihrer Mutter, Ihrem Vater, der Großmutter, dem Großvater oder Ihrem Ehepartner gehört, brauchen Sie sie nicht mehr zu tragen. Legen Sie sie einfach ab. Lassen Sie sie los. Lassen Sie sie zurück.

WIR WERDEN NICHT MIT ANGST GEBOREN. WIR ERLERNEN SIE IM LAUF DER ZEIT.

Und dann stellen Sie eine Liste der Ängste auf, die noch vorhanden sind.

Auf diese Weise beginnen Sie, sich Ihren Ängsten zu stellen, statt sie zu bekämpfen, vor ihnen zu flüchten oder sie mit Medikamenten zu behandeln.

Diese Angst-Übung machte ich mit meiner Patientin Alison, der Sängerin. Sie hatte mit den Folgen einer Scheidung zu kämpfen und mit körperlichen Unpässlichkeiten zu tun – einem Stimmtremor und Rückenschmerzen –, die sie an der Ausübung ihres Berufes hinderten. Die Liste wies folgende Ängste auf:

Allein sein.
Mein Einkommen verlieren.
Arm, vielleicht auch obdachlos sein.
Krank sein und niemanden haben, der mir hilft.
Von anderen nicht akzeptiert werden.

Ich bat sie, ihre Liste durchzugehen und zu beurteilen, wie realistisch jede dieser Ängste war. War sie realistisch – eine berechtigte Sorge angesichts ihrer Lebensumstände –, machte sie einen Kringel darum und schrieb ein R daneben. War die Angst unrealistisch, strich sie sie von der Liste. Sie fand heraus, dass zwei ihrer Ängste nicht realistisch waren. Aus ihrem Einkommen aus Tantiemen und Rücklagen für ihre Rente hatte sie ein Sicherheitsnetz. Selbst wenn sie Einkommen einbüßte, was passieren konnte, da sie ihre Tourneen absagen musste, war es unwahrscheinlich, dass sie ihr Haus verlor und auf der Straße landete. Sie strich *arm sein, vielleicht auch obdachlos* von der Liste. Sie strich auch *von anderen nicht akzeptiert werden*. Verschiedene Ereignisse in ihrem Leben sprachen eine andere Sprache: Sie war eine bewunderte Künstlerin, eine geschätzte Freundin. Und noch wichtiger: Ihr wurde bewusst, dass sie keinen Einfluss darauf hatte, ob sie akzeptiert wurde oder nicht. Sie lernte, sich selbst zu lieben. Was andere von ihr dachten, war ihnen überlassen.

Die drei verbliebenen Ängste bekamen ein R: *Allein sein, mein Einkommen verlieren, krank sein und niemanden haben, der mir hilft.*

Nun bat ich sie, eine Liste der Dinge aufzustellen, die sie heute für sich selbst tun konnte, um sich zu schützen und das Leben aufzubauen, das sie sich wünschte. Wenn sie Angst davor hatte, allein zu sein, und gern wieder eine Beziehung eingehen wollte, könnte sie sich bei einer Dating-App anmelden, einen Tag lang Augenkontakt mit Fremden herstellen (man kann nie wissen, wer einem über den Weg läuft!), zu einem Treffen der CoDa, der Co-

Dependents Anonymous gehen, um eine neue Beziehung in einem angenehmeren Umfeld einzugehen, als sie es bei der Heirat mit ihrem Ex vorgefunden hatte. Um sich ihrer Angst zu stellen, krank zu werden und niemanden zu haben, der sich um sie kümmert, könnte sie geeignete Ressourcen eruieren für den Fall, dass sie einmal pflegebedürftig werden sollte. Welche Organisationen für häusliche Pflege gab es in der Gegend? Was würde das kosten? Würde die Versicherung dafür aufkommen? Und so weiter. Es ist nicht so, dass wir damit unsere Ängste loswerden können. Wir lassen nur nicht zu, dass sie uns dominieren. Wir laden die anderen Stimmen im Raum ein, etwas dazu beizutragen. Und dann *tun* wir etwas. Wir übernehmen Verantwortung. Wir bitten um Hilfe.

Wenn wir uns festgefahren haben, ist es oft nicht so, dass wir nicht wüssten, *was* wir tun sollen. Es ist vielmehr so, dass wir Angst haben, es nicht gut genug zu tun. Wir sind selbstkritisch. Wir legen hohe Maßstäbe an. Wir wollen Anerkennung von anderen und am meisten von uns selbst, und wir meinen, sie dadurch zu bekommen, dass wir Superman oder Superwoman spielen. Doch wenn Sie perfektionistisch sind, werden Sie Dinge auf die lange Bank schieben, denn perfekt ist gleichbedeutend mit niemals.

Sie können aber auch anders darüber nachdenken. Wenn Sie perfektionistisch sind, konkurrieren Sie mit Gott. Aber Sie sind ein Mensch. Sie werden Fehler machen. Versuchen Sie nicht, Gott zu besiegen, denn Gott gewinnt immer.

Um nach Perfektion zu streben, braucht es keinen Mut. Durchschnittlich zu sein, *das* braucht Mut. Zu sagen: »Ich bin mit mir einverstanden.« Zu sagen: »Gut genug ist gut genug.«

Manchmal sind unsere Ängste schmerzlich realistisch, unsere Ressourcen, ihnen zu begegnen, begrenzt.

Das war bei Lauren der Fall, Mutter zweier kleiner Kinder, bei der mit Anfang vierzig Krebs diagnostiziert wurde. Ihre Krankheit stellte ein eigenes Gefängnis dar. Ihre Zukunftsängste, die Angst zu sterben, die Angst, dass ihre Kinder ohne sie aufwachsen müssten, baute eine zweite Reihe von Gitterstäben. Eines Tages erzählte sie mir, was ihr am meisten Angst machte: dass sie sterben würde, ohne wirklich gelebt zu haben. Sie war in einer emotional und körperlich gewalttätigen Ehe gefangen. Sie sehnte sich danach, ihre Kinder zu beschützen und ohne die Kontrolle und die Gewalttätigkeit ihres Mannes zu leben. Aber ihn zu verlassen, schien unmöglich. Der Krebs hatte sie physisch und finanziell verwundbar gemacht und eine an sich schon gefährliche Situation noch verschlimmert. Ihn zu verlassen, schien ein zu großes Risiko zu sein.

Wir untersuchten die Tatsache, dass es einen Unterschied zwischen Stress und Disstress gibt. Disstress ist eine ständige Bedrohung und Unsicherheit, wie es in Auschwitz der Fall war. Wenn wir uns duschten, wussten wir nie, was aus der Brause kam, ob es Wasser war oder Gas. Disstress vergiftet. Es kann bedeuten, dass wir nie wissen, wann eine Bombe auf unser Haus fällt, dass wir nie wissen, wo wir in der Nacht schlafen werden. Dagegen ist Stress an sich eigentlich etwas Gutes. Er fordert uns auf, eine Herausforderung anzunehmen, kreative Lösungen zu finden, uns selbst zu vertrauen.

Es ist eine solche Herausforderung und so gefährlich, den Kreislauf von Missbrauch zu durchbrechen, dass die meisten Frauen immer wieder zu ihrem gewalttätigen Mann zurückkehren, bevor sie sich tatsächlich befreien – falls sie es überhaupt schaffen. Das war zweifellos auch für Lauren eine Herausforderung. Sie würde sehr wahrscheinlich kämpfen müssen, um mit ihrem begrenzten Einkommen ihre Kinder zu versorgen, als Alleinerziehende den Haushalt und die medizinischen Behandlungen unter einen Hut zu bringen. Aber sie würde nicht mehr jeden Tag mit der Bedrohung von Gewalt leben. Sie würde nie mehr im Disstress sein.

ES GIBT EINEN UNTERSCHIED ZWISCHEN STRESS UND DISSTRESS. DISSTRESS IST EINE STÄNDIGE BEDROHUNG UND UNSICHERHEIT. DAGEGEN IST STRESS AN SICH EIGENTLICH ETWAS GUTES.

Falls sie ihn aber verließ, würde sie eine bekannte gegen eine unbekannte Realität eintauschen. Das ist es normalerweise, was uns davon abhält, Risiken einzugehen. Wir bleiben lieber bei dem, was wir kennen, so schmerzvoll oder unerträglich es auch sein mag, als uns dem zu stellen, was wir nicht kennen.

Wenn Sie etwas riskieren, wissen Sie *nicht*, wie es ausgehen wird. Es ist möglich, dass Sie nicht bekommen werden, was Sie wollen, dass es noch schlimmer wird. Aber Sie sind immer noch besser dran, denn Sie werden in der Welt leben, wie sie ist, und nicht in einer imaginären Realität, die von Ihrer Angst geschaffen wurde.

Lauren beschloss, ihren Mann zu verlassen. Sie sagte: »Ich weiß nicht, wie viel Zeit mir noch bleibt. Ich werde den Rest meines Lebens nicht damit verbringen, dass mir gesagt wird, wie wertlos ich bin.«

Wenn ich erlebe, dass Patienten nicht weiterkommen, dass sie sich in einem Karussell selbstzerstörerischer Verhaltensweisen im Kreis drehen, stelle ich sie zur Rede.

»Warum entscheiden Sie sich für ein selbstzerstörerisches Leben? Wollen Sie sterben?«

Sie sagen: »Ja, manchmal möchte ich sterben.«

Das ist eine zutiefst menschliche Frage: *Sein oder Nichtsein.*

Ich hoffe, Sie entscheiden sich immer für das Sein. Eines Tages sind Sie ohnehin tot, und Sie werden sehr lange tot sein. Warum nicht neugierig werden? Warum nicht herausfinden, was dieses Leben Ihnen zu bieten hat?

Neugierde ist lebensnotwendig. Neugierde lässt uns etwas riskieren. Wenn wir voller Angst sind, leben wir in einer Vergangenheit, die schon geschehen ist, oder in einer Zukunft, die noch nicht da ist. Wenn wir neugierig sind, sind wir hier in der Gegenwart und gespannt darauf, was als Nächstes passiert. Es ist besser, zu riskieren und zu wachsen und vielleicht zu versagen, als eingekerkert zu bleiben und nie zu erfahren, was hätte sein können.

SCHLÜSSEL, MIT DENEN SIE SICH VON LÄHMENDER ANGST BEFREIEN KÖNNEN

- ***Ich kann. Ich will. Ich bin bereit.*** *Achten Sie einen Tag lang darauf, wie oft Sie* Ich kann nicht, Ich muss, Ich sollte und Ich versuche *sagen. »Ich kann nicht« bedeutet, ich werde nicht. »Ich muss« und »Ich sollte« bedeutet, dass ich auf meine Entscheidungsfreiheit verzichte. Und »Ich versuche« ist eine Lüge. Streichen Sie diese Sprache aus Ihrem Vokabular. Sie können nichts loslassen, wenn Sie es nicht durch etwas anderes ersetzen. Ersetzen Sie die Sprache der Angst durch etwas anderes:* Ich kann, Ich will, Ich bin bereit, Ich entscheide mich, Ich bin.

- ***Veränderung ist gleichbedeutend mit Wachstum.*** *Machen Sie heute eine Sache anders als gestern. Wenn Sie immer denselben Weg zur Arbeit nehmen, wählen Sie eine andere Route, fahren Sie mit dem Fahrrad oder mit dem Bus. Wenn Sie es normalerweise zu eilig haben oder wenn Sie zu beschäftigt sind, um mit dem Kassierer an der Kasse des Supermarktes zu plaudern, versuchen Sie Blickkontakt herzustellen und ein Gespräch zu beginnen. Wenn Ihre Familie normalerweise zu beschäftigt ist, um gemeinsam zu essen, versuchen Sie, sich zu einem gemeinsamen Essen ohne Fernseher oder Handy an den Tisch zu setzen. Diese kleinen Schritte mögen unbedeutend erscheinen, doch tatsächlich trainieren sie Ihr Gehirn, damit es weiß, dass Sie Veränderungen herbeiführen können, dass nichts in Stein gemeißelt ist, dass Ihre Entscheidungen und Möglichkeiten endlos sind. Und wenn Sie neugierig auf Ihr Leben* *werden, hilft das, Ihre Besorgnis in Begeisterung zu verwandeln. Sie brauchen nicht da zu bleiben, wo Sie gerade sind, wie Sie sind und was Sie gerade machen. Machen Sie Sachen anders. Sie sind nicht festgefahren.*

- ***Identifizieren Sie Ihre Ängste.*** *Machen Sie eine Liste Ihrer Ängste. Fragen Sie bei jeder Angst: »Ist das meine Angst? Oder ist es die eines anderen?« Wenn es eine Angst ist, die Sie geerbt oder angenommen haben, streichen Sie sie von Ihrer Liste. Lassen Sie sie los. Es ist nicht Ihre Angst, die Sie mitschleppen müssen. Entscheiden Sie für jede verbliebene Angst, wie realistisch sie ist. Wenn es angesichts Ihrer Lebensumstände eine berechtigte Sorge ist, kringeln Sie sie ein. Entscheiden Sie bei jeder realistischen Angst, ob Sie Ihnen Stress oder Disstress bereitet. Disstress ist chronische Gefahr und Unsicherheit. Wenn Ihr Leben von Disstress geprägt ist, ist es Ihre vorrangige Verantwortung, sich so weit wie möglich um Ihre Sicherheits- und Überlebensbedürfnisse zu kümmern. Tun Sie alles, was in Ihrer Macht steht, um sich zu schützen. Wenn die Angst Ihnen Stress bereitet, erkennen Sie an, dass Stress gesund sein kann. Stellen Sie fest, auf welche Weise Stress Ihnen eine Möglichkeit für Wachstum eröffnet. Und erstellen Sie schließlich für jede der realistischen Ängste eine Liste der Dinge, die Sie heute für sich selbst tun können, um sich zu stärken und um das Leben aufzubauen, das Sie wollen.*

Kapitel 10

DER NAZI IN UNS

Das Gefängnis der Wertungen

Als Audrey und ich letztes Jahr in Lausanne in der Schweiz waren, hielt ich eine Grundsatzrede vor einer inspirierenden Gruppe globaler Führungskräfte und Leadership-Coaches am International Institute of Management Development, einer der besten Wirtschaftshochschulen Europas. Beim Abendessen nach meinem Vortrag verblüfften mich die Gäste mit ihren herzlichen Dankesworten und ihrer Wertschätzung. Ein Mann fiel mir besonders auf. Er war hochgewachsen, hatte welliges, graumeliertes Haar und ein hageres Gesicht, dominiert von traurigen, intellektuellen Augen. Er sagte, dass insbesondere meine Worte zur Vergebung ein Geschenk für ihn waren. Dann begann er zu weinen. Tränen strömten über sein Gesicht, als er sagte: »Ich habe auch eine Geschichte. Aber es fällt mir schwer, sie zu erzählen.«

Audrey sah mich an. Etwas geschah zwischen uns, ein stilles Erkennen des Kollateralschadens eines Traumas, der

Schmerz, der weitergegeben wird, wenn man ein Geheimnis bei sich behält. Als das formelle Essen beendet war, entschuldigte sie sich und bahnte sich ihren Weg durch den überfüllten Saal zum Tisch des Mannes. Als sie zurückkam, sagte sie: »Er heißt Andreas, und du musst dir seine Geschichte unbedingt anhören.«

Wir hatten einen straffen Zeitplan, aber Audrey arrangierte für mich vor unserem Abflug am folgenden Tag ein privates Mittagessen mit Andreas. Auf ruhige, nachdenkliche Art breitete er die Fragmente seiner persönlichen Geschichte vor mir aus, Puzzleteilchen, die er im Laufe der Zeit zusammengesetzt hatte und die ihm nach und nach die Augen geöffnet hatten.

Auf dem ersten Puzzleteilchen ist er neun Jahre alt und steht mit seinem Vater in einer Ausstellung in einer kleinen Stadt außerhalb von Frankfurt. »Sohn, das hier ist eine Liste aller Bürgermeister dieser Stadt«, setzt sein Vater an und zeigt bedeutungsschwer mit einem Finger auf einen Namen: Hermann Neumann. Hermann ist Andreas' Mittelname. Der Finger seines Vaters tippt auf den Namen. Seine Stimme ist ein seltsamer Mix aus Trauer, Zorn, Sehnsucht und Stolz, als er sagt: »Das ist dein Großvater.«

Andreas' Großvater starb zehn Jahre vor seiner Geburt. Er hatte keinen persönlichen Bezugsrahmen, an dem er sich hätte orientieren können, keine Ahnung, was für ein Mensch er gewesen war, wie es gewesen sein mochte, auf seinen Knien zu sitzen oder zuzuhören, wenn er eine Geschichte erzählte. Niemand sprach über seinen Großvater. Vielmehr herrschte lähmendes Schweigen an der Stelle, wo es um den Familienpatriarchen gehen sollte. Andreas spürte, dass sein totgeschwiegener Großvater etwas mit der düsteren Stimmung zu tun hatte, die manchmal aus den Augen seines Vaters und seines Onkels sprach. Er war zu jung, um zu verstehen, dass es in den Jahren zwischen 1933 und 1945 in Deutschland nur einen Weg gab, um einen Verwaltungsposten zu ergattern.

Es dauerte weitere neun Jahre, bis sich das nächste Puzzleteilchen herauskristallisierte. Andreas war nach einem Jahr als Austauschschüler in Chile gerade nach Deutschland zurückgekehrt. Sein Onkel war nach jahrelangem Kampf gegen seine Alkoholsucht gestorben, und Andreas ging in dessen Wohnung, um den Keller auszuräumen. Er stand in dem lichtlosen Abteil, wartete, bis seine Augen sich an die Dunkelheit gewöhnt hatten, ließ den Blick über die mit Büchern und Habseligkeiten vollgepackten Regale schweifen und schätzte ab, wie lang es wohl dauern würde, um sie leerzuräumen, als er es sah. Eine alte Seemannskiste aus Holz mit einem Aufkleber, der ihm irgendwie vertraut vorkam. Er trat näher heran und sah, dass es sich um einen Zollaufkleber aus Arica, Chile, handelte, der im Jahr 1931 abgestempelt war. Der Lederanhänger auf der Kiste trug den Namen seines Großvaters. Weshalb hatte niemand in der Familie vor seiner Abreise nach Chile erwähnt, dass auch sein Großvater dort gewesen war? Und weshalb beschlich ihn beim Anblick dieses Koffers ein so mulmiges Gefühl?

Er fragte seine Eltern danach. Sein Vater zuckte nur mit den Achseln und ging aus dem Zimmer. Seine Mutter äußerte sich nur vage. »Ich glaube, er war da in irgendetwas hineingeraten«, sagte sie. »Deshalb hat er sich ein paar

Monate lang abgesetzt.« In den frühen Dreißigerjahren hatte es in Deutschland eine schwere wirtschaftliche Krise gegeben. Vielleicht hatte sein Großvater sich wie andere junge Deutsche in diesen kargen Jahren woanders nach Arbeitsmöglichkeiten umgesehen. Andreas redete sich ein, dass es so gewesen sein musste, und bemühte sich, die bohrende Ahnung zu ignorieren, dass an dieser Geschichte mehr dran war als das.

Ein paar Jahre später bat er den anderen Bruder seines Vaters um Erlaubnis, alte Familiendokumente und Erinnerungsstücke durchzusehen, die im hinteren Teil seines Hauses lagerten. Sein Instinkt sagte ihm, dass er in der Vergangenheit seines Großvaters vielleicht etwas entdecken konnte, das diesen Graben des Unbehagens erklären könnte, der die Generationen seiner Familie miteinander verband – die Alkoholprobleme seines Vaters und seines Onkels, deren geheimnisumwittertes, verschlossenes Verhalten, das seinem Gefühl nach etwas mit Schande zu tun hatte.

Tagelang las und sortierte er, und ganz allmählich tauchten weitere Puzzleteile auf. Der alte Pass seines Großvaters, abgestempelt von der Einwanderungsbehörde in Chile, zeigte, dass er 1930 eingereist und 1931 wieder ausgereist war. Ein Telegramm, das 1942 an die Arbeitsstelle seines Großvaters in Frankfurt geschickt wurde, wo er als Büroangestellter für eines der großen Industriekonglomerate gearbeitet hatte. *Hast du alle Fahrräder und Habseligkeiten aus dem Haus in Frankfurt geräumt?*, stand in dem Telegramm, das die Unterschrift des Bruders seines Großvaters trug. Eine merkwürdige Botschaft.

Dann las Andreas den Absender. Sein Großonkel hatte die Botschaft aus dem Gestapo-Hauptquartier in Marseille geschickt. Wie konnte es sein, dass sein Großonkel Zugang zur Telex-Maschine der Nazis hatte? Warum hatte sein Großvater eine persönliche Botschaft aus einem Gestapobüro bekommen? Wie tief ging die Verbindung seiner Familie zu den Nazis?

Er stöberte weiter in den Dokumenten und fand einen Brief von einem Freund der Familie, der sie davon in Kenntnis setzte, dass sein Großonkel im Krieg bei einer Rückzugsmission in Frankreich gestorben war, als sein Fahrzeug über eine Mine fuhr. Am Ort der Explosion waren keine persönlichen Gegenstände oder Erkennungsmarken gefunden worden. Er entdeckte auch Briefe von seinem Großvater an seine Großmutter, die nach dem Krieg in einem Kriegsgefangenenlager in Süddeutschland geschrieben wurden. Welche mutmaßlichen oder tatsächlichen Straftaten hatten seinen Großvater ins Gefängnis gebracht?

Jahrelang suchte er nach weiteren Informationen, landete aber immer wieder in einer Sackgasse. Trotz der Inhaftierung seines Großvaters gab es anscheinend keinerlei Hinweise auf einen Prozess oder auf Ermittlungen zu den kriminellen Taten seines Großvaters. In einem letzten Versuch, die Lücken in der Vergangenheit seiner Familie zu schließen, nahm Andreas Kontakt mit den Archiven desjenigen Bundeslandes auf, in dem seine Großeltern nach dem Krieg gelebt hatten. Schließlich wurde ihm eine dünne Akte ausgehändigt. Darin lagen nur ein paar Blätter, darunter eine getippte Chronologie von nur einer halben Seite.

1927, als sein Großvater zwanzig Jahre alt war, hatte er sich der SA, der Sturmabteilung, angeschlossen, der ersten paramilitärischen Gruppe der NSDAP. Sie warfen Fensterscheiben ein und setzten Häuserblocks in Brand, schufen ein Klima von Angst und Gewalt und unterstützten so Hitlers Machtergreifung. 1930 verließ er die SA, im selben Jahr, in dem er nach Chile ausgewandert war, nur, um ein paar Monate später nach Deutschland zurückzukehren, wo er sich abermals der SA anschloss und zum Scharführer und Mitglied der NSDAP befördert wurde. Diese Entscheidungen von 1933 ebneten ihm den Weg zu seiner Anstellung beim Finanzamt in Frankfurt und zu seinem Amt als Bürgermeister des Dorfes, in dem Andreas' Vater mit dem Finger auf den Namen Hermann Neumann getippt hatte, auf jene vier Silben, die das dunkle Vermächtnis kennzeichneten, das er geerbt hatte.

»Ich trage seinen Namen«, sagte Andreas. »Meine Zellen stammen von seinen Zellen ab. Strenggenommen bin ich ein Resultat, ein Produkt dessen, was passiert ist.«

Seine eigene Identität kam ihm besudelt vor.

Und die Geschichte schien sich zu wiederholen. Zur gleichen Zeit, als er die Wahrheit über seinen Großvater erfuhr, gewann die rechte Bewegung in den wirtschaftlich schwachen Regionen Ostdeutschlands an Fahrt.

»Ich habe Fotos gesehen, auf denen Leute in Chemnitz Jagd auf Immigranten machen«, sagte er, »und ich wusste, dass mein Großvater auch so einer gewesen ist.«

Offiziell änderte er seinen Mittelnamen von Hermann in Phileas, nach der Figur des Phileas Fogg in Jules Vernes *In achtzig Tagen um die Welt*, ein Buch, das in Andreas'

Kinderzeit seine Neugierde auf die Welt entfacht hatte. Mit der Namensänderung wollte er sich von seinem Großvater distanzieren, seine persönliche Verbindung zu den Untaten seines Großvaters kappen und die Aussage treffen: »Ja, ich bin Hermanns Enkel, aber ich brauche seinen Vornamen nicht zu tragen.«

Andreas erklärte, dass er noch immer versucht, die Bürde der Vergangenheit abzuschütteln, die unerbittliche Schande, dass das Blut eines Täters in ihm fließt, dass sein Leben letztendlich durch die Vorteile ermöglicht wurde, die sein Großvater genossen hatte, weil er anderen Schaden zugefügt, weil er Unrecht begangen hatte. Es ist eine Kollektivschuld, die unglücklicherweise viele Deutsche tragen. Wenn Sie Deutscher, Hutu oder ein Abkömmling derjenigen sind, die Apartheid, Völkermord oder andere systemische Gewalt und Ungerechtigkeit begangen haben, sage ich Ihnen: Das waren nicht Sie. Weisen Sie die Schuld den Tätern zu und entscheiden Sie dann.

»Wie lange wollen Sie das immer wieder aufgreifen und mit sich herumtragen?«, fragte ich Andreas. »Was ist das Vermächtnis, das *Sie* selbst weitergeben möchten?«

Wollen Sie weiterhin der Vergangenheit verpflichtet sein? Oder können Sie einen Weg finden, Ihre Liebsten und sich selbst davon zu entlasten?

Bis zu unserer Reise nach Europa hatte ich keine Vorstellung, wie intensiv meine eigene Tochter sich mit dieser Frage beschäftigte.

Weder Audrey noch ich erinnern uns daran, dass wir in ihrer Kindheit je über meine Vergangenheit gesprochen hätten. Sie erfuhr vom Holocaust in der Sonntagsschule und wollte von Béla mehr darüber wissen. Er sagte ihr, dass ich in Auschwitz gewesen war. Etwas bei ihr machte klick. Sie hatte immer schon gespürt, dass es etwas gab, worüber wir nicht sprachen; sie wusste, dass es Leid gab. Doch weil sie nicht wusste, wie sie fragen sollte – oder es irgendwann auch nicht mehr wissen wollte –, war die Wahrheit verborgen geblieben.

Jetzt lag sie klar sichtbar vor uns. Als ich offener und auch in der Öffentlichkeit über meine Vergangenheit zu sprechen begann, wusste Audrey nicht, wie sie mit den Gefühlen umgehen sollte, die meine Geschichte in ihr auslösten. Sie fragte sich, ob mein und auch Bélas Leid sich vielleicht auf ihre DNA übertragen hatte, und sorgte sich, ob sie die Bürde des Traumas an ihre eigenen Kinder weitergeben würde. Jahrelang machte sie einen Bogen um Bücher, Filme, Museen und Veranstaltungen, die den Holocaust thematisierten.

Wenn wir ein schwieriges Vermächtnis in uns tragen, reagieren wir oft auf eine von zwei möglichen Arten: Wir widersetzen uns, oder wir koppeln uns davon ab; wir bekämpfen es, oder wir laufen davon. Obwohl Andreas und Audrey die gleiche Tragödie von der jeweils anderen Seite her erlebten, beschritten sie denselben Weg: Sie rechneten mit einer brutalen Wahrheit und versuchten herauszufinden, wie sie damit leben und sie weitertragen konnten.

Abgesehen davon, dass ich nichts gesagt hatte, um meine Kinder vor meinem Leid zu schützen, hatte ich die weitreichenderen Auswirkungen dieses Erbes erst Anfang der

1980er-Jahre bedacht, als ein vierzehn Jahre alter Junge zu seiner vom Gericht angeordneten Therapiesitzung erschien. Er trug ein braunes Hemd und braune Stiefel, stützte die Ellbogen auf den Tisch und begann sich darüber auszulassen, wie man Amerika wieder weiß machen könnte, wie man all diese Juden, Nigger, Mexikaner und Schlitzaugen umlegen könnte. Ich kochte vor Wut. Am liebsten hätte ich ihn geschüttelt, ihn angeschrien: »Wie kannst du es wagen, so zu reden? Weißt du eigentlich, wer ich bin? Meine Mutter ist in der Gaskammer gestorben!« Gerade als ich die Hände nach ihm ausstrecken wollte, um das in die Tat umzusetzen, hörte ich eine innere Stimme: »Wie hältst du es übrigens mit deinem eigenen Fanatismus?«

Absurd, dachte ich. Ich bin keine Fanatikerin. Ich bin eine Überlebende des Holocaust und Immigrantin. Ich habe meine Eltern an den Hass verloren. Ich habe in der Fabrik in Baltimore die Toiletten der »Farbigen« benutzt, um Solidarität mit meinen afroamerikanischen Arbeitskolleginnen zu zeigen. Ich bin mit Dr. Martin Luther King auf die Straße gegangen, um für Bürgerrechte einzutreten. Ich bin keine Fanatikerin!

UM FANATISMUS ZU STOPPEN, MÜSSEN WIR BEI UNS SELBST BEGINNEN. WIR VERZICHTEN DARAUF ZU WERTEN UND WÄHLEN STATTDESSEN MITGEFÜHL.

Um Fanatismus zu stoppen, müssen wir bei uns selbst beginnen. Wir verzichten darauf zu werten und wählen stattdessen Mitgefühl.

Ich holte tief Luft, beugte mich vor, sah ihn mit so viel

Freundlichkeit an, wie ich aufbringen konnte und sagte: »Erzählen Sie mir mehr.«

Es war eine winzige Geste der Anerkennung, nicht seiner Ideologie, sondern seiner Person. Und das genügte, um ihm ein wenig aus seiner einsamen Kindheit zu entlocken, von nicht vorhandenen Eltern und schwerer Vernachlässigung. Als ich seine Geschichte hörte, fiel mir ein, dass er sich gar keiner extremistischen Gruppierung anzuschließen brauchte, denn er kam schon mit Hass auf die Welt. Er sehnte sich nach dem, wonach wir uns alle sehnen: Akzeptanz, Aufmerksamkeit, Zuneigung. Das ist keine Entschuldigung. Aber ihn anzugreifen würde nur die Saat der Wertlosigkeit aufgehen lassen, die seine Erziehung in ihm ausgebracht hatte. Ich hatte die Wahl, ihn entweder weiter zu isolieren oder ihm eine andere Art von Zuflucht und Zugehörigkeit zu bieten.

Ich habe ihn nie wieder gesehen. Ich weiß nicht, ob er den Weg von Vorurteilen, Kriminalität und Gewalt immer noch beschreitet oder ob er sich heilen und sein Leben umdrehen konnte. Was ich allerdings weiß, ist, dass er, als er zu mir kam, bereit war, jemanden wie mich zu töten, und dass er, als er wieder ging, milder gestimmt war.

Selbst ein Nazi kann Gottes Botschafter sein. Dieser Junge war mein Lehrer, der mich dazu führte, jene Wahl zu treffen, die ich immer habe, nämlich Wertungen durch Mitgefühl zu ersetzen, unsere uns gegebene Menschlichkeit zu erkennen und Liebe zu praktizieren.

Auf der ganzen Welt droht ein Wiederaufleben des Faschismus. Meine Urenkel werden eine Welt erben, die noch immer von Vorurteilen und Hass geprägt ist, eine Welt, in der Kinder auf dem Spielplatz rassistische Schimpfnamen grölen und Waffen in die Schule bringen, eine Welt, in der Nationen Mauern errichten, um Mitmenschen Asyl zu verweigern. In diesem Stadium der Angst und Verwundbarkeit ist es verlockend, die Hasser zu hassen. Aber mir tun die Menschen leid, denen beigebracht wurde zu hassen.

Und ich identifiziere mich mit ihnen. Was, wenn ich als deutsche Nichtjüdin und nicht als ungarische Jüdin auf die Welt gekommen wäre? Was, wenn ich Hitler zugehört hätte, als er verkündete: »Heute Deutschland und morgen die ganze Welt«? Ich hätte auch bei der Hitlerjugend sein können oder eine Aufseherin in Ravensbrück.

Wir sind nicht alle Nachkommen der Nazis. Aber in jedem von uns steckt ein Nazi.

Freiheit bedeutet, uns in jedem einzelnen Augenblick zu entscheiden, ob wir uns unserem inneren Nazi oder unserem inneren Gandhi zuwenden, der Liebe, mit der wir auf die Welt gekommen sind, oder dem Hass, den wir erlernt haben.

Der innere Nazi ist der Teil in uns, der die Fähigkeit hat, zu verurteilen und Mitgefühl zu verweigern, der uns die Erlaubnis versagt, frei zu sein, und der Teil, der andere zu Opfern herabwürdigt, wenn es nicht nach seinem Willen geht.

Ich lerne noch immer, meinen inneren Nazi abzulegen.

Kürzlich war ich mit mehreren Frauen in einem schicken Country Club beim Mittagessen, und jede einzelne von ihnen sah umwerfend aus. *Warum bringe ich einen Nachmittag mit Leuten zu, die wie Barbiepuppen aussehen?*, dachte ich. Dann erwischte ich mich dabei, dass ich andere beurteilte und mich genau der *Wir-gegen-die*-Mentalität bediente, die meine Eltern das Leben kostete. Als ich meine Vorurteile beiseiteschob, erkannte ich, dass die Frauen tiefgründige Denkerinnen waren, dass sie Schwierigkeiten und Kummer erlebt hatten. Und ich war kurz davor gewesen, sie einfach so abzuschreiben.

An einem anderen Abend hielt ich eine Rede bei einem Chabad-Meeting, an dem auch ein Mitüberlebender teilnahm. In der Frage-und-Antwortphase nach meiner Rede fragte er mich: »Warum haben Sie sich in Auschwitz so ohne Weiteres angepasst? Warum haben Sie nicht rebelliert?« Während er sprach, wurde seine Stimme immer lauter. Ich wollte ihm erklären, dass man mich sofort erschossen hätte, wenn ich versucht hätte, mich gegen einen Aufseher zur Wehr zu setzen. Rebellion hätte mich nicht befreit. Ich hätte den Rest meines Lebens verpasst. Doch dann wurde mir klar, dass ich auf seine Erregung reagiert und versucht hatte, meine in der Vergangenheit getroffenen Entscheidungen zu rechtfertigen. Wie wäre es mit genau diesem Moment? Vielleicht war das die einzige Chance in meinem Leben, diesem Mann Mitgefühl entgegenzubringen. »Ich freue mich sehr, dass Sie hier sind«, sagte ich. »Danke, dass Sie Ihre Erfahrung mit uns teilen.«

Wenn wir im Gefängnis der Wertung leben, machen wir nicht nur andere zu Opfern. Wir machen uns selbst zu Opfern.

Als Alex und ich uns kennenlernten, befand sie sich gerade auf einer Reise in Richtung Selbstmitgefühl. Sie zeigte mir die Tätowierung auf ihrem Arm. WUT. Und darunter: LIEBE.

»So bin ich aufgewachsen«, sagte sie. »Mein Vater war Wut. Meine Mutter war Liebe.«

Ihr Vater war Polizeibeamter, der sie und ihren Bruder in einem Klima erzog, das von Aussagen geprägt war, wie: *Mach nicht so ein Gesicht; sei keine Last; sei emotionslos; tu so, als ginge es dir gut; Fehler sind verboten.* Oft kam er aufgebracht von der Arbeit nach Hause, und Alex lernte früh, sich in ihr Zimmer zu verkrümeln, wenn seine Wut hochkochte.

»Ich glaubte immer, dass ich daran schuld sei«, erzählte sie mir. »Ich wusste nicht, weshalb er so wütend war. Niemand hat je zu mir gesagt: ›Das hat nichts mit dir zu tun. Du hast nichts falsch gemacht.‹ Ich wuchs in dem Glauben auf, dass *ich* diejenige war, die ihn wütend gemacht hat, dass an mir irgendetwas faul war.«

Dieses Gefühl von Schuld und Beurteilung wurde so verinnerlicht, dass sie es als Erwachsene nicht einmal wagte, einen Verkäufer zu bitten, ihr ein Produkt von einem hohen Regal herunterzuholen.

»Ich war sicher, dass die mich für bescheuert halten würden.«

Alkohol verschaffte ihr zeitweise Linderung von ihren Hemmungen, ihren Sorgen und ihrer Angst. Bis sie sich in einer Entzugsklinik wiederfand.

Als ich mit Alex sprach, war sie seit dreizehn Jahren trocken und hatte kürzlich ihren anstrengenden Job in der Notrufzentrale aufgegeben, in dem sie über zwanzig Jahre gearbeitet hatte und den sie nur schwer mit den Bedürfnissen ihrer behinderten Tochter vereinbaren konnte. Das ist ein neues Thema in ihrem Leben: sich selbst mit Güte zu behandeln.

Und es ist ein Ziel, das ihrem Gefühl nach jedes Mal vereitelt wird, wenn sie mit ihrer Familie zusammen ist. Während ihre Mama Wärme, Sicherheit, Güte und Liebe ausstrahlt, für den Frieden in der Familie sorgt und in der Lage ist, mit dem Strom zu schwimmen, alles stehen- und liegenzulassen, um für ihre Kinder und Enkelkinder da zu sein, und auch eine alltägliche Mahlzeit in der Familie so speziell gestalten kann wie ein Sonntagsessen, ist Alex' Vater nach wie vor wütend und grüblerisch. Sie beobachtet ihn mit wachsamem Blick und versucht, sein Verhalten rechtzeitig zu erkennen, um sich schützen zu können.

Vor Kurzem bei einem Campingausflug mit ihren Eltern hatte sie all die negativen Kommentare registriert, die ihr Vater zu anderen Leuten abgab.

»Die Nachbarn räumten ihren Stellplatz auf, und mein Dad sagte: ›Das ist echt meine Lieblingsbeschäftigung: zuzusehen, wie diese Idioten dahinterkommen wollen, was sie hier eigentlich machen.‹ So bin ich aufgewachsen. Mein Vater, der beobachtet und lacht, wenn Leute Fehler machen. Kein Wunder, dass ich früher immer davon ausgegangen bin, dass die Leute schreckliche Sachen von mir denken müssen! Kein Wunder, dass ich in seinem Gesicht immer nach einem Zucken oder einer Grimasse geforscht habe, irgendeinem Anzeichen, dass ich mein Bestes geben muss, um ihn nur ja nicht wütend zu machen. Er hat mir mein ganzes Leben lang Angst eingejagt.«

»Von dem Menschen, der am unausstehlichsten ist, lernen Sie am meisten«, sagte ich zu ihr. »Er lehrt Sie, das, was sie an ihm nicht mögen, auch bei sich selbst zu überprüfen.

Nun, wie viel Zeit wenden Sie auf, um sich selbst zu beurteilen? Sich Angst zu machen?«

Wir wandten uns dem zu, was sie sich *selbst* versagte. Den Spanischkurs, den sie besuchen wollte, zu dem sie sich jedoch nicht anzumelden wagte, das Fitnessstudio, dem beizutreten sie zu viel Angst hatte.

Wir sind alle Opfer von Opfern. Wie weit wollen Sie zurückgehen, um nach dem Ursprung zu suchen? Es ist besser, bei sich selbst anzufangen.

Ein paar Monate danach teilte Alex mir mit, dass sie den Mut und die Selbstakzeptanz aufgebracht hatte, um sich für den Spanischkurs und im Fitnessstudio anzumelden. »Sie haben mich mit offenen Armen aufgenommen«, sagte sie. »Sie haben mich sogar in das Wettkampfteam der Gewichtheberinnen aufgenommen.«

Wenn wir auf unseren inneren Nazi verzichten, entwaffnen wir die inneren und äußeren Kräfte, die uns immer zurückgehalten haben.

»Zur Hälfte sind Sie Ihr Vater«, sagte ich zu Alex. »Werfen Sie strahlenderes Licht auf ihn. Sehen Sie ihn in einem helleren Licht.«

Denn das hatte ich in Auschwitz gelernt. Hätte ich mich gegen die Aufseher gewehrt, hätte man mich erschossen. Hätte ich zu fliehen versucht, wäre ich in den Stacheldraht gelaufen, und der Stromschlag hätte mich getötet. Also verwandelte ich meinen Hass in Mitleid. Ich beschloss, Mitleid mit den Aufsehern zu haben. Sie waren einer Gehirnwäsche unterzogen worden. Man hatte ihnen ihre Unschuld geraubt. Sie kamen nach Auschwitz, um Kinder in die Gaskammer zu schicken, weil sie glaubten, die Welt von einem

Krebsgeschwür befreien zu müssen. Sie hatten ihre Freiheit verloren. Doch ich hatte die meine noch.

Ein paar Monate nach unserem Besuch in Lausanne kehrte Audrey zum International Institute of Management Development zurück, wo sie zusammen mit Andreas im Rahmen des High-Performance-Leadership-Programms einen Workshop leitete.

»Wir sind am jeweils anderen Ende der Übertragungslinie von Geheimnissen und Grauen aufgewachsen«, sagte Andreas. Nun arbeiten sie gemeinsam daran, den heutigen Wirtschaftsbossen zu helfen, sich auf innere Heilung zu konzentrieren, sich mit der Vergangenheit auseinanderzusetzen und die Weichen für eine bessere Realität zu stellen.

Unter ihren Studenten sind Europäer, hauptsächlich aus Deutschland und dessen Nachbarländern. Sie sind in den Dreißigern, Vierzigern und Fünfzigern – eine oder zwei Generationen nach dem Zweiten Weltkrieg – und neugierig, was während des Krieges in ihren Familien passiert ist. Andere Studenten kommen aus Gebieten in Afrika und Südosteuropa, die von Gewalt heimgesucht worden sind und die sich nun damit auseinandersetzen, wie sie die Tragödien, die ihre Familien erlebt oder selbst herbeigeführt haben, bewältigen und loslassen können. Dieser Workshop über innere Heilung, geleitet von der Tochter einer Überlebenden und dem Enkel eines Nazis, ist ein so schönes Beispiel dafür, dass es bei der Heilung nicht nur um das Wie, sondern auch um das Warum geht. Es geht um Heilung für uns selbst und auch darum, was unsere Heilung der Welt gibt. Um das neue Vermächtnis, das wir weitergeben.

»Früher habe ich am Schweigen über die Vergangenheit teilgenommen«, sagte Audrey. »Ich hatte Angst vor dem Schmerz.« Doch sie erkannte, dass sie wegen ihrer Scheu, mehr zu erfahren, an ihrem Kummer festhielt. »Jetzt bin ich lieber neugierig«, erklärte sie. »Und ich möchte helfen.

Andreas stimmte ihr zu.

»Am Ende wurde mir klar, warum ich so viel Zeit in die Vergangenheit investiert habe«, sagte er. »Ich glaube, dass meine Vorfahren sich, so weit das möglich ist, korrektive Eingriffe wünschen würden. Seit ich das erkannt habe, bin ich viel mehr mit ihnen im Reinen. Ich brauche nicht mehr zu fragen, warum sie getan haben, was sie getan haben. Ich kann mich darauf konzentrieren, was ich heute tun kann, um meinen Teil zum Frieden beizutragen.«

Wir sind geboren, um zu lieben, wir lernen zu hassen. Es liegt an uns, wonach wir greifen.

SCHLÜSSEL, MIT DENEN SIE SICH VON WERTUNGEN BEFREIEN KÖNNEN

- ***Unsere besten Lehrer.*** *Die für uns schädlichsten, unausstehlichsten Menschen in unserem Leben können unsere besten Lehrer sein. Wenn Sie das nächste Mal auf jemanden treffen, der Sie ärgert oder angreift, schenken Sie ihm einen sanften Blick und sagen zu sich: »Es ist ein Mensch, nicht mehr und nicht weniger. Ein Mensch wie ich.« Dann fragen Sie: »Was wollen Sie mir damit eigentlich beibringen?«*

- ***Wir werden geboren, um zu lieben, wir lernen zu hassen.*** *Machen Sie eine Liste der Botschaften, die Sie gehört haben, als Sie aufgewachsen sind, in denen Menschen in Kategorien eingeteilt werden: wir/sie; gut/schlecht; richtig/falsch. Malen Sie einen Kringel um diejenigen Botschaften, die beschreiben, wie Sie die Welt heute sehen. Stellen Sie fest, an welchen Stellen Sie vielleicht immer noch werten. Wie wirken sich diese Wertungen auf Ihre Beziehungen, Ihre Entscheidungsmöglichkeiten, Ihre Risikobereitschaft aus?*

- **Welches Vermächtnis möchten Sie weitergeben?** *Wir können uns nicht aussuchen, was unsere Vorfahren getan haben oder was ihnen angetan wurde. Aber wir haben es in der Hand, das Rezept zu bestimmen, das weitergegeben wird. Schreiben Sie ein Rezept für ein gut gelebtes Leben. Nehmen Sie die guten Dinge aus der Vergangenheit Ihrer Familie und fügen Sie Ihre eigenen Zutaten hinzu. Geben Sie der nächsten Generation etwas Köstliches und Nahrhaftes, worauf sie aufbauen kann.*

Kapitel 11

WENN ICH HEUTE ÜBERLEBE, WERDE ICH MORGEN FREI SEIN

Das Gefängnis der Hoffnungslosigkeit

In Auschwitz verfolgte mich beharrlich ein Gedanke: Weiß irgendjemand, dass Magda und ich hier sind?

Jede Antwort ging in Richtung Hoffnungslosigkeit. Wenn die Leute es wussten und nicht intervenierten, was war mein Leben dann wert? Und wenn es niemand wusste, wie sollten wir jemals herauskommen?

Wenn mich Hoffnungslosigkeit übermannte, dachte ich daran, was mir meine Mutter in dem finsteren, vollgepferchten Viehwaggon auf unserem Weg ins Gefängnis gesagt hatte: »Wir wissen nicht, wohin wir fahren. Wir wissen nicht, was passieren wird. Denk einfach daran, dass dir niemand das wegnehmen kann, was du in deinen Kopf hineingetan hast.«

In den langen, schrecklichen Tagen und Nächten im Gefängnis würde ich auswählen, was ich in meinem Kopf bewahren wollte. Ich würde an meinen Freund Eric denken, wie unsere Liebe in Kriegszeiten entflammt war, wie wir am Fluss Picknick gemacht, Mutters köstliches gebratenes Hähnchen mit Kartoffelsalat gegessen und unsere Zukunft geplant hatten. Ich würde daran denken, wie ich in dem Kleid, das mein Vater für mich geschneidert hatte, mit ihm getanzt habe, kurz bevor wir gezwungen wurden, unsere Wohnung zu verlassen; daran, wie ich ausprobiert hatte, ob ich mit dem Kleid auch gut tanzen konnte und ob der Rock auch wirklich schön herumwirbelte. Ich würde an Erics Hände denken, die auf dem schmalen Wildledergürtel an meiner Taille ruhten. Und ich würde an seine letzten Worte denken, die er zu mir sagte, als er zusah, wie mein Transport die Ziegelfabrik verließ. »Ich werde deine Augen nie vergessen. Ich werde deine Hände nie vergessen.« Und ich würde mir unser Wiedersehen vorstellen, wie wir aus Freude und Erleichterung in unseren Armen verschmelzen würden. Diese Gedanken waren wie eine Kerze, die mich durch die dunkelsten Stunden und Monate begleitete. Es ist nicht so, dass meine Tagträume über Eric den Schrecken auslöschten. Sie brachten weder meine Eltern zurück, noch milderten sie den Kummer über ihren Tod oder die drohende Gefahr meines eigenen Todes. Aber an ihn zu denken half mir, über das hinauszuschauen, wo ich mich befand, mir ein Morgen vorzustellen, in dem mein Geliebter eine Rolle spielte, damit ich mich von Hunger und Folter nicht unterkriegen ließ. Ich durchlebte die Hölle auf Erden: Sie war temporär. Und wenn sie temporär war, konnte ich sie auch überleben.

Bei Hoffnung geht es tatsächlich um Leben und Tod. In Auschwitz kannte ich eine junge Frau, die überzeugt war, dass das Lager zu Weihnachten befreit würde. Sie hatte gesehen, dass es immer weniger Neuankömmlinge gab, hatte Gerüchte gehört, dass die Deutschen sich hohen militärischen Verlusten gegenübersahen, und sich eingeredet, dass es nur noch eine Frage von Wochen sei, bis wir frei wären. Aber Weihnachten kam und ging. Niemand erschien, um das Lager zu befreien. Einen Tag nach Weihnachten war meine Freundin tot. Die Hoffnung hatte sie am Leben erhalten. Als ihre Hoffnung starb, starb auch sie.

Über siebzig Jahre später erinnerte ich mich wieder daran, und zwar in einem Krankenhaus in La Jolla, ein paar Monate nach dem Erscheinen meines ersten Buches *Ich bin hier, und alles ist jetzt.* Über Jahrzehnte war es mein Traum gewesen, meine Geschichte der Heilung endlich zu Papier zu bringen, weltweit so viele Menschen wie möglich zu ermuntern, ihre Reise in die Freiheit anzutreten und sie weiterzuführen. Ich bekam viele erstaunliche und bekräftigende Reaktionen: Jeden Tag erhielt ich bewegende Briefe von Lesern, Einladungen, auf Konferenzen und speziellen Events zu sprechen, und zu Interviews mit internationalen Medien.

An einem Tag, den ich nie vergessen werde, lud mich Deepak Chopra ein, an einer Live-Veranstaltung von Facebook mitzuwirken, die er im Chopra Center in Carlsbad abhielt. Ich war begeistert. Und da in meinem Alter die Wartung meines Körpers einige Zeit in Anspruch nimmt, machte ich mich sofort ans Werk. Um mich von meiner besten Seite zu zeigen, buchte ich Friseur- und Kosmetiktermine, bügelte mein Lieblings-Designerkostüm und versuchte das schmerzhafte Brennen im Magen zu ignorieren, brennende Krämpfe, die nach Beachtung schrien, ähnlich wie die Hungerattacken, die mich in Auschwitz geplagt hatten. »Lass mich in Ruhe«, sagte ich zu meinem Bauch, als ich mein Make-up auflegte. »Ich habe zu tun.«

Am Tag der Veranstaltung stand ich früh auf und kleidete mich sorgfältig an. Als ich meine Kostümjacke vor dem Spiegel zurechtzupfte, stellte ich mir vor, dass mein Vater mich beobachtete. »Jetzt guckst du, was?«, sagte ich zu ihm und lächelte.

Aber als eine Freundin mich abholte, um mich ins Chopra Center zu fahren, fand sie mich zusammengekrümmt in der Wohnung, wo ich eine neuerliche Welle von Krämpfen durchzustehen versuchte. »Ich werde dich bestimmt nicht zur Veranstaltung fahren«, sagte sie. »Du gehörst ins Krankenhaus.«

Davon wollte ich nichts hören. »Es hat mich zwei Tage gekostet, mich aufzuhübschen!«, keuchte ich mit zusammengebissenen Zähnen. »Ich will auf jeden Fall ins Chopra Center.« Also raste sie mit mir hin, und als wir ankamen, lief ich hinein und konnte Deepak und seine Frau gerade noch begrüßen, bevor ich auf der Toilette auf die Knie fiel. Ich hielt mich an der Toilettenschüssel fest, damit ich nur ja den Fußboden nicht versaute, und fiel dann vor Schmerzen in Ohnmacht. Das Nächste, was ich erinnere, ist, dass Deepak mich im Arm hielt und zurück zum Auto führte. Dann ging es direkt zum Krankenhaus, wo die Ärzte feststellten, dass ein Teil meines Dünndarms sich verwickelt hatte und entfernt werden musste. Ich musste sofort operiert werden. »Hätten Sie noch eine Stunde länger gewartet«, sagte der Chirurg, »wären Sie tot.«

Als ich eine Stunde später erschöpft und benommen aus der Narkose erwachte, berichteten mir die Schwestern, dass ich die eleganteste Patientin gewesen wäre, die jemals aus dem Operationssaal herausgeschoben wurde. Offensichtlich war mein Make-up noch immer makellos.

Ich fühlte mich ganz und gar nicht elegant, eher wie ein hilfloses Kleinkind. Ich war vollgepumpt mit Medikamenten, unfähig, meine Umgebung zu erkennen, und nicht in der Lage, mich ohne Hilfe zu bewegen. Ich musste einen Knopf drücken, damit mich jemand zur Toilette brachte, und dann hatte ich Angst, dass eine Schwester oder ein Pfleger nicht rechtzeitig erscheinen könnten. Ich hatte das Gefühl, kein ganzer Mensch zu sein. Ich war auf eine Reihe von Grundbedürfnissen reduziert: Hunger, Durst, Ausscheidung, und ich war unfähig, diese selbst zu stillen.

Und am schlimmsten war, dass ich intubiert war und nicht sprechen konnte. Hilflos *und* sprachlos zu sein, beschwor zu viele grauenvolle Erinnerungen herauf. Ich packte die Sonde und versuchte sie herauszuziehen. Die Schwestern banden meine Hände fest, um zu verhindern, dass ich mich womöglich erstickte. Und nun wurde ich erst recht panisch. Meine reflexhaften physischen Reaktionen, Symptome einer posttraumatischen Belastungsstörung, hervorgerufen durch ein Trauma aus meiner Vergangenheit, führten dazu, dass ich es nicht ertragen konnte, festgebunden zu sein. In engen Räumen, bei allem, was mich festhält, gerate ich in Panik. Ich bekam Herzrasen, der Muskel zog sich zusammen, bevor er sich mit Blut füllen konnte. Festgebunden und stumm im Krankenhaus glaubte ich, dass ein Weiterleben ein zu großer Kraftakt wäre.

Meine drei wunderbaren Kinder Marianne, Audrey und John waren seit der Operation an meiner Seite gewesen und hatten sich unermüdlich für mich eingesetzt, sich vergewissert, dass meine Medikation so eingestellt wurde, dass ich so ansprechbar wie möglich war, und meine ausgetrocknete Haut mit meiner Lieblingslotion von Chanel eingecremt. Meine Enkel kamen zu Besuch. Rachel und Audrey brachten mir einen kuscheligen Morgenmantel. Alle kümmerten sich so rührend um mich und taten alles in ihrer Macht Stehende, um mir Würde und Behaglichkeit zu geben. Aber ich hing an so vielen Maschinen. Würde ich jemals wieder ohne sie funktionieren können? Ich wollte nicht weiter beatmet werden, wenn ich nicht uneingeschränkt leben konnte. Sobald ich meine Hände wieder frei hatte, signalisierte ich Marianne, mir ein Blatt Papier und einen Stift zu bringen. *Ich möchte sterben – glücklich*, kritzelte ich.

Sie versicherten mir, dass sie mich gehen lassen würden, wenn meine Zeit gekommen wäre, und Marianne steckte meine Notiz ein. Sie verstanden anscheinend nicht, dass ich *jetzt* gehen wollte. Später am selben Tag kam Dr. McCaul, mein Lungenfacharzt, auf seiner Runde bei mir vorbei und sagte, dass ich gut aussähe. Er würde die Sonde am folgenden Tag entfernen, versprach er. Meine Kinder lächelten und küssten mich. »Siehst du, Mom«, sagten sie. »Du kommst wieder auf die Beine.« Während die langen nachmittäglichen Stunden verstrichen und alle meine Monitore und Hilfsapparate um mich herum piepten und klickten, versuchte ich mich zu überzeugen: *Das ist vorübergehend*, sagte ich zu mir. *Ich kann das überleben.*

Ich döste ein, wachte öfter auf, als ich zählen konnte, und dann verbrachte ich eine ruhelose, endlose Nacht, schaute immer wieder zum kleinen viereckigen Fenster des Krankenzimmers hinaus, nickte immer wieder ein und wachte wieder auf. Die Sonne ging auf. Ich hatte es also doch geschafft. Die Sonde käme heute heraus.

Das ist vorübergehend, wiederholte ich und wartete darauf, dass Dr. McCaul die Sonde entfernte. *Das ist vorübergehend.* Aber als der Doktor dann kam, stellte er sich vor mich hin, überprüfte seine Aufzeichnungen und seufzte dann: »Ich glaube, wir müssen noch einen Tag warten.«

Ich konnte nicht sprechen, sonst hätte ich ihm gesagt, dass ich keinen weiteren Tag in mir habe. Er verstand nicht, dass ich kurz davor war, aufzugeben, lächelte mir nur aufmunternd zu und setzte seine Runde fort.

Mitten in jener Nacht wachte ich auf. Mein ganzer Körper war eingerollt, sperrte die Welt aus. Ich fragte mich, ob es sich so anfühlte, wenn man am Ende aufgibt. Dann hörte ich eine innere Stimme: »Du hast es in Auschwitz geschafft. Du kannst es noch einmal schaffen.« Ich hatte eine Wahl. Ich konnte klein beigeben und aufgeben. Oder ich konnte mich für Hoffnung entscheiden. Ein neues Gefühl durchströmte meinen Körper. Ich spürte drei Generationen – meine Kinder, meine Enkel und Urenkel –, die sich versammelten und mir Mut zusprachen. Ich dachte an Marianne, die Freudensprünge machte, als sie mich nach Audreys Geburt im Krankenhaus besuchte: »Ich habe meine Schwester gekriegt! Ich habe meine Schwester gekriegt!« An John, dessen Kindheitsprobleme mich lehrten, niemals aufzugeben, egal, was passiert. An Lindseys strahlendes Gesicht, als sie Mutter wurde. An die geliebte Stimme meines Großenkels Hale, der mich Gi-Gi-Baby nannte. An David als Kleinkind, der sein Hemdchen hob, damit ich ihm einen Kuss auf den Nabel geben konnte, und der rief: »Tu mir! Tu mir!« An den heranwachsenden Jordan, der sich mit seinen Freunden prügelte, zur Schlafenszeit aber warme Milch und Honig haben wollte. An Rachels wunderschöne Augen, die mich gerade erst heute Morgen betrachteten, als sie mir die Füße massierte. Ich musste schon deshalb leben, damit ich immer nur in diese Augen schauen konnte! Alles, was sie mir gaben, war für mich ein Geschenk, das Geschenk des Lebens. Die Schmerzen und die Ermüdung waren noch da, aber meine Glieder und auch mein Herz fühlten sich lebendig an, vibrierten in Erwartung der Möglichkeiten und der Ziele, die es zu erreichen galt angesichts der Erkenntnis, dass ich immer noch den Wunsch hatte, anderen zu helfen, dass es auf diesem Planeten noch mehr gab, was ich machen wollte.

Wenn unsere Zeit gekommen ist, dann ist es unsere Zeit. Wir können es uns nicht aussuchen, wann wir sterben wollen. Aber ich wollte nicht mehr sterben. Ich wollte leben.

Am nächsten Tag kam der Arzt wieder, die Sonde wurde entfernt, und Audrey half mir, mit sämtlichen Infusionsschläuchen und Apparaten, die wir hinter uns herzogen, den Flur entlangzugehen. Die Schwestern hatten sich rechts und links aufgestellt, feuerten mich an, klatschten und wunderten sich, dass ich nicht mehr im Bett lag, sondern entschlossen war, mich zu bewegen, auch wenn ich noch so viel Ausrüstung hinter mir herziehen musste. Eine

Woche später war ich zu Hause. Als ich im Krankenhausbett festgeschnallt war, hatte ich mich für Hoffnung entschieden. Damals wusste ich noch nicht, dass ich ein Jahr später eine E-Mail von Oprah Winfrey bekommen würde, in der stand, dass sie mein Buch gelesen hatte und mich am *SuperSoul Sunday* interviewen wollte.

Wir wissen nie, was vor uns liegt. Hoffnung ist nicht die helle Farbe, mit der wir unser Leiden übertünchen. Sie ist eine Investition in Neugierde. In die Erkenntnis, dass wir nie erfahren werden, was als Nächstes geschieht, wenn wir jetzt aufgeben.

Ich hatte gedacht, dass nichts in meinem Leben das Glücksgefühl übertreffen könnte, das ich empfand, als ich feststellte, dass ich mit meinem ersten Kind schwanger war. Aus Angst, ich wäre nicht stark genug, ein gesundes Baby heranwachsen zu lassen oder die Geburt durchzustehen, hatte mein Arzt mir abgeraten, die Schwangerschaft fortzuführen. Aber nach dem Termin bei ihm hopste ich geradezu die Straßen entlang; ich hatte Mühe, meine Freude zu zügeln, dass ich nach so viel Leid und sinnlosem Sterben nun Leben in die Welt tragen würde. Das feierte ich damit, dass ich mich mit so viel Roggenbrot und Kartoffelspätzle vollstopfte, wie ich in mich hineinbrachte. Ich grinste mein Spiegelbild in den Schaufenstern an. Ich legte fünfzig Pfund zu.

In den Jahrzehnten nach Mariannes Geburt gibt es vieles, was ich gewonnen, und vieles, was ich verloren und beinahe verloren habe. All das hat mich gelehrt, wie viel ich habe und wie ich jeden kostbaren Augenblick feiern kann, ohne auf die Erlaubnis oder die Zustimmung von jemand anderem zu warten. Immer wieder halte ich mir vor Augen: Sich für Hoffnung zu entscheiden heißt, sich für das Leben zu entscheiden.

Hoffnung gibt keine Garantie für das, was in der Zukunft geschehen wird. Die Skoliose, die ich seit dem Krieg habe, ist mir geblieben. Sie zieht meine Lunge in Mitleidenschaft und drückt sie immer näher an mein Herz. Ich weiß nicht, ob ich einen Herzanfall bekommen werde oder wann ich vielleicht aufwache und nicht mehr atmen kann.

Die Entscheidung für die Hoffnung beeinflusst, worauf ich jeden Tag meine Aufmerksamkeit richte. Ich kann jung denken, ich kann wählen, was ich tue, um meinen Tag mit Leidenschaft zu füllen: Ich kann tanzen und den High Kick zeigen, solange mir das möglich ist; ich kann immer wieder die Bücher lesen, die mir etwas bedeuten, und ins Kino, in die Oper und ins Theater gehen; ich kann gutes Essen und Haute Couture genießen; ich kann meine Zeit mit Menschen verbringen, die freundlich und integer sind; ich kann mich immer mahnen, dass Verlust und Trauma nicht bedeuten, dass wir aufhören müssen, das Leben in vollen Zügen zu leben.

DIE ENTSCHEIDUNG FÜR DIE HOFFNUNG BEEINFLUSST, WORAUF ICH JEDEN TAG MEINE AUFMERKSAMKEIT RICHTE.

»Du hast die schlimmsten Gräueltaten der Welt miterlebt«, sagen die Menschen. »Wie kannst du weiter auf Hoffnung setzen, wenn es auf der Erde immer noch Völkermord gibt und so viele Anzeichen dagegen sprechen?«

Wenn wir die Frage stellen, wie Hoffnung angesichts schrecklicher Realitäten überhaupt möglich ist, dann verwechseln wir Hoffnung mit Idealismus. Idealismus ist, wenn wir erwarten, dass alles im Leben gerecht, gut oder einfach sein wird. Es ist ein Abwehrmechanismus, genau wie Verleugnen oder Täuschen.

Ich sage Ihnen, umhüllen Sie Schokolade nicht mit Knoblauch. Das schmeckt nicht gut. Genauso wenig gibt es Freiheit, wenn wir die Realität verleugnen oder versuchen, sie mit etwas Süßem zu umhüllen. Hoffnung ist keine Ablenkung von Dunkelheit. Sie ist eine Konfrontation *mit* Dunkelheit.

Kurz nachdem ich dieses Buch zu schreiben begann, stieß ich zufällig auf ein Fernsehinterview mit Ben Ferencz, der mit inzwischen einhunderteins Jahren der letzte noch lebende Mensch ist, der Nazis in Nürnberg strafrechtlich verfolgt hat. Tatsächlich war Nürnberg Schauplatz des größten Mordprozesses, den die Welt je gesehen hat.

Ferencz war damals erst siebenundzwanzig. Als Sohn jüdisch-rumänischer Einwanderer diente er im Zweiten Weltkrieg in der US-Armee und nahm an der Invasion der Normandie und an der Ardennen-Offensive teil. Als dann die Konzentrationslager befreit wurden, bekam er den Auftrag, dort Beweismaterial zu sammeln. Das, was er sah, traumatisierte ihn so sehr, dass er gelobte, nie mehr nach Deutschland zurückzukehren.

Er kehrte nach New York heim und bereitete sich gerade darauf vor, sich als Anwalt niederzulassen, als er nach Berlin rekrutiert wurde, wo er zur Unterstützung der Strafverfolgung im Rahmen der Nürnberger Kriegsverbrecherprozesse Büros und Archive der Nazis nach Beweisen durchsuchen sollte. Beim Katalogisieren von Nazi-Dokumenten entdeckte er Berichte von den »Einsatzgruppen«, SS-Einheiten, die als Tötungskommandos aufgestellt worden waren. Die Berichte listeten die Anzahl von Männern, Frauen und Kindern auf, die in den von den Nazis besetzten Städten und Dörfern Europas kaltblütig erschossen worden waren. Ferencz zählte die Zahlen der Toten zusammen: mehr als eine Million, die in ihrer Heimat abgeschlachtet und in Massengräbern verscharrt worden waren.

»Und einundsiebzig Jahre danach«, sagte Ferencz, »wühlt es mich noch immer auf.«

Hier kommt die Hoffnung ins Spiel. Hätte er an seinem Idealismus festgehalten, hätte er die entsetzliche Wahrheit zu vergessen versucht oder unter Wunschdenken begraben – der Krieg ist vorbei, die Welt ist jetzt besser, es wird nicht wieder passieren. Hätte er sich der Hoffnungslosigkeit ergeben, hätte er gesagt: »Die Menschheit ist hässlich. Dagegen kann man nichts machen.« Aber Ferencz wählte die Hoffnung. Er beschloss, alles in seiner Macht Stehende zu tun, um rechtsstaatliche Prinzipien umzusetzen und zu verhindern, dass ähnliche Verbrechen sich jemals wiederholen. Im Fall der Einsatzgruppen wurde er zum Chefankläger der Vereinigten Staaten ernannt. Er war erst siebenundzwanzig. Es war sein erster Prozess.

Er ist jetzt über ein Jahrhundert lang auf der Welt und setzt sich immer noch für Frieden und soziale Gerechtigkeit ein. »Es erfordert Mut, sich nicht entmutigen zu lassen«, sagt er. Aber er mahnt uns, niemals aufzugeben.

Überall um uns herum gibt es Fortschritt und Veränderungen; und es ist noch nie etwas Neues passiert.

Ich dachte an seine Worte, als ich kürzlich in Rancho Santa Fe, einer ehemals von Rassentrennung geprägten Stadt im Norden von San Diego sprach, wo sich Juden bis vor nicht allzu langer Zeit nicht niederlassen durften. Nun begeht die Gemeinde den fünfzehnten Jahrestag, an dem der erste Chabad-Rabbi in Rancho Santa Fe willkommen geheißen wurde.

HOFFNUNG IST NEUGIERDE IN REINKULTUR.

Wenn wir beschließen, dass etwas hoffnungslos oder unmöglich ist, dann wird es auch so sein. Wenn wir aber handeln, wer weiß, was wir vielleicht verwirklichen? Hoffnung ist Neugierde in Reinkultur. Eine Bereitschaft, das innere Licht in sich zu entfachen und mit diesem Licht dann in die dunkelsten Orte hineinzuleuchten.

Hoffnung ist der kühnste Akt von Vorstellungskraft, den ich kenne.

Die Saat der Verzweiflung ist im Überfluss vorhanden.

Ich habe Auschwitz und das kommunistische Europa überlebt, kam nach Amerika, in das *Land of the Free*, und stellte fest, dass die Toiletten und Wasserspender in der Fabrik, in der ich in Baltimore arbeitete, nach Rassen getrennt waren. Ich war vor Hass und Vorurteilen geflohen, nur um auf weitere Vorurteile und Hass zu stoßen.

Ein paar Monate, nachdem ich an diesem Buch zu arbeiten begonnen hatte, kam am letzten Tag des Pessachfests, dem Gedenken an die Befreiung der Israeliten von

Unterdrückung und Sklaverei, ein bewaffneter Mann in eine orthodoxe Synagoge in der Nähe von San Diego, wo ich wohne, und begann um sich zu schießen. Er tötete ein Gemeindemitglied. Er sagte: »Ich will nur meine Nation gegen das jüdische Volk verteidigen.« Ein paar Monate später erschoss ein weiterer junger Weißer aus Hass auf Einwanderer und im Glauben an die Überlegenheit seiner Rasse in einem Walmart in meinem früheren Wohnort El Paso, Texas, zweiundzwanzig Menschen. Sind meine Eltern dafür gestorben, dass die Vergangenheit sich wiederholen kann?

Ich werde nie vergessen, wie sich mein Magen verkrampfte, als ich vor vielen Jahren einen Vortrag an der Universität in El Paso beendete und der Professor fragte: »Wie viele von Ihnen wissen etwas über Auschwitz?« In diesem Auditorium saßen mindestens zweihundert Leute. Nur fünf Studenten hoben die Hand.

Unwissen ist der Feind der Hoffnung.

Und es ist der *Katalysator* für Hoffnung.

Ich hatte das Privileg, einen der Überlebenden des Synagogen-Attentats von San Diego ein paar Wochen vor Beginn seines ersten Studienjahres zu treffen. Er war in Israel geboren und im Alter von neun Jahren mit seiner Familie in die Vereinigten Staaten immigriert. Seine Eltern waren nicht streng religiös, aber er und sein Vater hatten sich seit einiger Zeit angewöhnt, jeden Samstag in die Synagoge zu gehen. Für ihn war es eine Routine, die er hilfreich fand, »um nachzudenken, mich neu zu booten, die Batterien aufzuladen, sozusagen darüber zu reflektieren, was ich in der letzten Woche richtig und falsch gemacht habe«. Am Morgen der Schießerei wollte er sich auch darüber klar werden, für welches College er sich entscheiden würde, und lotete seine Optionen aus. Während sein Vater im Schrein blieb, um die Thoralesung zu hören, saß er in der Eingangshalle der Synagoge, seinem Lieblingsplatz, wo er betete und seinen Gedanken nachhing. Er schaute aus dem Fenster, als er aus dem Augenwinkel einen Mann das Gebäude betreten sah, dann den Lauf einer Waffe, und dann fielen Schüsse, und eine Frau stürzte zu Boden. »Nichts wie weg!«, sagte er zu sich. Er sprang auf und rannte los, aber der Schütze sah ihn, rannte ihm nach und schrie: »Ja, lauf nur, du Arschloch!« Er entdeckte einen leeren Raum, duckte sich unter einen Schreibtisch und drückte sich an das Holz. Die Schritte des Schützen waren nun am Eingang. Mein junger Freund hielt den Atem an. Die Schritte entfernten sich. Mein Freund wagte es nicht, sich zu bewegen. Als sein Vater ihn fand, drückte er sich noch immer an den Schreibtisch und versuchte, nicht zu atmen. Sein Vater beruhigte ihn und sagte, dass der Schütze aus dem Gebäude geflohen war. Doch er blieb wie erstarrt unter dem Tisch sitzen.

»Ich werde mit Ihnen von Überlebender zu Überlebendem sprechen«, sagte ich. »Diese Erfahrung wird immer bei Ihnen bleiben.« Ich erklärte ihm, dass die Flashbacks und die Panik normalerweise nicht verschwinden. Aber was wir eine posttraumatische Belastungsstörung nennen, ist keine Störung, sondern eine sehr normale Reaktion auf Verlust, Gewalt und ein tragisches Ereignis. Auch wenn er das, was er an jenem Tag erlebt hatte, nie überwinden würde, konnte er doch lernen, damit klarzukommen. Und es sich sogar zunutze machen, so wie wir alles im Leben dazu nutzen können, unserem Wachstum und unseren Zielen Impulse zu geben.

Das ist die Hoffnung, die ich Ihnen anbiete.

Auf irgendeine Weise hätten auch Sie sterben können. Vielleicht hat es Zeiten gegeben, in denen Sie sich das gewünscht haben. Aber Sie haben es nicht getan. Hoffnung ist die Überzeugung, dass Sie all das überlebt haben, was Sie überlebt haben, damit Sie ein gutes Vorbild sein können. Ein Botschafter für Freiheit. Eine Person, die sich nicht nur darauf konzentriert, was sie verloren hat, sondern auf das, was noch geblieben ist, auf die Arbeit, zu der Sie berufen sind.

UNWISSEN IST DER FEIND DER HOFFNUNG. UND ES IST DER *KATALYSATOR* FÜR HOFFNUNG.

Es gibt immer etwas zu tun.

Meine Tante Matilda, die hundert Jahre alt wurde, sagte jeden Morgen beim Aufwachen: »Es könnte schlimmer sein, und es könnte besser sein.« So startete sie in jeden Tag. Ich bin zweiundneunzig, und an den meisten Tagen habe ich beim Aufwachen irgendwelche Schmerzen. Das ist die Realität. Das gehört zum Altern, zum Leben mit Skoliose und einer kaputten Lunge. Der Tag, an dem ich keine Schmerzen habe, ist der Tag, an dem ich tot bin.

Die Hoffnung verschleiert weder die Realität noch färbt sie sie schön. Die Hoffnung sagt uns, dass das Leben voller Dunkelheit und Leid ist, und dennoch: Wenn wir heute überleben, werden wir morgen frei sein.

SCHLÜSSEL, MIT DENEN SIE SICH VON HOFFNUNGSLOSIGKEIT BEFREIEN KÖNNEN

- ***Überziehen Sie Schokolade nicht mit Knoblauch.*** *Es ist verlockend, Hoffnung mit Idealismus zu verwechseln, aber Idealismus ist nur eine andere Art des Verleugnens, ein Weg, einer wahren Konfrontation mit Leid aus dem Weg zu gehen. Widerstandsfähigkeit und Freiheit entstehen nicht, wenn wir unseren Schmerz kleinreden. Achten Sie darauf, wie Sie über eine schwierige oder schmerzliche Situation sprechen.* Es ist okay. Es ist nicht soo schlimm. Anderen geht es viel schlechter. Ich wüsste nicht, worüber ich mich beklagen sollte. Alles wird sich am Ende einrenken. Ohne Schweiß kein Preis! *Wenn Sie sich das nächste Mal dabei ertappen, dass Sie sich einer bagatellisierenden, irreführenden oder verleugnenden Sprache bedienen, versuchen Sie stattdessen zu sagen: »Es tut weh. Und es geht vorüber.« Denken Sie daran: »Ich habe Schmerzen schon einmal überlebt.«*

- ***Es braucht Mut, sich nicht entmutigen zu lassen.*** *Wir sind umgeben von Fortschritt und Veränderungen; Neues geschieht nicht in der Vergangenheit. Stellen Sie eine Zeituhr auf zehn Minuten ein, und machen Sie eine Liste von all den Dingen, die Ihnen einfallen, die jetzt besser sind als vor fünf Jahren. Denken Sie an globale Themen: Fortschritte bei den Menschenrechten, technologische Erfindungen, neue Kunstwerke. Und denken Sie an Dinge im persönlichen Bereich: Dinge, die Sie gemacht, erreicht oder zum Besseren verändert haben. Lassen Sie die Arbeit, die* *noch getan werden muss, zu einem Katalysator für Hoffnung werden statt für Hoffnungslosigkeit.*

- ***Hoffnung ist eine Investition in Neugierde.*** *Suchen Sie sich eine bequeme Sitzgelegenheit oder legen Sie sich hin und schließen Sie die Augen. Entspannen Sie sich. Machen Sie ein paar Atemzüge für Ihre Konzentration. Stellen Sie sich vor, auf einem Weg oder einer Straße zu gehen. Sie sind auf dem Weg zu Ihrem zukünftigen Selbst. Wo gehen Sie? Auf einer hell erleuchteten Straße in der Stadt? In einem Wald? An einer Landstraße? Nehmen Sie Ihre Umgebung in allen sensorischen Details wahr: Achten Sie auf das, was Sie sehen, riechen, hören, schmecken, und auf körperliche Empfindungen. Nun erreichen Sie die Haustür Ihres zukünftigen Selbst. Wo wohnt Ihr zukünftiges Selbst? In einem Hochhaus? In einer Blockhütte? In einem Haus mit einer großen Veranda? Die Tür geht auf. Ihr zukünftiges Selbst begrüßt Sie. Wie sieht Ihr zukünftiges Selbst aus? Was trägt er oder sie? Umarmen Sie einander oder schütteln Sie einander die Hände. Fragen Sie dann: »Was möchtest du von mir wissen?«*

Kapitel 12

OHNE WUT
GIBT ES KEINE VERGEBUNG

Das Gefängnis, nicht verzeihen zu können

Die Leute fragen mich oft, wie ich den Nazis jemals verzeihen könnte. Ich habe nicht die göttliche Macht, jemanden mit Vergebung zu salben und andere spirituell von ihren Untaten zu reinigen.

Doch ich habe die Macht, mich selbst zu befreien.

Und die haben auch Sie.

Vergebung üben wir nicht an jemandem, der uns verletzt hat. Wir üben sie an uns selbst, um nicht Opfer oder Gefangene der Vergangenheit zu sein, um eine Bürde abzulegen, die nichts als Schmerz birgt.

Ein weiteres Missverständnis im Hinblick auf Vergebung wäre, wenn wir mit einer Person, die uns Schaden zugefügt hat, unseren Frieden mit folgender Aussage schließen wollen: »Ich bin mit ihr fertig.«

So funktioniert das nicht. Es geht nicht darum, jemanden auszuschließen. Es geht darum, loszulassen.

Solange Sie sagen, dass Sie jemandem nicht vergeben können, verschwenden Sie Energie damit, *dagegen* zu sein, statt *für* sich selbst und das Leben zu sein, das Sie verdienen. Zu vergeben heißt nicht, jemandem zu erlauben, Sie weiterhin zu verletzen. Es nicht in Ordnung, dass Ihnen Schaden zugefügt wurde. Aber er ist bereits angerichtet. Niemand außer Ihnen kann die Wunde heilen.

Diese Art loszulassen ist nicht einfach. Es ist nicht etwas, das über Nacht geschieht. Und vieles steht uns dabei im Weg. Der Wunsch nach Gerechtigkeit oder Rache, einer Entschuldigung oder einfach nur einem Eingeständnis.

Jahrelang habe ich davon geträumt, Josef Mengele in Paraguay aufzuspüren, wohin er nach dem Krieg geflohen war. Um an ihn heranzukommen, hatte ich mir vorgestellt, würde ich mich als Sympathisantin, als Journalistin ausgeben. Dann würde ich in sein Haus treten, ihm ins Gesicht schauen und sagen: »Ich bin das Mädchen, das für Sie in Auschwitz getanzt hat. Sie haben meine Mutter umgebracht.« Ich wollte seinen Gesichtsausdruck sehen, sehen, wie die Wahrheit in seinen Augen erscheint, vor der er sich nicht mehr verstecken könnte. Ich wollte, dass er seinen Untaten schutzlos ausgeliefert wäre. Ich wollte mich stark fühlen und triumphieren, weil er schwach war. Ich war eigentlich nicht auf Rache aus. Irgendwie spürte ich, dass mein Schmerz auch dann nicht weggehen würde, wenn ich jemand anderen verletzte. Doch diese Fantasie verschaffte mir lange Zeit eine große Befriedigung. Nur, dass sie mir meine Wut und meine Trauer nicht nahm, sondern nur verlagerte.

Es ist einfacher, die Vergangenheit loszulassen, wenn andere unsere Wahrheit sehen, die Wahrheit sagen. Wenn es einen kollektiven Prozess gibt – wiederherstellende Gerechtigkeit, Kriegsverbrechertribunale, Wahrheits- und Versöhnungskommissionen mit Hilfe derer die Straftäter für den zugefügten Schaden zur Rechenschaft gezogen werden und der Weltgerichtshof die Wahrheit ans Licht bringt.

Doch Ihr Leben hängt nicht davon ab, was Sie von jemand anderem bekommen oder nicht bekommen. Ihr Leben ist Ihr eigenes Leben.

Was ich jetzt sagen werde, überrascht Sie vielleicht:

Ohne Wut gibt es keine Vergebung.

Viele Jahre lang hatte ich erhebliche Probleme mit Wut. Ich wollte sie mir nicht zugestehen. Sie machte mir Angst. Ich dachte, ich könnte mich in ihr verlieren.

Dass sie, einmal in Gang gesetzt, nie wieder aufhören würde. Dass sie mich mit Haut und Haaren auffressen würde. Aber wie ich schon gesagt habe: Expression ist das Gegenteil von Depression. Was aus unserem Körper herauskommt, macht uns nicht krank. Was darin bleibt, dagegen schon. Vergebung ist Befreiung, und ich konnte erst loslassen, als ich mir die Erlaubnis gab, meine Wut zu fühlen und ihr Ausdruck zu verleihen. Schließlich bat ich meinen Therapeuten, sich auf mich zu setzen und mich festzuhalten, damit ich einen Widerstand spürte, gegen den

STILLE WUT IST SELBSTZERSTÖRERISCH.

ich mich stemmen konnte, um einen Urschrei auszustoßen.

Stille Wut ist selbstzerstörerisch. Wenn Sie sie nicht aktiv, bewusst, gezielt loslassen, halten Sie daran fest. Und das wird Ihnen bestimmt nicht guttun.

Das gilt auch, wenn Sie Ihrer Wut Luft machen. Wenn Sie aus der Haut fahren. Das mag sich im Augenblick vielleicht reinigend anfühlen, doch dann bezahlen andere die Zeche. Und es kann süchtig machen. In Wahrheit lassen Sie nichts los. Sie setzen nur einen Kreislauf fort, einen schädlichen Kreislauf.

Das Beste, was Sie mit Ihrer Wut tun können, ist zu lernen, sie zu kanalisieren und dann aufzulösen.

Das hört sich ziemlich einfach an. Aber wenn Sie gelernt haben, ein »braves Mädchen« oder ein »braver Junge« zu sein, dass Wut nicht zulässig oder aber beängstigend ist, wenn jemand anderer Sie in einem Wutanfall gekränkt hat, dann ist es nicht einfach, sich selbst Wut zuzugestehen, geschweige denn, ihr Ausdruck zu verleihen.

Als Lenas Ehemann ihr aus heiterem Himmel ohne Erklärung, ohne Diskussion eröffnete, dass er sich scheiden lassen wollte, versetzte ihr das einen Schock. Ein Jahr später kommt sie bewundernswert mit der Situation zurecht, bewältigt ihr Arbeitspensum, versorgt und liebt ihre drei Kinder, trifft sogar wieder Verabredungen, trägt eine schicke Frisur und verwegene Ohrringe. Doch innerlich fühlt sie sich festgefahren, unfähig, das Gefühl zu überwinden, dass sie vom Leben betrogen wurde.

»Ich habe etwas verloren, das ich nicht verlieren wollte«, sagte sie. »Ich hatte keine Wahl.« Sie durchlebte Gefühle tiefer Traurigkeit, Trauer und Schuld. Sie entwickelte eine bislang nicht gekannte Kraft und Energie, um ihre Kinder zu versorgen und die pragmatischen Angelegenheiten der Scheidung zu regeln. Aber während dieser ganzen Zeit konnte sie keine Wut empfinden. Vor vielen Jahren hatte sie bei einer Lieblingstante eine ähnlich nervenaufreibende Scheidung miterlebt, zugesehen, wie die Tante sich vollkommen von der Außenwelt zurückzog, jahrzehntelang die Hoffnung nicht aufgab und darauf wartete, dass ihr Ex-Mann seinen Fehler erkennen und sie bitten würde, ihn zurückzunehmen. Am Ende war sie an Krebs gestorben, als sie noch immer auf die Rückkehr ihres Mannes wartete. Die Leidensgeschichte ihrer Tante setzte ihr so sehr zu, dass sie eines Tages im Wald spazieren ging, um ihre Wut herauszulassen, die noch immer in ihr schlummerte, auch wenn sie sie nicht spürte. Lena folgte einem Pfad tief in den Wald hinein, stellte sich mutterseelenallein zwischen die Bäume und versuchte so laut zu schreien, wie sie konnte. Doch der Schrei kam nicht. Sie war blockiert. Je verzweifelter sie versuchte, ihre Wut herauszulassen, umso betäubter fühlte sie sich.

»Wie kann ich meine Wut spüren und ausdrücken?«, fragte sie mich. »Ich habe so viel Angst davor, wütend zu sein. Ich möchte das nicht spüren.«

»Zunächst müssen Sie Ihre Wut legitimieren«, sagte ich zu ihr.

Sie haben das Recht, wütend zu sein. Es ist eine menschliche Emotion. Sie sind ein Mensch.

Wenn Sie die Wut nicht herauslassen, verleugnen Sie entweder, dass Sie ein Opfer geworden sind, oder Sie verleugnen, dass Sie menschlich sind. (So leiden Perfektionisten: geräuschlos!) Wie dem auch sei: Wir verleugnen die Realität. Wir betäuben uns und tun so, als ginge es uns gut.

Das macht Sie nicht frei.

Schreien Sie und boxen Sie mit den Fäusten in ein Kissen. Gehen Sie allein an den Strand oder auf einen Berg und schreien Sie in den Wind. Nehmen Sie einen stabilen Stecken und hauen Sie ihn auf die Erde. Wir singen im Auto, wenn wir allein sind. Warum sollten wir nicht allein schreien? Schließen Sie alle Fenster, holen Sie tief Luft, und wenn Sie ausatmen, erheben Sie Ihre Stimme, lassen Sie sie zum längsten und lautesten Schrei in die Welt hinausschallen. Wenn ein Patient mich besucht, der starr oder maskenhaft wirkt, sage ich: »Also, mir ist heute nach Schreien zumute. Sollen wir schreien?« Und dann tun wir es gemeinsam. Wenn Sie Angst davor haben, allein zu schreien, holen Sie sich einen Therapeuten oder einen Freund, der mit Ihnen schreit. Es ist eine solche Befreiung! Und es ist so tiefgehend, ja berauschend, Ihre eigene, unverfälschte Stimme zu hören, die Ihrer schwierigsten Wahrheit Ausdruck verleiht. Sich ohne Maske zu hören. Aufzustehen, Ihren Platz einzunehmen, zu sagen: »Ich wurde zum Opfer gemacht, aber ich bin kein Opfer. Ich bin ich.«

Wut ist eine sekundäre Emotion, eine Abwehr, eine Rüstung, die wir um das primäre, darunterliegende Gefühl legen. Wir brennen uns durch die Wut, um an das heranzukommen, was darunterliegt: Angst oder Trauer.

Erst dann können wir überhaupt mit der allerschwierigsten Arbeit beginnen.

Uns selbst zu vergeben.

An einem Freitagnachmittag im August, kurz nachdem ich die Kapitel für dieses Buch formuliert hatte und nach Hause kam, sah ich einen Mann an meiner Haustür stehen. Er trug eine Khakihose und ein Polohemd, an dem ein offiziell aussehendes Namensschild befestigt war.

»Ich komme vom Wasseramt«, sagte er. »Ich muss Ihr Wasser auf Verunreinigung prüfen.«

Ich ließ ihn herein und führte ihn in die Küche. Er drehte das Wasser auf, überprüfte die Wasserhähne in den Bädern und sagte dann zu mir: »Ich muss meinen Vorgesetzten anrufen. Vermutlich gibt es ein Problem mit irgendwelchen Metallen.« Mit seinem Handy rief er einen Kollegen zur Unterstützung herbei.

Ein Mann mit dem gleichen Outfit und dem gleichen Schild kam, sie überprüften abermals alle Hähne und baten mich dann, alles Metallische an meinem Körper abzulegen: Uhren, Gürtel, Schmuck. Ich nahm meine Halskette und mein Armband ab. Mit den Ringen gestaltete es sich schon schwieriger. Wegen meiner Arthritis waren meine Ringe umgearbeitet und mit kleinen Pins versehen worden, damit ich sie aufklappen kann, um sie über die geschwollenen Gelenke zu streifen. Aber die Arthritis erschwerte es auch, die Pins zu öffnen. Ich bat die Männer, mir dabei zu helfen.

Sie prüften die Hähne noch einmal und taten irgendetwas ins Wasser. Sie forderten mich auf, ans Waschbecken im Bad zu gehen und so lange Wasser laufen zu lassen, bis es blau wird. Ich ging über den Flur, drehte das Wasser auf, sah zu, wie es herausfloss, und wartete und wartete. Dann fiel es mir wie Schuppen von den Augen. Ich rannte zurück in die Küche, aber sie waren schon fort und mit ihnen meine Halskette, das Armband und die Ringe.

Die Polizei sagte, dass ich das jüngste Opfer einer wohlbekannten, bei älteren Menschen angewandten Betrugsmasche geworden war. Wie konnte ich nur so bescheuert und leichtgläubig sein, auf diesen Trick hereinzufallen. Jedes Mal, wenn ich daran dachte, wie dumm und vertrauensselig ich gewesen war, stieg mir die Schamesröte ins Gesicht. Ich hatte sie ins Haus und darin herumspazieren lassen und ihnen meinen Schmuck ausgehändigt. Genauso gut hätte ich ihnen einen Scheck ausschreiben können!

Die Polizei und meine Kinder sehen das anders. Gott sei Dank hast du getan, was sie wollten, sagen sie. Sie haben Gegenstände mitgenommen, aber sie haben dich nicht verletzt. Hätte ich versucht, Widerstand zu leisten, hätten sie mich vielleicht gefesselt oder Schlimmeres angestellt. Dass ich ohne Widerrede allem nachgekommen war, was sie von mir wollten, hat mir vielleicht sogar das Leben gerettet.

Diese Perspektive hilft mir. Aber die Gefühle nimmt sie mir nicht.

Die Gefühle über den Verlust von Dingen, die mir lieb und teuer waren, besonders das Armband, das mir Béla zu Mariannes Geburt geschenkt und das ich in ihrer Windel aus der Tschechoslowakei herausgeschmuggelt hatte. Es ist nur ein Gegenstand, doch es steht für mehr, für das Leben, die Mutterschaft, für Freiheit, für alles, was ein Grund zum Feiern ist und wofür es sich zu kämpfen lohnt. Mein Arm fühlt sich ohne das Armband nackt an.

Dann die Angst. Tagelang war ich wie besessen davon,

dass sie zurückkommen und mich umbringen könnten, um mich zum Schweigen zu bringen.

Dann der Wunsch, mir die Verbrecher zur Brust zu nehmen, sie zu bestrafen, sie zu maßregeln. Ich stellte mir vor, wie ich sie anbrüllte: »Hat Ihre Mutter Sie zu dem erzogen, der Sie geworden sind? Schämen Sie sich nicht?«

Und dann *meine* Scham. *Ich* hatte die Tür geöffnet. Ich hatte ihre Fragen beantwortet. Ich hatte ihre Anweisungen befolgt, ihnen die Hand hingehalten, damit sie meine Ringe aufklappen konnten. Ich hasste diese Seite an mir, die ich sah. Verwundbar. Gebrechlich. Leichtgläubig.

Aber die Einzige, die mir diese Etiketten verpasste, war ich selbst.

Was ich sagen will, ist, dass das Leben mir immer Chancen bietet, mich für Freiheit zu entscheiden – mich als Ganzes zu lieben, so wie ich bin: menschlich und unvollkommen. Daher habe ich mir vergeben, damit ich mich befreien konnte.

Ich habe ein Leben zu leben, Arbeit zu erledigen und Liebe zu geben. Ich habe keine Zeit, mich weiterhin mit Angst, Wut oder Scham zu beschäftigen oder damit, zwei Menschen noch irgendetwas zu geben, die mir bereits etwas gestohlen haben. Sie werden gar nichts mehr von mir bekommen. Ich werde meine Macht nicht aus der Hand geben.

Bei meinem letzten Besuch in Europa fuhren Audrey und ich nach Amsterdam, wo ich im Anne-Frank-Haus sprach und dann aufs Spektakulärste geehrt wurde. Igone de Jongh, die Primaballerina des Niederländischen Nationalballetts, choreographierte und tanzte ein Stück in Anlehnung an meinen ersten Abend in Auschwitz, als ich für Mengele getanzt hatte.

Die Aufführung fand am 4. Mai 2019 statt, am vierundsiebzigsten Jahrestag meiner Befreiung aus Gunskirchen. Es war auch in den Niederlanden ein Tag der nationalen Erinnerung. Im ganzen Land gab es zwei Schweigeminuten zu Ehren derer, die in den Lagern gestorben sind, und derer, die überlebt haben. Als Audrey und ich am Theater eintrafen, wurden wir wie Berühmtheiten empfangen, beklatscht und mit Blumen beschenkt. Die Menschen weinten und umarmten uns. Der König und die Königin kamen zu spät zur Aufführung, und so wurden uns ihre Plätze angeboten.

Die Aufführung selbst war eines der kostbarsten und denkwürdigsten Ereignisse in meinem Leben. Ich war vollkommen überwältigt von der Kraft, der Anmut und der Leidenschaft von Igone de Jongh, ihrer Darstellung von Schönheit und Transzendenz – in der Hölle. Und noch beeindruckender war die Darstellung von Mengele: Er war ein hungriges Gespenst, traurig und leer, das sich mir, seiner Gefangenen, unermüdlich näherte, doch, gefangen von seinem Bedürfnis nach Macht und Kontrolle, nie sein Ziel erreichte.

Die Darsteller verbeugten sich, und das Publikum erhob sich von den Sitzen und spendete donnernden Applaus. Igone de Jongh stieg von der Bühne und kam, vollbepackt mit Blumen, zu den Plätzen herüber, wo Audrey und ich saßen. Von oben leuchtete ein Scheinwerfer auf uns herunter. Die Ballerina umarmte mich mit Tränen in den

Augen und überreichte mir dann ihren größten Strauß. Im Theater explodierten die Emotionen. Als wir unsere Plätze verließen, waren meine Augen immer noch so tränenverschleiert, dass ich nicht mehr sehen konnte, wohin ich trat.

Es brauchte so viele Jahre, um mich durch meine Wut und meine Trauer hindurchzuarbeiten, Mengele und Hitler loszulassen und mir zu vergeben, dass ich überlebt hatte. Aber dort in dem Theater mit meiner Tochter, als wir zuschauten, wie einer der dunkelsten Momente meiner Vergangenheit auf der Bühne zum Leben erweckt wurde, wusste ich wieder, was mir in jener Nacht in der Baracke bewusst geworden war: Obwohl Mengele die ganze Macht hatte, obwohl er jeden einzelnen Tag mit seinem grotesk wedelnden Finger entschied, wer leben und wer sterben sollte, war er mehr Gefangener als ich.

Ich war unschuldig.

Und frei.

MIT DIESEN SCHLÜSSELN KÖNNEN SIE SICH DAVON BEFREIEN, NICHT VERGEBEN ZU KÖNNEN

- ***Bin ich bereit zu vergeben?*** *Denken Sie an jemanden, der Ihnen Unrecht getan oder Sie verletzt hat. Kommt Ihnen irgendeine der folgenden Feststellungen bekannt vor?* Was sie gemacht hat, war unverzeihlich. Er hat meine Vergebung nicht verdient. Ich bin bereit, ihr das Geschenk meiner Vergebung zu machen. Wenn ich ihm vergebe, entlasse ich ihn aus der Verantwortung. Wenn ich ihm vergebe, gebe ich ihm die Erlaubnis, mich weiterhin zu verletzen. Ich werde vergeben, sobald es Gerechtigkeit gibt, eine Entschuldigung oder ein Zugeständnis. *Wenn Ihnen eine oder mehrere dieser Feststellungen bekannt vorkommen, werden Sie höchstwahrscheinlich Energie verschwenden, um* gegen *jemanden zu sein, statt* für *sich und das Leben zu sein, das Sie verdienen. Vergebung ist nicht, was Sie jemand anderem gewähren. Vergebung ist, wie Sie sich selbst befreien.*

- ***Gestehen Sie sich Wut zu und lassen Sie sie dann los.*** *Vereinbaren Sie mit sich selbst eine Verabredung mit Ihrer Wut. Wenn die Vorstellung zu beängstigend ist, sich allein mit Ihrer Wut auseinanderzusetzen, dann bitten Sie eine Person Ihres Vertrauens oder einen Therapeuten, Ihnen zu helfen. Legitimieren Sie Ihre Wut, wählen Sie dann, wie Sie sie kanalisieren und schließlich auflösen wollen. Schreien und brüllen Sie. Dreschen Sie auf einen Boxsack ein. Schlagen Sie mit einem Stock auf die Erde. Zerschla-*

gen Sie Geschirr auf der Terrasse. Machen Sie Ihrer Wut Dampf, lassen Sie sie heraus, damit sie nicht weiter gärt und Sie vergiftet. Hören Sie erst auf, wenn nichts mehr davon übrig ist. Wiederholen Sie das am nächsten Tag oder eine Woche später.

- ***Vergeben Sie sich.*** *Wenn ich Schwierigkeiten habe, jemanden loszulassen, der mich verletzt hat, kann es sein, dass ich an Schuldgefühlen, Scham oder einer über mich abgegebenen Wertung festhalte. Wir werden unschuldig geboren. Stellen Sie sich vor, ein süßes Baby im Arm zu halten. Spüren Sie die Wärme und das Vertrauen dieses winzigen Wesens. Schauen Sie in seine neugierigen, weit geöffneten Augen, betrachten Sie die kleinen Hände, die sich strecken, als wollten sie jede Einzelheit der ganzen unfassbaren, schönen Welt in sich aufnehmen. Dieses Baby sind Sie. Sagen Sie: »Ich bin hier. Ich lebe für dich.«*

Kapitel 13

DAS GESCHENK UNSERER ZEIT

Seit ich das Buch *Das Geschenk* beendet habe, haben wir eine globale Pandemie erlebt, die uns immer wieder abverlangt hat, unser Bestes zu geben. Wir sind in einen ständigen Schwebezustand gezwungen worden, eine langfristige Beziehung mit dem Unerwarteten und Unvorhergesehenen. Jeder von uns hat in irgendeiner Form Angst, Ungewissheit und Verlust erlebt. Wir mussten unser tägliches Leben an vielen Stellen erheblich anpassen. Wir wussten nicht – und wissen immer noch nicht –, wie es weitergehen wird.

Als mein Leben durch den Krieg unterbrochen wurde, war ich ein verliebtes junges Mädchen. Ich wollte Ballerina werden. Ich hatte keine Ahnung, dass so etwas wie ein Todeslager existiert, ganz zu schweigen davon, dass ich dort Häftling sein würde. Ich hätte niemals damit gerechnet, nach Amerika zu kommen oder Psychologin zu werden. Vor Kurzem, als ich in Brasilien am Ende einer Zoom-Präsentation vor einem liebenswürdigen Auditorium den grand jété zeigte, dachte ich plötzlich: *Hier bin ich. Ich habe es geschafft.* Ich bin nicht die, die ich einst glaubte zu werden. Doch ich freue mich an dem Leben, das ich habe, daran, die Überlebende zu sein, die ich geworden bin.

Ich habe schon zuvor gesagt, dass Auschwitz letztendlich ein Ort von Entdeckungen war. Die Zeit mit COVID-19 war für mich abermals eine Phase der Entdeckungen. Vielleicht hat sie auch Ihnen geholfen, etwas zu entdecken – Ihre Kraft zu finden, zu wachsen und durchzuhalten. Zu erkennen, dass etwas in Ihnen ist, das sie nie für möglich gehalten hätten, Ihre alten Rollen aufzugeben, die Sie gespielt haben, um der Mensch zu werden, der sie wirklich sind.

Während des Lockdowns waren meine Angehörigen sehr um meine physische und psychische Gesundheit besorgt. Meine Lunge ist geschwächt, weshalb COVID-19 ein besonders bedrohliches Virus für mich ist. Und sie waren besorgt, dass Angst und Isolation meine posttraumatische Belastungsstörung verschlimmern könnten. Aber während der Pandemie habe ich festgestellt, dass ich nicht mehr so leicht in Panik gerate wie früher. Angesichts der vielen Ungewissheiten beschloss ich, mich auf die Konstanten in meinem Leben zu konzentrieren – darauf, was ich *wirklich habe,* auf die Liebe zu meiner Familie, zu meinen Patienten und Freunden. Und während das tägliche Leben sich auf die wesentlichen Dinge reduziert, entscheide ich mich dafür, alles loszulassen, was nicht so wichtig ist, wie ich einmal dachte, und das zu behalten, worauf es wirklich ankommt. Ich habe auch ein paar interessante Entdeckungen gemacht. Außerhalb meiner klinischen Arbeit ist mein oberstes Lebensziel der Kontakt mit meinen Lesern und meinem Publikum auf lokaler und globaler Ebene, und ich war verärgert und enttäuscht, nicht zu Vortragsveranstaltungen reisen zu können. Aber ich habe entdeckt, dass das Leben auf den digitalen Plattformen es mir tatsächlich erleichtert hat, mit Menschen auf der ganzen Welt in Verbindung zu treten.

Ich bin begeistert von Zoom – da muss ich mich nicht umziehen oder aus dem Haus gehen. Ich werfe mir nur einen neuen Schal um und setze mich hin! Ich habe mehr zu tun und bin besser vernetzt als je zuvor.

Obwohl unser Ungemach in diesem Jahr real ist und nicht unterschätzt werden darf und obwohl wir nichts gewinnen, wenn wir unsere Wut oder unseren Kummer herunterspielen, hat das Leben in der Pandemie uns auch unerwartete Geschenke gemacht. Es ist, als hätte unser Coach eine lange Auszeit genommen, und nun, da die Welt sich allmählich wieder öffnet, haben wir die Chance, uns neu aufzustellen und aufs Neue zu entscheiden: Wem und was werden wir unsere Zeit und unsere Aufmerksamkeit widmen? Welche Möglichkeiten haben wir genau jetzt und in jedem Augenblick, die Freiheit in uns zu nutzen? Welche Geschenke werden Sie finden und bewahren?

- ***Wenn Sie allein nicht glücklich sind, werden Sie mit niemandem glücklich sein.*** Viele von uns haben in diesem Jahr unvorhergesehen viel Zeit nur mit der eigenen Gesellschaft verbracht. Auch wenn die Isolation eine Herausforderung, ja sogar verheerend war, ist sie auch eine Chance, uns selbst besser kennenzulernen, uns mehr zu akzeptieren und zu lieben.

  Womit haben Sie sich vor der Pandemie normalerweise zerstreut? Wie haben Sie sich beschäftigt? Was ist passiert, als Sie auf diese Dinge verzichten mussten, als Sie nicht vor dem Unbehagen flüchten konnten, mit sich selbst allein zu sein?

Sie sind der einzige Mensch, der Ihnen ein ganzes Leben lang bleiben wird. Ehen und Liebesbeziehungen können enden. Kinder werden groß und ziehen fort. Liebe Freunde können sterben. Sie sind Ihre einzige Konstante. Nun ist es Zeit, das echte Selbst zur Welt zu bringen, jenes Selbst, das Sie vielleicht ablegen mussten, damit Sie Ihre Rechnungen bezahlen oder jemand anderem eine Freude machen konnten. Was gefällt Ihnen an Ihrer eigenen Gesellschaft am besten? In welcher Hinsicht können Sie sich immer auf sich verlassen? Wie drücken Sie Ihre Liebe und Dankbarkeit zu Ihrer wertvollsten Begleiterin aus – sich selbst?

- ***Was immer Sie trainieren – es macht Sie besser.*** Dies ist ein guter Zeitpunkt, um über Ihre Gedanken zu reflektieren, darauf zu achten, worauf Sie achten, denn das ist es, was sie wieder stärken werden. Wenn Sie erfüllt sind von Schuldgefühlen, Sorgen und Angst, werden Sie noch mehr Schuldgefühle, Sorgen und Angst haben. Und Schuldgefühle sind in der Vergangenheit; Sorgen sind in der Zukunft. Unsere Freiheit liegt in unserer Macht, das zu wählen, was wir *in der Gegenwart* tun.

  Sie können sich nicht aussuchen, was Ihnen passiert, was andere sagen oder tun – aber Sie können die Verantwortung übernehmen für Ihre Gedanken, Gefühle und Ihr Verhalten. Es ist von besonderer Bedeutung, wie Sie mit sich selbst sprechen. Wie Sie Ihrem inneren Dialog

lauschen. Ist er voll von Begriffen wie *immer*, *nie*, *solltest* und *musst*? Ist er voll von Selbstliebe oder Selbsthass? Wie gelingt es Ihnen, so mit sich selbst zu sprechen, dass Sie zu Ihrem eigenen, liebevollen Elternteil, Ihrem eigenen, besten Cheerleader werden?
Mir gefällt, am Morgen aufzuwachen, mir im Spiegel in die Augen zu schauen und zu sagen: »Ich liebe dich.« Ich gehe gern meinen täglichen Verrichtungen nach und sage: »Ja, ich bin. Ja, ich kann. Ja, ich will!«

- ***Werden Sie kindlich, nicht kindisch.*** In uns allen wohnt ein kleines Kind, das etwas will, weil es das einfach will. Die Zeit der Pandemie hat uns gelehrt, zwischen unseren Bedürfnissen und unseren Wünschen zu unterscheiden.
Statt zu fordern, dass die Welt so sein sollte, wie Sie sie haben wollen, fragen Sie sich, wie Sie Ihre Neugier und einen offenen Blick einbringen können? Wie Sie Ihre üblichen Denkmuster hinter sich lassen können und sehen, was wirklich ist, hier direkt vor Ihnen?
Wir alle werden als Samenkorn geboren; was immer uns widerfährt, ist unser Dünger. Was in dieser Zeit hat Ihnen geholfen, dem Licht entgegenzuwachsen?

- ***Das Problem mit dem Verstehen.*** Das Leben ist nicht einfach, und manchmal laufen die Dinge nicht so, wie wir es gerne hätten. Oft versuchen wir, uns zu schützen und die Kontrolle wieder zu übernehmen, indem wir versuchen zu verstehen, warum etwas geschieht. Aber wie kann ich jemals *verstehen*, dass Dr. Mengele mich in der Selektionsschlange von meiner Mutter abgesondert und zu mir gesagt hat: »Du wirst deine Mutter schon bald sehen. Sie geht nur schnell *duschen.*«? Wie kann ich *verstehen*, dass meine Eltern starben und ich lebte?

Es gibt vieles an der Pandemie, das wir nie verstehen werden. Es ist nicht unsere Aufgabe, ständig zu ergründen, zu grübeln, um irgendwie herauszufinden, *warum dies* oder *warum das*. Es hält uns in der Vergangenheit fest.

Wir können aufhören zu kämpfen oder vor unseren Lebensumständen wegzulaufen, indem wir einfach sagen: »Ich mag es nicht. Es ist lästig.« Und wir können aufhören, der Realität auszuweichen, indem wir das, was geschieht, leugnen oder kleinreden. Es ist in Ordnung, wütend zu sein. Nutzen Sie Ihre Wut als Auslöser für die Frage: »Wie kann ich mich am besten einbringen? Wie kann ich jetzt sofort Einsatz zeigen? Ist dies das Beste, was ich machen kann?«

- ***»Vögel, die am Morgen singen, holt am Abend die Katze«***, habe ich Leute sagen hören. In einem Klima ständiger Ungewissheit ist es verlockend, mit unserer Freude sparsam umzugehen; die Luft anzuhalten und auf die nächste Hiobsbotschaft zu warten. Eine Katastrophe *vorauszuahnen* kann uns eine Illusion von Kontrolle vermitteln. Aber das macht uns nicht frei.
In Auschwitz, wo nichts von außen hereindrang, konnten wir unser physisches Gefängnis transzendieren, indem wir in unserem Geist frei wurden. Wir stellten uns vor, Partys zu feiern, eine Speise nach der anderen zu

genießen, lenkten den Fokus vom verzehrenden Hunger in unseren Bäuchen auf jene Nahrung, die in uns vorhanden war.

Unabhängig davon, was um uns herum geschieht, gibt es immer einen Weg, Freude und Schönheit in Ihr Leben zu lassen. Neulich brachte mir ein Freund Osso Buco von unserem Lieblingsitaliener – einen wunderbaren Schmortopf mit Kalbshaxen, Weißwein, Tomaten und Karotten. Ich aß die Hälfte davon und bewahrte den Rest für später auf. Welche Geschmäcker können Sie heute genießen? Welche Wohltaten von einem Fremden oder einem Freund? Welche Leckerbissen können Sie für morgen aufheben?

Wie meine Mutter mir im Viehwaggon auf dem Weg nach Auschwitz sagte: »Niemand kann dir das wegnehmen, was du in deinen Kopf hineingetan hast.« Ihre Dankbarkeit, Ihre Erinnerungen, Ihren Speicher voller Freuden – das alles gehört Ihnen.

- ***Wir werden mit zwei Ohren und einem Mund geboren.*** Als ich an der Highschool Psychologie unterrichtete, machten meine Studenten und ich ein Experiment, um zu testen, wie gut Menschen einander tatsächlich zuhören. Einen ganzen Tag lang antworteten wir auf eine allgemeine Begrüßung wie »Hallo, wie geht's?« mit neutraler Stimme: »Meine Mutter ist heute Morgen gestorben.« Wir stellten fest, dass die jeweilige Person meistens gar nicht wirklich gehört hatte, was wir sagten. Sie antworteten automatisch mit »Schön, dich zu sehen« oder »Schönen Tag noch!«. Es war beunruhigend zu erkennen, dass viele von uns in zwar hören, aber nicht zuhören, dass sie Worte austauschen, aber nicht wirklich kommunizieren. Wenn wir auf Autopilot geschaltet haben, leben wir nicht wirklich. Das Unerwartete ist nützlich, denn selbst wenn es unangenehm ist, rüttelt es uns aus unseren Gewohnheiten und Annahmen. Es hilft uns, Aufmerksamkeit zu schenken. Auf welche Weise hat die Pandemie eine bessere Zuhörerin aus Ihnen gemacht? Was ist Ihnen in diesem Jahr aufgefallen, das Sie vorher nicht bemerkt haben? Wie gelingt es Ihnen jetzt, sich auf ihren Körper und ihr Herz einzustellen und für sich selbst eine bessere Zuhörerin *zu sein?*

*

- ***Meine Lieblingswörter sind Z-E-I-T und R-I-S-I-K-O.***
  Zeit, weil wir durch unsere Entscheidung, wie wir diese verbringen wollen, die Möglichkeit haben, ein Gleichgewicht zwischen Arbeit, Spiel und Liebe zu finden und zu entscheiden, wie wir für andere erscheinen wollen – und für uns selbst.
  Und Risiko, weil wir wachsen, wenn wir Risiken eingehen. Gefahren schmerzen und bedrohen uns, aber Risiken erweitern unsere Komfortzone, und sie geben uns die Chance, den Bereich in uns zu entdecken, der uns ermöglicht, Dinge zu überstehen, die wir nicht kontrollieren können, zu sagen: »Das ist vorübergehend, und ich kann es überleben.«
  Alles im Leben ist vorübergehend. Was können Sie also heute tun, das sie bisher vermieden haben? Wie kön-

nen Sie Ihre Angstgefühle in etwas Positives verwandeln? Und wie können Sie erkennen, was sie nicht nur sättigt, sondern wirklich nahrhaft für Sie ist? Sagen Sie nein zu dem, was Sie erschöpft; sagen Sie ja zu dem, was Sie stärkt.

- ***Es gibt kein Zurück***. Als ich aus Europa nach Amerika immigrierte und unser Schiff den Ärmelkanal überquerte, gerieten wir in einen Sturm und mussten eine neue Route einschlagen. Ich erinnere mich an das ziehende Gefühl in meinem Bauch, als das riesige Schiff die Richtung änderte, an meine Angst, dass wir vom Kurs abkommen, unser Ziel nie erreichen und für immer in der aufgewühlten See umherirren würden. Aber der Kapitän steuerte uns um den Sturm herum und brachte uns wieder auf Kurs.
  Dieses Jahr hat uns Hindernisse in den Weg gelegt und Umwege abverlangt. Aber wir brauchen unsere größeren Ziele nicht zu opfern. Vergangen ist vergangen. Wo also stehen Sie jetzt, und wohin wollen Sie gehen? Freiheit bedeutet nicht das, was Sie *nicht* machen werden, sondern das, was Sie *machen* werden. Wofür stehen Sie? Welches Leben und welche Gewohnheiten wollen Sie aufbauen? Welchem Wegweiser folgen Sie? Ist es derjenige, der Sie Ihren Zielen näher bringt?

*

Einer der ersten Verluste, die ich durch die Pandemie erlitten habe, war, dass ich nicht mit meiner Familie zusammenkommen und Pessach feiern konnte – ein Ritual, das eine besondere Bedeutung für mich hat, denn der Pessach-Seder war das letzte gemeinsame Mahl mit meinen Eltern und meiner Schwester 1944 bei uns zu Hause in Kassa, Ungarn, gewesen. Am folgenden Morgen waren wir vor Tagesanbruch aus dem Schlaf gerissen worden, als die *nyilas*, die ungarischen Nazis, an unsere Tür schlugen. Sie trieben alle jüdischen Familien zusammen und transportierten uns zur Ziegelfabrik am Stadtrand, wo wir ein paar Wochen verbrachten, wenig zu essen bekamen und auf dem Boden schliefen, bis wir in Viehwaggons verladen wurden, die uns nach Auschwitz brachten. Jedes Jahr lebt dieses letzte Pessachfest mit meinen Eltern in mir auf, als ich nicht wusste, wie brutal sich unser Leben verändern würde oder dass unsere Eltern sterben würden.

Ich denke auch darüber nach, dass wir ständig an der Freiheit arbeiten müssen, dass wir in unserem Leben mit viel Einengendem konfrontiert sind – Unterdrückung oder traumatischen Umständen, nagenden Zweifeln, Sorgen und Ängsten – *und* dass wir immer die Wahl haben, wie wir darauf reagieren, um das gelobte Land in uns zu finden.

Es ist erst ein paar Wochen her, dass meine Töchter Marianne und Audrey und meine Nichte Ilona bei mir zu Hause zu einem Seder-Dinner zusammengekommen sind. Meine beiden Enkel, die einjährigen Zwillinge, die zu Beginn des Lockdowns auf die Welt gekommen waren, waren mit von der Partie und machten ihre ersten wackeligen Gehversuche, ein ständiges Hinfallen, Aufrappeln, Hinfallen, Aufrappeln. Weil wir uns in diesem Jahr daran gewöhnt haben, uns anzupassen und wir Familientreffen nicht als selbstverständlich voraussetzen können, haben wir uns entschlossen, unseren Seder in einer anderen Reihenfolge zu begehen, und zwar genau umgekehrt: Wir begannen mit dem Essen – hausgemachte Matzekugelsuppe, Hühnerpaprikasch. Dieser Seder war bislang unser bester.

Es ist Tradition, am Ende des Seders zu sagen: »Nächstes Jahr in Jerusalem.« Auf diese Weise ehren wir die fortwährende Arbeit an der Freiheit und unsere anhaltende Hoffnung, dass allen ein besseres und freieres Leben möglich sein wird.

Wir befinden uns permanent in einem Prozess der Erneuerung und des Werdens. Diese Erneuerung beginnt damit, dass wir jeden Tag unseres Lebens so begehen, als sei er ein Geschenk. Und dass wir es würdigen, hier zu sein, weil unsere Vorfahren nicht aufgegeben haben.

Es ist wichtig, dass Sie auch an sich denken.

Was immer Sie getan haben, Sie haben es geschafft. Sie haben nicht aufgegeben. Sie sind der Dunkelheit näher gekommen, und dadurch sind Sie stärker geworden. Und nun nutzen Sie Ihren neuen Anfang.

Kapitel 14

DAS GESCHENK DES ESSENS

Schwierige Zeiten erinnern uns an das Wesentliche im Leben – Essen, Familie, Freunde. Während der Pandemie, als wir gezwungen waren, mit angezogener Handbremse zu leben und mehr Zeit zu Hause zu verbringen, haben viele von uns die einfachen Freuden des Lebens wiederentdeckt, den Spaß am Kochen und an gemeinsamen Mahlzeiten, die Versorgung unserer Liebsten mit Nahrung.

Essen hat mir schon immer Freude bereitet. Selbst in Auschwitz, wo wir nur von den Gefängnisrationen mit dünner Brühe und Brotrinden existierten, bereiteten wir in unserer Fantasie Festmahle zu, stritten uns, wie viel Kümmel ins beste Roggenbrot kommt, wie viel Paprika in das ungarische Paprikasch, priesen die Zutaten und choreographierten die Zubereitung unserer Lieblingsgerichte. Wir hatten Hunger und froren, fürchteten den Tod auf Schritt und Tritt; doch in unseren Köpfen feierten wir Festmahle, getröstet von der Erinnerung an die Düfte der Gewürze, die Aromen von Gemüse, Fleisch, Obst und Desserts. Während dieser hitzigen Debatten, in diesen Momenten, waren wir zurück im Leben der Liebe und des Essens. Die geliebten Speisen nährten uns selbst damals. Ich gelobte, dass mein Zuhause, sollte ich dieser Hölle jemals entrinnen, überquellen würde mit der heilenden Kraft von Essen.

Und das habe ich getan. Essen zu genießen heißt, das Leben zu genießen.

Als mein Mann, meine kleine Tochter Marianne und ich nach Amerika zogen, war ich fest entschlossen, die Gerichte nachzukochen, die meine Mutter in meiner Erinnerung für unsere Familie zubereitet hatte, die Speisen, die für mich als Kind Liebe und Geborgenheit bedeuteten und die für etwas standen, das für mich als Überlebende und frisch gebackene Mutter noch viel tiefer reicht: das Glück der Freiheit und die Verantwortung dafür sowie die Erinnerungen und Sinneseindrücke, die den Geist meiner Eltern lebendig hielten.

Was als Versuch begann, mich mit der Vergangenheit zu verbinden, ist auch ein Weg geworden, die Gegenwart freudig anzunehmen. Mit der Zeit habe ich die unverwechselbaren Geschmacksrichtungen der amerikanischen Küche kennen und lieben gelernt, und so habe ich meine Rezepte meiner neuen Heimat angepasst. Während meiner Ausbildung und bei meiner praktischen Tätigkeit als Psychologin habe ich verstanden, wie wichtig das Essen für unsere mentale, emotionale und spirituelle Gesundheit ist: Es ist mehr als nur physische Nahrung. Die Art, wie wir an unsere Mahlzeiten herangehen, beeinflusst unser Denken, unsere Gefühle und unser Verhalten. Wenn wir dem, was uns buchstäblich am Leben erhält, aufmerksam begegnen und uns daran freuen, können wir besser lernen, wachsen und für andere sorgen.

Daher ist es mir eine Freude, einige meiner Lieblingsrezepte mit Ihnen zu teilen.

Mögen Sie die Feste finden, die Ihr Leben und das Ihrer Lieben bereichern.

EINE ANMERKUNG, BEVOR ES LOSGEHT

All die Jahre, die ich schon koche, habe ich noch nie irgendetwas abgemessen. Glücklicherweise ist Marianne eine hervorragende Köchin, die mich beobachtet und meine Rezepte perfektioniert hat. Ihre Erkenntnisse und richtigen Mengenangaben sind in den Rezepten vermerkt.

Probieren Sie diese Rezepte aus, wenn Sie das Buch lesen oder danach. Oder laden Sie andere ein, mit ihnen Geschenke zu zelebrieren; essen Sie und tauschen Sie Ihre Geschichten und Ihre Geschenke aus. Sie können diese Rezepte auch in Ihrem Buchclub kochen. Marianne und ich würden uns freuen, von Ihnen zu hören. Lassen Sie uns wissen, ob Ihnen die Gerichte geschmeckt haben, und teilen Sie Ihre Rezepte der Liebe und des Lebens unter **LoveEdieandMarianne@gmail.com**.

SUPPEN

Der Großvater meines Mannes Béla sagte immer: »Ich setze mich erst an den Tisch, wenn die Suppe serviert wird.« In den meisten Haushalten in Ungarn oder in der Slowakei begann das Abendessen mit einer Suppe. Hier sind drei meiner Lieblingsrezepte.

EDIES HÜHNERSUPPE (ALIAS JÜDISCHES PENICILLIN)

12 BIS 15 PORTIONEN

Diese Hühnersuppe mit der überraschenden Verwendung von Rindfleisch ist ein wahres Wunder. Familienfeiertage, ein krankes Kind oder ein Freund verlangen nach »Edies jüdischem Penicillin«. Das einzige Problem bei dieser Hühnersuppe ist, dass nie genug davon da ist.

1 Bund	Staudensellerie, die Stängel abgeschnitten und halbiert
4	große Karotten, geschält und halbiert
2	Pastinaken, geschält und halbiert

1	große weiße Zwiebel, geviertelt
1	große rote Zwiebel, im Ganzen gelassen
2 Zehen	Knoblauch, geschält
1 kg	Rinderrippenstück (oder Rindernacken)
6	Markknochen
5	schwarze Pfefferkörner
1	Huhn (1,5 bis 2 kg), ganz oder in Stücke geschnitten
1 Bund	Petersilie
	Salz
	Gekochte Matzebällchen oder dünne Suppennudeln als Einlage

1. Gemüse, Rindfleisch, Markknochen und Pfefferkörner in einen großen Topf geben, mit Wasser auffüllen, bis alles bedeckt ist. Zum Kochen bringen, dann die Hitze reduzieren und mit halb aufgelegtem Deckel etwa 1½ Stunden oder etwas länger köcheln lassen, bis das Rindfleisch weich ist. Den entstehenden Schaum, wenn nötig, von der Suppe abschöpfen. Die Markknochen herausnehmen und zur Seite legen (siehe Anmerkung).
2. Huhn und Petersilie zugeben und mit aufgelegtem Deckel 1 bis 2 Stunden garen, bis das Huhn weich ist.
3. Huhn und Karotten herausnehmen und anderweitig verwenden. Die Suppe noch eine Stunde weiterköcheln lassen. Mit Salz abschmecken. Sie können das Fleisch herausnehmen, um es später zu essen, oder in der Suppe weiterköcheln, wenn die Suppe noch mehr Geschmack annehmen soll.

4. Die Suppe vom Herd nehmen und abkühlen lassen. Die Flüssigkeit durch ein Sieb in einen anderen Topf seihen. Fleisch und Gemüse bleiben zurück.
5. Abkühlen lassen und die Brühe in den Kühlschrank stellen. Das Fett von der Oberfläche der Suppe abschöpfen.
6. Erhitzen und mit getrennt zubereiteten Matzekugeln oder dünnen Suppennudeln servieren.

Anmerkung: Ich esse immer das Mark aus den Markknochen. Auch das Huhn und die Karotten hebe ich auf und serviere sie mit gekochten Rüben, gekochten Kartoffeln und Meerrettich.

PILZ-GERSTENSUPPE MIT RINDFLEISCH

6 PORTIONEN

Diese Suppe habe ich zum ersten Mal im Haus der Familie meines Mannes gegessen, zubereitet vom Küchenchef der Egers. Es ist fast schon eine eigenständige Mahlzeit. Obwohl die Suppe traditionell mit Rindfleisch und Brühe zubereitet wird, können Sie das Rindfleisch auch weglassen und durch Gemüsebrühe ersetzen.

1 EL	Olivenöl
500 g	Rindernacken, in Würfel von 2,5 cm geschnitten

60 g	Butter oder 4 EL Olivenöl
700 g	Champignons, in dünne Scheiben geschnitten
1	große Schalotte, fein gehackt
170 g	Perlgraupen
1 l	Rinderbrühe (oder Gemüsebrühe)
½ TL	Salz
½ TL	frisch gemahlener schwarzer Pfeffer

1. In einem Suppentopf das Olivenöl bei mittlerer Temperatur erhitzen. Wenn nötig, das Fleisch in mehreren Portionen nacheinander braun anbraten, um den Topf nicht zu überfüllen. Auf einen Teller geben.
2. Butter in den Topf geben und bei mittlerer Hitze schmelzen. Pilze und Schalotten darin etwa 10 Minuten unter häufigem Rühren andünsten, bis sie weich sind.
3. Das gebräunte Fleisch wieder in den Topf geben und Gerste sowie Brühe zugeben. Zum Kochen bringen, dann Hitze verringern und etwa 1 Stunde bei aufgelegtem Deckel köcheln, bis die Gerste weich ist.
4. Abschmecken und eventuell mit Salz und Pfeffer nachwürzen.

KALTE KIRSCHSUPPE

8 BIS 10 PORTIONEN

Erinnern Sie sich an die Geschichte im ersten Kapitel über Marianne, die mein Rezept für die Kirschsuppe abgewandelt hat? Das hat sie gemacht:

900 g	Sauerkirschen aus dem Glas oder 2 Pfund frische, entsteinte Sauerkirschen
480 ml	trockener Rotwein (Marianne bevorzugt Cabernet Sauvignon)
360 ml	Wasser
6	Pimentkörner
6	Nelken, ganz
5 cm	Zimtstange
1 Scheibe	Zitrone
115 g	Zucker
1 Prise	Salz
1 EL	Mehl
480 g	Schlagsahne
	saure Sahne zum Servieren

1. In einer großen Pfanne Sauerkirschen, Wein, Wasser, Gewürze, Zitronenscheibe, Zucker und Salz zum Kochen bringen.
2. Während die Mischung aufheizt, Mehl und 3 Esslöffel Schlagsahne zu einer Paste verrühren. Die restliche

Schlagsahne langsam in die Paste gießen und mit einem Schneebesen klümpchenfrei glattrühren.

3. Wenn die Suppe kocht, die Hitze verringern und die Mehl-Schlagsahne-Mischung langsam einrühren. Die Suppe unter ständigem Rühren nochmals aufkochen.
4. Die Suppe von der Kochstelle nehmen und eine halbe Stunde abkühlen lassen. Abschmecken und nach Wunsch mehr Zucker zugeben. Mindestens 3 Stunden im Kühlschrank kaltstellen. Vor dem Servieren Pimentkörner, Nelken und Zimtrinde entfernen.
5. Die köstliche kalte Suppe vor dem Servieren mit der Sauren Sahne garnieren.

GEFLÜGEL UND FLEISCH

Seit den Zeiten der Magyaren ist Fleisch ein beliebtes Grundnahrungsmittel in der ungarischen Küche. Hühnerfleisch wurde als Luxus betrachtet. Die Zeiten haben sich geändert.

EDIES HÜHNERPAPRIKASCH

6 PORTIONEN

Man sagt, dass Fünf-Sterne-Generäle, Künstler, Ärzte und Freunde meiner Kinder von nah und fern extra für mein Hühnerpaprikasch eingeflogen sein sollen.

Anmerkung: Sie können dieses Rezept auch mit Kalbfleisch zubereiten, in Ungarn besonders beliebt.

1	ganzes Hähnchen, in mundgerechte Stücke zerteilt oder 8 Hühnerschenkel mit Haut
	Oliven- oder Maisöl nach Bedarf
2	weiße Zwiebeln, feingehackt

4 EL	ungarisches, edelsüßes Paprikapulver
1 EL	Paprikapaste, je nach Geschmack auch mehr
1	grüne oder rote Paprikaschote, gewürfelt
4	Tomaten, gewürfelt
1 EL	Mehl
60 g	Crème fraîche
2 EL	Schlagsahne, je nach Geschmack auch mehr
	Salz (optional)
	Nokerli oder Galuska (Seite 284) oder Nudeln als Beilage

1. In einem schweren Bräter das Hähnchen bei mittlerer Hitze im eigenen Fett bräunen (zum Unterstützen der Bräunung nach Bedarf weiteres Olivenöl zugeben). Vorsicht: Wenn die Hitze zu hoch ist, verbrennt das Hähnchen. Sobald das Hähnchen knusprig ist, aus dem Bräter nehmen und beiseitestellen.
2. Im restlichen Bratfett die Zwiebeln bei mittlerer Hitze etwa 25 Minuten sehr langsam andünsten, bis sie weich und leicht goldgelb (aber nicht gebräunt) sind. Ein wenig Öl zugeben, wenn nötig.
3. Den Bräter von der Kochstelle nehmen und das Paprikapulver, die Paprikapaste, die Paprikaschote und die Tomaten einrühren. Den Bräter wieder auf den Herd stellen und alles langsam schmoren, bis das Gemüse weich ist. Abschmecken und gegebenenfalls mehr Paprikapulver zugeben.
4. Das Hähnchen in den Bräter zu den Zwiebeln und

dem Gemüse geben. Den Deckel auflegen und 20 Minuten köcheln lassen, bis das Hähnchen fast weich ist. Zwischendurch, wenn nötig, ein wenig Wasser zufügen. Achten Sie darauf, so wenig Wasser wie möglich zuzugeben. Den Deckel abnehmen und zu Ende schmoren. Das Hähnchen auf eine Platte legen, abdecken und warmhalten.

5. Das Mehl in den Bräter streuen und umrühren. Crème fraîche und Schlagsahne zugeben und bei mittlerer Hitze weiterdünsten, bis sich alles verbunden hat. Abschmecken und gegebenenfalls nachwürzen. Nach Belieben mehr Schlagsahne und Paprikapaste zugeben, um den Geschmack zu intensivieren. (Ich bin verrückt nach Paprikapaste!) Bei niedriger Hitze weiterschmoren, bis der Geschmack stimmt.
6. Die Soße über das Hähnchen löffeln. Mit Eierspätzle oder Nudeln servieren.

WIENER SCHNITZEL

6 BIS 8 PORTIONEN

Der Küchenchef der Egers bereitete oft Kalbfleisch zu. Das folgende Rezept ist Mariannes und meine Variante des berühmten Schnitzels im Hotel Sacher in Wien. Ich finde, dass unsere Version die beste ist, die ich je probiert habe.

2	große Eier
120 g	Mehl
120 g	Panko-Paniermehl
1 Pfund	dünn geschnittene Schnitzel vom Milchkalb (wie Scaloppine, aber nicht ganz so dünn)
230 g	Butter, oder auch weniger
	Couscous Farfel (Seite 289) als Beilage

1. Eine Arbeitsstation vorbereiten: In einer flachen Schüssel die Eier leicht aufschlagen. Das Mehl auf einen flachen Essteller und das Panko-Paniermehl auf einen zweiten Essteller streuen. Jedes Schnitzel zunächst in das Mehl, dann in die Eier und schließlich ins Paniermehl tauchen. Eventuell Mehl, Eier und Paniermehl nachgeben, damit jedes Schnitzel gleichmäßig paniert ist.
2. Jedes Schnitzel in ein Stück Frischhaltefolie wickeln und mindestens 3 Stunden in den Kühlschrank legen.
3. Kurz vor dem Kochen die Schnitzel aus dem Kühlschank nehmen und auswickeln.
4. In einer großen Bratpfanne die Hälfte der Butter bei mittlerer Hitze schmelzen. Die Schnitzel etappenweise in die Pfanne legen und 1 bis 2 Minuten pro Seite braten, bis beide Seiten knusprig sind. Bei Bedarf mehr Butter zugeben, bis alle Schnitzel gebraten sind.

SZEKELY GULYAS (SCHWEINEGULASCH)

10 BIS 12 PORTIONEN

Dieses köstliche Schweinegulasch gehört zu Ungarns berühmtesten Speisen. Es ist perfekt für einen kalten Winterabend, wärmt Ihren Magen und befriedigt Ihre Seele.

4 EL	Pflanzenöl oder Schmalz
4	große Zwiebeln, gewürfelt
2	grüne Paprikaschoten, gehackt
3 EL	ungarisches edelsüßes Paprikapulver
1,5 kg	Schweinefleisch von Kamm oder Schulter, in Würfel geschnitten
1½ EL	Kümmelsamen
1 TL	Salz
800g	Sauerkraut
2 EL	Paprikapaste
360 g	saure Sahne (Raumtemperatur)
	Kartoffelpüree als Beilage

1. In einer großen Pfanne das Öl bei mittlerer Hitze heiß werden lassen. Zwiebeln hinzufügen und 20 bis 30 Minuten dünsten, bis sie weich und goldgelb sind.
2. Paprikaschoten hinzufügen und 5 Minuten lang schmoren. Die Pfanne von der Kochstelle nehmen und das Paprikapulver einrühren. Das gewürfelte Schweinefleisch und den Kümmel zugeben und gut untermischen.

3. Die Pfanne bei mittlerer Hitze auf den Herd stellen. Salz zufügen und das Ganze 2 bis 3 Stunden köcheln, bis das Fleisch weich ist. Die vorhandene Flüssigkeit sollte ausreichen. Nur wenn das Fleisch sich am Pfannenboden festzusetzen beginnt, 2 bis 3 Esslöffel Wasser zufügen.
4. Das Sauerkraut in einem Sieb abtropfen lassen. Mit kaltem Wasser abspülen. So viel Wasser wie möglich herausdrücken. Sauerkraut und Paprikapaste zum Fleisch geben und weitere 40 Minuten langsam schmoren.
5. Die Pfanne vom Herd nehmen, den Deckel abnehmen und die saure Sahne einrühren. Sofort mit Kartoffelpüree servieren.

GLORIAS TEXANISCHE BABY BACKS IN ZWEI SCHRITTEN

8 PORTIONEN

Als ich nach El Paso kam, lernte ich, mich für alles Gegrillte zu begeistern, und insbesondere für die Tex-Mex-Gerichte meiner Freundin Gloria. Der Trick bei Glorias Rezept für Rippchen sind die »zwei Schritte« im Namen: Zuerst kommen die Rippchen in den Backofen, und anschließend werden sie dort oder über offenem Feuer gegrillt. Als Beilagen empfehle ich frische Maiskolben –wenn die Jahreszeit passt – oder Salat und Baked Potatoes.

2	Kotelettrippchen (Baby Back Ribs)

Für die Marinade:

6 EL	Hoisin-Soße
4 EL	brauner Zucker
4 EL	trockener Sherry oder Weißwein (optional)
3 EL	Ketchup
1 EL	Honig
1 EL	Knoblauchpulver oder 3 zerdrückte Knoblauchzehen
	Paprikapulver (optional)
240 ml	Wasser

Für die Barbecue-Sauce: (ca.-Angaben)

1 Fl	Original-Bull's Eye BBQ-Sauce (18 oz) oder Ihre bevorzugte BBQ-Sauce
350 g	Tomatensoße
120 g	Dijon-Senf
4 EL	Worcestershire-Sauce
2 EL	Mexikanische Hot Sauce
2 EL	Hoisin Sauce
70 g	brauner Zucker
2 EL	Honig
2	Knoblauchzehen, geschält
2 EL	gemahlener Kreuzkümmel
	Salz und Pfeffer nach Belieben

1. Die Kotelettrippchen in eine passende rechteckige Pyrex-Glasform legen.
2. Die Marinade vorbereiten: In einer mittleren Schüssel

Hoisin, braunen Zucker, Sherry, Ketchup, Honig und Knoblauchpulver verrühren. Nach Belieben Paprikapulver hinzufügen.

3. Auf die Ober- und Unterseite der Rippchen eine dicke Schicht Marinade streichen und mindestens 1 Stunde einwirken lassen oder über Nacht in den Kühlschrank stellen.
4. Backofen auf 200 °C vorheizen.
5. Wasser in die Glasform gießen. Mit Folie abdecken und etwa 1½ Stunden backen, bis die Rippchen weich sind. Gelegentlich übergießen, damit sie nicht austrocknen. Wenn nötig, noch etwas Wasser zugeben.
6. Während die Rippchen im Ofen sind, die Barbecue-Sauce vorbereiten: BBQ-Sauce aus der Flasche, Tomatensauce, Senf, Worcestershire-Sauce, Hot Sauce, Hoisin, braunen Zucker, Honig, Knoblauch und geriebenen Kreuzkümmel in einem Mixer pürieren. In eine große Bratpfanne geben und auf niedriger Temperatur 30 Minuten köcheln. (Marianne gibt normalerweise weitere würzige Zutaten hinzu, aber ich mag die Sauce ein wenig süßer). Mit Salz und Pfeffer würzen. (Sie können die Sauce vorbereiten und in den Kühlschrank stellen. Ich bereite normalerweise eine größere Portion zu und hebe sie einen Monat lang auf. Sie ist schnell aufgegessen.)
7. Kurz bevor die Rippchen fertig sind, den Grill aufheizen oder den Backofen auf »Grillen« stellen.
8. Die Folie von der Glasform nehmen und die Rippchen auf dem Grill oder unter dem Backofengrill auf

beiden Seiten anbräunen lassen. Unbedingt dabeibleiben! Es geht ganz schnell – 5 Minuten oder weniger! Das Fleisch auf ein Schneidbrett legen, mit einem scharfen Messer in einzelne Rippchen zerteilen und mit der Barbecue-Sauce servieren.

UNGARISCHE NUDELN UND NOCKERL

Es gibt keinen Ungarn oder Slowaken auf der Welt, der nicht schon allein beim Gedanken an Nudeln lächelt.

NUDELN MIT HÜTTENKÄSE

4 BIS 6 PORTIONEN

Ein wahres Wohlfühlgericht. Der Trick besteht darin, zunächst die Butter sorgfältig zu bräunen.

4 Scheiben	Bacon (optional)
115 g	Butter
340 g	breite Eiernudeln, getrocknet oder frisch
450 g	Hüttenkäse
225 g	saure Sahne
	Salz

1. Falls verwendet, Bacon in einer Pfanne knusprig braten. Auf Küchenpapier entfetten und beiseitestellen.

2. Einen großen Topf mit Wasser zum Kochen bringen und Salz hinzufügen.
3. Während das Wasser heiß wird, die Butter bei geringer bis mittlerer Temperatur schmelzen. Den Vorgang sorgfältig beobachten, und sobald die Butter eine mittelbraune Farbe annimmt, die Pfanne von der Kochstelle nehmen und kurz beiseitestellen.
4. Die Nudeln ins kochende Wasser geben. Entsprechend der Anleitung auf der Packung bissfest kochen. Sofort abgießen und in die braune Butter geben. Die Pfanne wieder auf die Kochstelle setzen und die Nudeln bei niedriger Hitze in der Butter schwenken.
5. Den Hüttenkäse und die saure Sahne zugeben. Abschmecken und nachsalzen, wenn nötig. Unter ständigem Umrühren erhitzen. Die saure Sahne darf nicht kochen.
6. Heiß servieren und den Bacon ggf. darüberbröseln.

NOKERLI ODER GALUSKA (SPÄTZLE)

8 PORTIONEN

Diese Eierspätzle sind die perfekte Beilage zu Edies Hühnerpaprikasch (Seite 273). Es ist immer einfacher, wenn Sie diese zu zweit vorbereiten; mein Mann Béla und ich haben dieses Gericht gern gemeinsam gekocht. Während wir den Teig mit einem Holzlöffel »schlugen«, bis die richtige Konsistenz erreicht war, schmetterten wir Lieder. Der Trick besteht darin, den Teig so lange zu schlagen, bis er Blasen wirft. Danach stellen Sie ihn über Nacht in den Kühlschrank.

500 g	Mehl
6	große Eier, verquirlt
240 ml	Wasser
2 TL	Salz
30 g	Butter oder 2 EL Olivenöl

1. In einer großen Schüssel das Mehl, die verquirlten Eier, Wasser und Salz so lange vermischen, bis ein Teig entsteht. Mit einem großen Holzkochlöffel den Teig etwa 20 Minuten lang schlagen, bis er Blasen wirft. Den Teig mit einer Plastikhaube oder einem Handtuch über Nacht im Kühlschrank ruhen lassen. Eine Stunde vor dem Kochen den Teig aus dem Kühlschank nehmen.
2. Einen großen Kochtopf mit Wasser zum Kochen bringen und das Salz hinzufügen.
3. Zum Kochen der Spätzle entweder den Teig auf eine glatte Oberfläche streichen und mit einem Messer Streifen von 2 cm ins kochende Wasser schlenzen oder einen Teelöffel voll Teig abnehmen und mit Hilfe eines zweiten Teelöffels ins kochende Wasser geben. Mit einem »Knöpflesieb«, mit dem die Spätzle einfach durch Löcher im Sieb ins Wasser gedrückt werden, geht es schneller. Kochen Sie die Spätzle in mehreren Etappen nacheinander: Es dürfen nicht zu

viele Spätzle gleichzeitig im Wasser sein. Die Spätzle beobachten und sobald sie an die Oberfläche steigen, mit einem gelochten Schöpflöffel herausnehmen und mit kaltem Wasser abspülen. Wenn es Ihnen mengenmäßig zu viel vorkommt, keine Bange: Spätzle mag jeder. Sie können die Reste aber auch einfrieren.

4. Wenn alle Spätzle fertig sind, in einer Pfanne mit Butter oder einer Öl-Butter-Mischung schwenken, bis sie heiß sind. (Das Originalrezept verlangte Schmalz.)

TREPENKA (UNGARISCHE KARTOFFELNOCKEN)

4 PORTIONEN ALS HAUPTGERICHT,

8 PORTIONEN ALS VORSPEISE ODER BEILAGE

Als ich mit Marianne schwanger war, konnte ich nicht genug von diesen Nockerln kriegen. Später, als Marianne sich von ihrer Hirnverletzung erholte, war dies das erste Gericht, das sie sich wünschte. Das folgende Rezept ist ein gutes Beispiel für Hausmannskost. Alle Ungarn werden in Erinnerungen an dieses bäuerliche Gericht schwelgen, das überall im Land als Hauptgericht oder als Beilage serviert wird. Diese leicht zu beherrschende Zubereitung der Nockerln ist einzigartig in Ungarn, auch wenn der Teig eine gewisse Ähnlichkeit mit den Gnocchi aus Norditalien aufweist.

750 g	Sauerkraut
170 g	Butter, oder weniger
	Salz
4	mittlere mehligkochende Kartoffeln
1	großes Ei
360 g	Mehl
225 g	frischer, zerbröselter Ziegenkäse (z.B. Montrachet) oder Ziegenfrischkäse (siehe Anmerkung)

1. Sauerkraut in einem Sieb abtropfen lassen und so viel Flüssigkeit wie möglich herausdrücken. Beiseitestellen.
2. In einer großen, breiten Pfanne 110 g Butter bei mittlerer Temperatur schmelzen. Dabei ständig beobachten: Zuerst brodelt die Butter, und dann bräunt sie. Die Butter soll braun werden aber nicht verbrennen.
3. Das abgetropfte Sauerkraut hinzufügen und gelegentlich umrühren. Das Sauerkraut soll leicht goldbraun sein. Beiseitestellen.
4. Einen großen Topf mit Wasser zum Kochen bringen und 1 Teelöffel Salz dazugeben.
5. Inzwischen die Kartoffeln schälen und in kleine Würfel schneiden. Die Kartoffeln in eine Küchenmaschine geben und das Ei sowie 120 g Mehl hinzufügen. Die Mischung nach und nach durch wiederholtes Aus- und Einschalten zu einem Püree verarbeiten.
6. Die restlichen 340 g Mehl hinzufügen und weiterverarbeiten, bis ein glatter Teig entstanden ist. (Sollte der Teig von Hand verarbeitet werden,

zunächst die geschälten Kartoffeln fein reiben. Eier und Mehl mit einem Holzlöffel einarbeiten.)

7. Den Teig auf einer glatten runden Oberfläche dünn verstreichen (etwa auf einem Holzbrett oder einer Platte). Eine Seite des Bretts über das kochende Wasser halten. Mit der Spitze eines Teelöffels Stückchen des Teigs etwa in Größe eines Daumennagels von der Kante ins Wasser fallen lassen. Dabei das Brett immer weiterdrehen und weitere Stückchen abtrennen; den restlichen Teig an die Außenkante streichen und so lange fortfahren, bis der ganze Teig verarbeitet ist.
8. Nach 5 Minuten ein Nockerl herausnehmen und auseinanderschneiden. Ist die Schnittfläche gleichmäßig, sind die Nockerl fertig. Je nach Größe beträgt die Kochzeit zwischen 5 und 15 Minuten.
9. Die Nockerl in einem Sieb abgießen, gründlich mit kaltem Wasser abspülen und beiseitestellen. Bis zu diesem Punkt können die Nockerln vorbereitet und ein paar Stunden lang ungekühlt aufbewahrt werden.
10. In einer großen, breiten Stielpfanne die restliche Butter (60 g) schmelzen und behutsam bräunen. Dann die Hälfte der Kartoffelnockerln in die Pfanne geben und vorsichtig in der Butter schwenken. Den Frischkäse hinzufügen und so lange erhitzen, bis alles erwärmt ist. Eventuell nachsalzen. Vom Herd nehmen.
11. Die restlichen Nockerln zum Sauerkraut geben und alles erwärmen.
12. Beide Nockerlgerichte getrennt servieren. Die meisten Gäste werden sich von jeder Sorte eine Portion wünschen.

Anmerkungen: Wenn Sie ein Spätzlesieb haben, können Sie die Nockerln viel einfacher herstellen, wie im Nokerli-Rezept (Seite 284) beschrieben. In Ungarn wird für dieses Rezept Frischkäse vom Schaf verwendet. Ersatzweise kann Ziegenfrischkäse genommen werden.

COUSCOUS FARFEL

6 BIS 8 PORTIONEN

Beilage zum Paprikasch- oder Gulaschrezept

360 g	israelischer Pearl Couscous
30 g	Butter
720 ml	Hühnerbrühe
1	Knoblauchzehe, gequetscht und gehackt (optional)

1. Couscous in einer 3-Liter-Stielpfanne in der Butter hell bräunen.
2. Hühnerbrühe und gegebenenfalls Knoblauch hinzufügen. Zum Kochen bringen, dann Hitze reduzieren und zugedeckt weiterköcheln lassen. Immer wieder nachsehen und wenn nötig, mehr Flüssigkeit zugeben. Nach etwa 20 Minuten, wenn der Couscous eine schöne Textur hat und duftet, ist er fertig.

BEILAGEN

Drei leckere Rezepte, die zu allem passen.

RAHMSPINAT

6 BIS 8 PORTIONEN

Selbst Leute, die Gemüse »hassen«, werden dieser reichhaltigen Kombination von Spinat und Schlagsahne nicht widerstehen können.

1 kg	Tiefkühl-Blattspinat (Wenn Sie frischen Spinat bevorzugen, brauchen Sie die gleiche Menge)
60 g	Butter
½	Zwiebel, gehackt
1	Knoblauchzehe, gehackt
115 g	Schlagsahne
115 g	Frischkäse

1. Salz und frisch gemahlener schwarzer Pfeffer
2. Einen großen Topf mit Wasser zum Kochen bringen.

Den gefrorenen Spinat zugeben und 5 Minuten kochen. Gut abtropfen lassen.

3. In einer mittleren Stielpfanne die Butter bei mittlerer Temperatur schmelzen. Zwiebel und Knoblauch beifügen und etwa 10 Minuten weichdünsten. Den Spinat zugeben (nicht zerkleinern, da die Mischung später in den Mixer kommt). Die Schlagsahne und den Frischkäse hinzufügen. Erhitzen, bis der Frischkäse geschmolzen und erwärmt ist.
4. Die Mischung abkühlen lassen und in einem Mixer pürieren. Kurz vor dem Servieren erhitzen und mit Salz und Pfeffer würzen, abschmecken und nach Bedarf noch Schlagsahne hinzufügen.

GURKENSALAT

8 BIS 10 PORTIONEN

Die perfekte leichte Beilage zu ungarischen Schmorgerichten mit einer knackigen Säure, die ein Gegengewicht zu reichhaltigen Fleischgerichten bildet. Servieren Sie eine Portion für jeden Gast auf einem kleinen, runden Beilagenteller, um Edies Hühnerpaprikasch (Seite 273) oder jedes andere Gulaschgericht zu begleiten.

4	Gurken
	Koscheres Salz
120 ml	destillierter weißer Essig
1 EL	Zucker, eventuell mehr
	frisch gemahlener schwarzer Pfeffer
	Paprikapulver zur Garnitur

1. Gurken schälen und in feine Scheiben hobeln. Die Scheiben in eine mittlere Schüssel geben.
2. Mit 2 TL koscherem Salz bestreuen und eine Stunde lang ruhen lassen.
3. Die Gurkenscheiben fest ausdrücken. Nicht spülen.
4. In einer separaten mittleren Schüssel den Essig und den Zucker mischen. Die Gurken zugeben und abschmecken. Mit Salz, Pfeffer und je nach Geschmack mit weiterem Zucker würzen. Paprikapulver zum Garnieren darüberstreuen.

FRANZÖSISCHE EIER

8 PORTIONEN

Das ist die Art von »Teufelseier«, wie sie meine Mutter gemacht hat, und ich erinnere mich, dass ich ihr dabei zugeschaut habe. Heute mache ich damit meinen Urenkelinnen eine Freude, wenn ich die Eier am Pool serviere. Und wenn meine Urenkel am Pool sind, gibt es die doppelte Portion.

4	große Eier
4 EL	Mayonnaise
2 EL	Dijon-Senf
	Salz und frisch gemahlener schwarzer Pfeffer
	Paprikapulver zur Garnitur

1. Eine Schüssel mit Eis und Wasser vorbereiten. In einem mittleren Topf Wasser zum Kochen bringen. Die Eier vorsichtig einlegen, den Topf von der Kochstelle nehmen, den Deckel auflegen und 15 Minuten ziehen lassen. Das Wasser abgießen und die Eier in das Eisbad legen. Wenn sie abgekühlt sind, schälen.
2. Jedes Ei längs in Hälften teilen und die Eigelbe in eine andere Schüssel geben. Die Eigelbe mit einer Gabel zerdrücken und die Mayonnaise und den Senf unterrühren. Mit Salz und Pfeffer nach Geschmack würzen. (Ich nehme dazu immer meine sauberen Finger wie es meine Mutter gemacht hat!)
3. Jedes Ei mit Hilfe eines Teelöffels mit der Eigelbmasse füllen. Für den Geschmack und weil es gut aussieht Paprikapulver darüberstreuen.

DESSERTS

Niemand ist zu satt für ein Dessert.
Hier sind drei meiner Spezialitäten.

PALACSINTA À LA EDIE

6 PORTIONEN

Dieses Rezept wurde in der Jerusalem Post *2020 in der Rubrik Chanukka-Speisen veröffentlicht. Aber, ganz ehrlich, diese Crêpes sind das ganze Jahr über köstlich.*

3	große Eier
150 g	Mehl
240 ml	Milch
1 EL	Zucker
240 ml	Selters oder Sprudelwasser
1/8 TL	reiner Vanilleextrakt
1/8 TL	Mandelextrakt
1 Prise	Salz
115 g	Butter, eventuell mehr

Füllung nach Wahl: Aprikosenmarmelade oder gehackte Walnüsse und Schokolade

1. In einer großen Schüssel die Eier, Mehl, Milch und Zucker mit dem Handmixer zu einer glatten Masse verarbeiten. Das Sprudelwasser nach und nach untermengen, dann den Vanilleextrakt, Mandelextrakt und das Salz. Den Teig 30 Minuten ruhen lassen oder wenn Sie ihn erst am folgenden Tag verwenden wollen, in den Kühlschrank stellen.
2. Eine Crêpe- oder Bratpfanne auf mittlere Temperatur erhitzen. Einen halben Esslöffel Butter schmelzen und danach – bevor die Butter braun wird – einen halben Schöpflöffel Teig in die Mitte der Pfanne geben. Den Teig durch Drehen und Schwenken der Pfanne auf dem Pfannenboden zu einem dünnen, runden Fladen ausbreiten. Hellbraun backen. Auf einen Teller legen. Den Vorgang für die restlichen Palacsintas mit weiterer Butter und Teig wiederholen.
3. Jede Palacsinta mit der Füllung Ihrer Wahl bestreichen und aufrollen. Wir mögen Aprikosenmarmelade. Als Topping können Sie Walnüsse und Schokolade verwenden.

EDIES NUSSROLLEN

ERGIBT 4 ROLLEN (10 STÜCK PRO ROLLE)

Mein pièce de résistance braucht 2 Tage Vorbereitung, ist die Zeit aber wert. Der Teig wird am Vortag zubereitet, und das Gebäck wird am Backtag gefüllt und gebacken. Ich mache große Mengen davon, friere sie ein, taue sie auf, wenn Freunde vorbeikommen, und verwende sie als Mitbringsel. Meine Enkelkinder haben gelernt, dieses leckere Dessert für ihre Freunde zu backen – ein sicherer Weg, dass die Menschen euch lieben werden!

Teig

230 g	Butter (Raumtemperatur)
3	Eigelb
3 EL	Zucker
1 Beutel	Trockenhefe
120 ml	warmes Wasser
400 g	Mehl
1 TL	Salz

Füllung

280 g	Walnusshälften
175 g	Zucker

1. Den Teig zubereiten: In einer großen Schüssel mit einem Handmixer Butter, Eigelb und Zucker

aufschlagen. Die Hefe im warmen Wasser auflösen und zur Schaummasse rühren. Das Mehl unterrühren, bis die Mischung zu einem Teig wird.

2. Den Teig aus der Schüssel nehmen und zu einer großen Kugel rollen. Die Kugel in vier Teile schneiden und jedes Stück wiederum zu kleineren Kugeln rollen. Jede Kugel in Folie einwickeln und über Nacht einfrieren. Vor der weiteren Verwendung auftauen.
3. Die Füllung zubereiten: In einer Küchenmaschine die Walnüsse und den Zucker zu einer Paste verarbeiten. Abschmecken und nach Belieben mehr Zucker zugeben. (Ich nehme immer viel Zucker.)
4. Danach den Ofen auf 180 °C vorheizen.
5. Auf einem bemehlten Holzbrett eine kleine Teigkugel so dünn wie möglich zu einem Rechteck ausrollen.
6. Ein Viertel der Walnussfüllung über der ganzen Teigoberfläche verstreichen und die Teigplatte von der langen Seite her eng aufrollen. Den Vorgang für die restlichen 3 Kugeln wiederholen.
7. Das Backblech mit Backpapier belegen, die Rollen darauflegen und etwa 35 Minuten hellbraun backen. Aus dem Ofen nehmen und abkühlen lassen.
8. Zum Servieren in Scheiben schneiden. Oder – eingewickelt in Aluminiumfolie – einfrieren und später nach Belieben auftauen.

BITTERSÜSSE WALNUSS-CREMETORTE

FÜR EINE 24ER-SPRINGFORM

Dies ist ein schönes, altes ungarisches Rezept, das heute noch in den besten Konditoreien gebacken wird. Meine Mutter war eine Meisterin der köstlichen Desserts.

Tortenschichten

500 g	Weißbrot
	Weiche Butter und Mehl für die Kuchenformen
6	große Eier
115 g	Butter, Raumtemperatur
75 g	Zucker
120 g	fein gemahlene Walnüsse

Glasur

115 g	Zartbitterschokolade
55 g	Bitterschokolade
120 ml	schwarzer Kaffee
50 g	Puderzucker
1 EL	Cognac
85 g	Butter, in große Stücke geschnitten

Füllung und Garnitur:

240 g	Schlagsahne
150 g	Zucker
120 g	fein gemahlene Walnüsse
1 EL	Cognac
80 g	Walnusshälften für die Garnitur, geröstet und abgekühlt

1. Die Tortenlagen vorbereiten. Den Backofen auf 150 °C vorheizen.
2. Die Rinde vom Brot abschneiden. Das Brot in einer Küchenmaschine oder Mixer zu kleinen Stücken verarbeiten. Die Brotkrumen auf Backpapier im Backofen in etwa 10 Minuten vollständig trocknen. Die Brotkrumen herausnehmen. Den Backofen eingeschaltet lassen.
3. 2 runde Kuchenformen buttern und bemehlen. Den Boden der Kuchenformen mit Pergamentpapier auslegen.
4. In einer großen Schüssel die Eigelbe, Butter und Zucker (von Hand oder mit einem Handmixer) zu einer dickschaumigen, goldgelben Masse schlagen.
5. Mit einem großen Löffel die Brotkrumen in die Eiermasse einrühren.
6. Den so entstandenen Teig auf die beiden Kuchenformen aufteilen. 16 Minuten backen. Die Formen herausnehmen und auf Kuchengittern abkühlen lassen.
7. Die Glasur vorbereiten: In einer kleinen, schweren Stielpfanne beide Schokoladensorten und den Kaffee

unter ständigem Rühren schmelzen und dann von der Kochstelle nehmen. Den Puderzucker hinzufügen und alle Klümpchen auflösen. Den Cognac und die Butter hinzufügen und so lange rühren, bis die Glasur glatt ist. Beiseitestellen.

8. Die Füllung vorbereiten: In einer großen Schüssel die Schlagsahne sehr steif schlagen und währenddessen den Zucker nach und nach hinzufügen. Die gemahlenen Walnüsse und den Cognac hinzufügen.
9. Zum Zusammenbauen der Torte eine Lage Füllung auf jede ausgekühlte Kuchenplatte streichen. Die beiden Lagen übereinanderstapeln. (*Anmerkung*: Falls von der Füllung noch etwas übrig ist, genießen sie sie zusammen mit Eiscreme.) Die Tortenoberfläche und die Seiten mit der Glasur überziehen. Arbeiten Sie schnell und verstreichen Sie die Glasur mit möglichst wenigen Handgriffen.
10. Mit den Walnusshälften dekorativ die Mitte der Torte garnieren. Kühl stellen.

ERLÄUTERUNGEN ZUR UNGARISCHEN TECHNIK

Um diese geschmacksintensive und farbenfrohe Küche zu beherrschen, ist es wichtig, etwas über die wichtigsten Zutaten zu wissen.

Zwiebeln: Ausgangspunkt vieler ungarischer Gerichte sind gehackte Zwiebeln, die langsam in Butter, Öl oder Schmalz gedünstet werden, bis sie weich und goldgelb, aber nicht gebräunt sind. Dieser Vorgang nimmt 25 bis 30 Minuten in Anspruch. Wenn die Zwiebeln das goldgelbe Stadium erreichen, haben sie ein nussiges Aroma angenommen, völlig anders als bei einer schnell sautierten Zwiebel.

Paprika: Ungarischer gemahlener Paprika ist wunderbar rot und geschmacksintensiv. Obwohl es edelsüße (die nicht süß schmecken) und scharfe Varianten gibt, ist die am häufigsten verwendete Sorte der ungarische edelsüße Rosenpaprika, der scharf, aber nicht höllisch scharf ist. Ungarische Paprikapaste ist konzentrierter als das Pulver und ebenfalls in edelsüßen und pikanten Versionen erhältlich. Die Kombination von Pulver und Paste verleiht jedem Gericht ein köstliches Plus an Geschmack und Konsistenz. Wenn Sie Paprikapulver verwenden, was häufig der Fall sein wird, denken Sie daran, den Topf von der Kochstelle zu nehmen, bevor Sie das Gewürz einrühren. Tun Sie es nicht, verbrennt der Paprika, und Sie werden sehr traurig sein, wo Sie sich doch mit so viel Geduld um das Gericht gekümmert haben! Ungarischen Paprika gibt es in einigen Feinkostläden, aber wir bestellen ihn üblicherweise online.

Gebräunte Butter: Wenn in Rezepten gebräunte Butter verlangt wird, passen Sie bitte auf. Dieser wichtige erste Schritt verleiht den Gerichten einen intensiven, nussigen Geschmack. Wir schneiden die Butter gern in Stücke, damit sie sich gleichmäßig erwärmt, und schmelzen sie unter häufigem Umrühren in einer kleinen Pfanne bei mittlerer Temperatur. Seien Sie auf der Hut: Wenn die Butter zu schäumen beginnt, ändert sich die Farbe zu hellbraun (dann hat sie ein nussiges Aroma). Nehmen Sie die Butter von der Kochstelle und gießen Sie sie in eine kalte Schüssel, damit sie nicht in der Resthitze der Pfanne weiterkocht und verbrennt.

SCHLÜSSEL, UM FREUDE AN IHREN MAHLZEITEN ZU HABEN

- ***Plaudern Sie miteinander:*** *Ich bin jemand, die sich beim Essen gern unterhält – wenig beim Frühstück, ausgiebig beim Abendessen. Oft geht es dabei ums Essen. Manchmal sprechen wir darüber, was wir an jenem Tag gemacht haben, wen wir getroffen haben, was in der Welt passiert. Manchmal ist es einfach nur Klatsch.*

- ***Machen Sie immer mehr:*** *Machen Sie mehr, damit Sie das Essen mit Freunden teilen oder am folgenden Tag zu Mittag essen können. Sie wissen nie, wann Sie wieder hungrig sind.*

- ***Lernen Sie aus Fehlern:*** *Beim Kochen wie im Leben gilt: Fehler machen und Enttäuschungen sind zwei der besten Dinge, vorausgesetzt, Sie wissen sie zu nutzen. Wie können wir sonst lernen, uns neu zu orientieren und voranzukommen? Lassen Sie sich nicht entmutigen – es könnte ernsthafte emotionale Auswirkungen haben. Horchen Sie in sich hinein, akzeptieren Sie, was geschehen ist, und suchen Sie nach weiteren nützlichen Maßnahmen. Bleiben Sie dran.*

- ***Machen Sie die Küche zu Ihrer Freundin:*** *Vielen Menschen, die glauben, dass sie keine Lust am Kochen haben, ist nicht klar, dass man sich erst einmal in der Küche zurechtfinden muss. Niemand ist auf Anhieb gut. Verwenden Sie ein einfaches Kochbuch oder einfache Online-*

Rezepte. Erst lernen, dann kreativ werden. Bitten Sie um Hilfe, wenn Sie sie brauchen. Lassen Sie andere Ihr Essen probieren. Betrachten Sie das als Geschenk, das Sie ihnen machen. Ein Geschenk, das Sie gemeinsam genießen können.

- ***Entscheiden Sie sich dafür, Ihre Mahlzeiten zu zelebrieren:*** *Jede Mahlzeit, die Sie zubereiten, trägt dazu bei, dass Sie glücklich sind. Sie können es sich aussuchen, Mahlzeiten als einen hektischen Moment zu behandeln, in dem Sie nicht auf sich achten oder sich Schaden zufügen – oder als kleines Fest. Ihre Einstellung bereitet die Bühne für Wachstum, Stagnation oder Rückschritt. Entscheiden Sie sich für das Fest. Kümmern Sie sich liebevoll um sich, sowohl emotional als auch im Hinblick auf Ihre Beziehung zum Essen, und Sie werden alle bereichern, die in Ihr Leben treten.*

Zum Schluss

DAS GESCHENK

Wir können das Leiden nicht ausradieren, wir können nicht ändern, was geschehen ist, aber wir können uns dafür entscheiden, das Geschenk in unserem Leben zu finden. Wir können sogar lernen, die Wunde zu lieben und zu ehren.

Ein ungarisches Sprichwort sagt, dass man den dunkelsten Schatten unter einer Kerze findet. Unsere dunkelsten und hellsten Orte – unsere Schatten und unsere Flammen – sind miteinander verflochten. Mein schrecklichster Abend, der erste Abend in Auschwitz, lehrte mich eine wichtige Lektion, die seitdem mein Leben bereichert und gestärkt hat. Die allerschlimmsten Bedingungen gaben mir die Chance, meine inneren Ressourcen zu entdecken, die mir immer wieder geholfen haben zu überleben. Meine Jahre der Introspektion, des Alleinseins und der harten Arbeit als Balletteleven und Gymnastin halfen mir, die Hölle zu überleben; und die Hölle lehrte mich, weiter um mein Leben zu tanzen.

Das Leben ist trotz der unvermeidlichen Traumata, des Kummers, des Elends, der Trauer und des Todes ein Geschenk. Ein Geschenk, das wir sabotieren, wenn wir uns in unseren Ängsten vor Bestrafung, vor Versagen und Verlassenwerden einkerkern; in unserem Bedürfnis nach Anerkennung; in Scham und Schuldzuweisung; in Überlegenheit und Unterlegenheit; in unserem Bedürfnis nach Macht und Kontrolle. Das Geschenk des Lebens zu feiern bedeutet, das Geschenk in allem zu entdecken, was geschieht, sogar in den Phasen, die schwierig sind, in denen wir nicht sicher sind, ob wir sie überleben können. Das Leben zu feiern, Punkt. Mit Freude, Liebe und Leidenschaft zu leben.

Manchmal meinen wir, dass wir, wenn wir nach Verlusten oder Traumata nach vorn schauen, wenn wir uns des Lebens freuen und Spaß haben, wenn wir weiterwachsen und uns weiterentwickeln, irgendwie die Toten entehren oder die Vergangenheit. Aber es ist in Ordnung zu lachen! Es ist in Ordnung, Freude zu empfinden! Selbst in Auschwitz haben wir in unserer Fantasie die ganze Zeit gefeiert, haben Festessen zubereitet, uns gestritten, wie viel Kümmel in das beste Roggenbrot gehört, wie viel Paprika in ungarisches Hühnerpaprikasch. An einem Abend haben wir sogar einen Busenkontest veranstaltet! (Raten Sie, wer gewonnen hat!)

Ich kann nicht sagen, dass es für alles, was geschieht, einen Grund gibt, dass Ungerechtigkeit oder Leiden einen Zweck verfolgen. Aber ich kann sagen, dass Kummer, Not und Leid das Geschenk sind, das uns hilft, zu wachsen, zu lernen und zu der Person zu werden, zu der wir bestimmt sind.

In den letzten Kriegstagen verhungerten wir allmählich, und im Lager brach Kannibalismus aus. Ich war unfähig, mich zu bewegen, lag auf der aufgeweichten Erde, halluzinierte vor Hunger, betete für eine Möglichkeit, am Leben zu bleiben, ohne mich hinreißen zu lassen, menschliches Fleisch zu essen. Und eine Stimme sagte: »Es gibt Gras zu essen.« Selbst an der Schwelle des Todes hatte ich eine Wahl. Ich konnte den Grashalm wählen, den ich essen wollte.

Früher habe ich immer gefragt: »Warum ich?« Doch nun frage ich: »Warum *nicht* ich?« Vielleicht habe ich überlebt, um wählen zu können, was ich mit dem Geschehenen anfangen kann und wie ich jetzt hier sein möchte, damit meine Eltern und all die Unschuldigen nicht vergebens gestorben sind. Damit ich alle Lektionen, die ich in der Hölle gelernt habe, zu einem Geschenk umwandeln kann, das ich Ihnen nun anbiete: die Möglichkeit zu entscheiden, welche Art von Leben Sie leben möchten, das unerschlossene Potenzial zu entdecken, das im Verborgenen schlummert. Die Person zu entdecken und festzuhalten, die Sie wirklich sind.

Liebe Leserinnen und Leser, mögen auch Sie die Entscheidung treffen, das Gefängnis zu verlassen und für Ihre Freiheit zu arbeiten. In Ihrem Leiden Ihre eigenen Lektionen für das Leben zu entdecken. Zu wählen, welches Vermächtnis die Welt erbt. Den Schmerz zu vererben – oder das Geschenk weiterzugeben.

Danksagung

Die Menschen kommen nicht zu mir, sage ich immer. Sie werden zu mir geschickt.

Ich fühle mich gesegnet durch die Beiträge unzähliger wunderbarer Menschen, die zu mir geschickt worden sind. Es ist unmöglich, jede Person einzeln beim Namen zu nennen, die mich gerührt, inspiriert und sich um mich gekümmert und auf diese Weise direkt oder indirekt am Entstehen dieses Buches mitgewirkt hat. Sie alle, die mein Leben berührt, Vertrauen in mich gesetzt, mich zum Weitermachen inspiriert haben: Ich feiere Ihre einzigartigen Geschenke und wertschätze Ihre Präsenz in meinem Leben. Danke, dass Sie mich so reich beschenkt und mir geholfen haben, mich dem Unbekannten zu stellen, mit dem Unvorhergesehenen und Unerwarteten umzugehen und Verantwortung für mein Leben und meine Freiheit zu übernehmen. An meine Patienten, die mir zureden, niemals in Rente zu gehen: Danke für Ihre unterschiedlichen Ansätze, mich infrage zu stellen und mich zu lehren, eine gute Ratgeberin zu sein. Und an die vielen Menschen auf der ganzen Welt, die einen Sinn in meiner Arbeit gefunden haben, und ganz besonders an die, die mir ihre Geschichten erzählt haben: Danke, dass Sie mich inspiriert haben, diese Lektionen weiterzutragen, damit wir jeden einzelnen Tag erfüllt von Leidenschaft für das Leben beginnen, damit wir alle frei sein mögen.

An meine Lehrer und Mentoren und alle, die mich unterstützt haben, mich der Heilkunst zuzuwenden, und an diejenigen, die sich immer noch der Aufgabe verschrieben haben, andere anzuleiten: Danke dafür, dass Sie mit gutem Beispiel vorangehen – indem Sie auf sich selbst achten, gleichzeitig aber auch über das »ich« hinausgehen, dazu beitragen, eine bessere Welt zu schaffen, und die Lehre leben, dass Veränderung gleichbedeutend mit Wachstum ist. Besondere Anerkennung an Jakob van Wielink und seine Kollegen dafür, dass sie meine Führer und Aufpasser in den Niederlanden und in der Schweiz gewesen sind, mir die Reise ermöglicht haben, mich mit Menschen bekannt gemacht haben, die ich kennenlernen sollte, und mich zu Orten gebracht haben, an denen ich gefeiert wurde und unbeschreiblich berührt war. Mögen wir alle jeden Augenblick in unserem Leben dazu nutzen, uns mit unseren Unterschieden zu stärken und eine menschliche Familie zu bilden.

Ein Dankeschön an die Menschen, die mich in meinem täglichen Leben unterstützen, insbesondere an Dr. Scott McCaul und Dr. Sabina Wallach, die nie an meiner Kraft zum Durchhalten gezweifelt haben; an Gene Cook, meinen Tanzpartner, dessen Leben von unendlicher Güte erfüllt ist; und an Katie Anderson, meiner rechten Hand, die mich in allen Bereichen auf dem neuesten Stand hält, mir hilft, alles zu bewältigen, und mir vorlebt, eine Person zu sein, die Verantwortung übernimmt. Danke euch allen dafür, dass ihr euch um meinen Körper, Kopf und Geist kümmert, dabei immer mein Bestes im Auge habt und mich jeden Tag daran erinnert, dass Selbstliebe Selbstfürsorge ist.

Mein erstes Buch zu schreiben hat einen Traum wahr gemacht. Ein zweites Buch herauszubringen, übertrifft alles, was ich je für möglich gehalten hätte. Nichts davon hätte ich ohne mein außergewöhnliches Team zustande gebracht: meine Freundin und Cheerleaderin Wendy Walker, inspirierendes Vorbild dafür, wie man eine echte Überlebende sein und in der Gegenwart leben kann; meine einfühlsamen Redakteure Roz Lippel und Nan Graham sowie deren wunderbare Kollegen bei Scribner, Jordan und Illynger Engle für die Arbeit, die sie leisten, meine Botschaft über die sozialen Medien zu verbreiten; meinen Agenten Doug Abrams und seine Traumfabrik bei Idea Architects; und meine Mitautorin Esmé Schwall Weigand, die meine Worte aufnimmt und in Poesie verwandelt.

An meine Töchter Marianne und Audrey, den schlagkräftigsten Schwestern, die sich in der Kunst üben zu akzeptieren, unterschiedlicher Meinung zu sein: Ich danke euch für alles, was ihr mich über die Entscheidung gelehrt habt, weder Opfer noch Retterin zu sein. Und danke für eure tatkräftigen und einfühlsamen Beiträge zu diesem Buch, die geholfen haben, die theoretischen und praktischen Dimensionen meiner Arbeit herauszuarbeiten. An meinen Sohn John: Danke für den Mut, den du tagtäglich dadurch unter Beweis stellst, wie du dich für andere einsetzt.

An die Generationen, die nach mir kommen, und die Ahnen, die vor mir waren: Danke, dass ihr mir gezeigt habt, dass in uns das Blut von Kämpfernaturen fließt. Dass wir immer frei leben können, ohne ein Opfer von irgendjemandem oder irgendetwas zu sein.

Dr. Edith Eva Eger
mit Esme Schwall Weigand

Ich bin hier, und alles ist jetzt

Warum wir uns jederzeit
für die Freiheit entscheiden können

480 Seiten, btb 75696
Aus dem Englischen von Liselotte Prugger

»Wir können uns kein Leben ohne Leid aussuchen. Aber wir können uns aussuchen, dass wir frei sein wollen, dass wir die Vergangenheit hinter uns lassen, egal, was uns zustößt, und dass wir das Mögliche wagen.«

Die außerordentliche Geschichte einer Holocaust-Überlebenden, die als Psychologin und Therapeutin anderen hilft, ihre Traumata zu überwinden.

»Ein wichtigeres Buch für die heutige Zeit kann man sich kaum vorstellen. Egers Buch ist ein Triumph.«
New York Times

btb

Irvin D. Yalom und Marilyn Yalom

Unzertrennlich

Über den Tod und das Leben

320 Seiten, btb 75921
Übersetzt und mit einem Nachwort
von Regina Kammerer

Spiegel-Bestseller

Irvin D. Yalom, einer der angesehensten Psychotherapeuten Amerikas, wird am 13. Juni 2021 neunzig Jahre alt. Er gilt als Klassiker der existentiellen Psychotherapie, seine Lehrbücher und Romane erscheinen weltweit und erreichen Millionen. Seine Frau Marilyn Yalom, eine renommierte Kulturwissenschaftlerin und Autorin, starb im letzten Herbst nach 65jähriger Ehe. Als klar war, dass ihre Krankheit zum Tode führen würde, begannen beide ein Buch zu schreiben – das am Ende Irvin D. Yalom alleine fertigstellen musste. Es ist die Geschichte einer ungewöhnlichen Liebe und herausragenden intellektuellen Beziehung. Ein großes Alterswerk, das alle existentiellen Themen berührt, die uns angehen.

»Ein bestürzendes Buch über Vergänglichkeit und Abschied. Und ein ergreifend schönes über die Liebe.«

Stern